Harald Barth

KANADA-ALASKA ANGELN & KANU

REISE Stein HANDBUCH

Kanada-Alaska Angeln & Kanu

Alle Informationen, schriftlich und zeichnerisch, wurden nach bestem Wissen zusammengestellt. Eine Garantie für die Richtigkeit von Preisen, Adressen, Telefon-Nummern, Zeit- und sonstigen Angaben kann aber nicht übernommen werden.

Der Autor ist für Lesertips, Hinweise, Vorschläge und Verbesserungen dankbar. Leser, deren Einsendung verwertet wird, werden in der nächsten Ausgabe genannt und erhalten als Dank ein Beleg-Exemplar der neuen Auflage.

Text, Karten und Skizzen	Harald Barth
Titelfoto	Parks Canada
Fotos	Conrad Stein, Harald Barth, Wolfgang Schlund
Illustrationen	Inuit des Yukon
Lektorat	Claudia Banck
Redaktion und Umbruch	Karen Hölzel
Satz	Wietzke
Lithos	Brandner
Gesamtherstellung	Nieswand Druck

ISBN 3-922965-73-3 DM 24,80

Inhalt

Inhalt

Zeichenerklärung

zu Küste, Fjorde, Inseln

Anfahrt:

S	Straße
B	Boot, Schiff, Fähre

Unterkunft:

L	Lodge, Motel
C	Cabin
Z	Campground, Zeltplatz

zu Bäche, Flüsse, Seen

Anfahrt:

*	nur per Fly-In oder Boot
ohne Bezeichnung	über Straßen erreichbar

Unterkunft:

L	Lodge, Motel
C	Cabin
Z	Campground, Zeltplatz

zu den Fischarten und Fangzeiten

+ gute Fangaussichten
* sehr gute Fangaussichten

Land und Leute

Die Besiedlung

Die Besiedlung des amerikanischen Kontinents begann, soweit heute bekannt, vor ungefähr 25.000 Jahren, nachdem sich der Meeresspiegel zwischen **Asien** und **Amerika** gesenkt hatte und eine mehr als 1.500 km breite **Landbrücke** entstanden war. Die eingewanderten Eskimos blieben in Nord- und Westalaska, die Indianer zogen ins Landesinnere und später weiter gen Süden.

An ihren Lebensgewohnheiten änderte sich im Lauf der Jahrhunderte wenig. Alles, was sie zum Leben benötigten, bot ihnen die Natur, der sie sich, wie alle Naturvölker, in bemerkenswerter Weise anzupassen vermochten.

Mit dem Auftauchen der **Europäer** begann dann für sie ein Leidensweg, bei dem **ganze Stämme ausgerottet** wurden und die übriggebliebenen unter menschenunwürdigen Umständen dahinvegetieren mußten. Erst seit wenigen Jahren kommen die ganzen Scheußlichkeiten, die diesen Menschen angetan wurden, an das Tageslicht und das kunstvoll geschaffene Zerrbild der angeblich blutrünstigen und primitiven Ureinwohner läßt sich nicht mehr aufrecht erhalten.

Das **Interesse an wertvollen Pelzen** war der Grund für die Erschließung **Kanadas** durch Weiße. Immer weiter wurden Handelsposten der **Hudson's Bay Company** und der **Northwest Company** gen Westen in unbekannte Gebiete vorgeschoben, um genügend Felle zur Befriedigung der Prunksucht des europäischen Adels einhandeln zu können.

Die Hauptroute dieses Handels verlief vom St. Lorenz Strom über die großen Seen, den Lake Winnipeg und das Churchill Gebiet zum Lake Athabaska. Eine ungeheuere Strecke, wenn man bedenkt, daß sie in Kanus zurückgelegt wurde.

Einer dieser Händler war es dann auch, der als erster den Kontinent von der Ostküste zum Pazifik durchquerte. Zunächst gelangte **Alexander MacKenzie** auf dem, nach ihm benannten Fluß an den arktischen Ozean. Im Jahre 1792 erreichte er dann bei dem heutigen Bella Coola den **Pazifik.**

Pelze werden auch heute noch von einigen Trappern erbeutet. Das hat allerdings überhaupt nichts mit dem Raubbau des 18. und 19. Jahrhunderts zu tun und gefährdet das Ökosystem des Nordens nicht im geringsten.

Alaska wurde von den Russen "entdeckt". Es war **Vitus Bering,** der 1741 das Land für Zar Peter den Großen beanspruchte. Als die Amerikaner 1867 dieses riesige Gebiet für $ 7.200.000 kauften, haben sie wahrscheinlich das beste Geschäft der Menschheitsgeschichte gemacht, denn schon wenige Jahre später wurden die ersten **Goldfunde** gemacht.

Die Goldvorräte sind auch heute noch nicht erschöpft. Jährlich wird der Gegenwert von $ 60.000.000 des Edelmetalls gewonnen.

Während in den ersten Jahrzehnten unseres Jahrhunderts die Bevölkerung British Columbias stetig zunahm, wanderten aus dem Yukon und Alaska viele Menschen ab. Die großen Goldfunde waren ausgebeutet, der Goldpreis gesunken. So blieben nur die Minenarbeiter, Trapper und natürlich die Ureinwohner.

Sourdough, zu deutsch Sauerteig, ist die Bezeichnung für die "alten Hasen" unter den Goldsuchern und Trappern. Der Starter zur Zubereitung des Sauerteigs wurde so sorgsam behütet wie Goldstaub, denn Brotbacken war ohne ihn nicht möglich.

Cheechako dagegen wird jedes "Greenhorn" genannt, der nicht mindestens einen Winter im Norden verbracht hat.

Mit dem Bau des **Alaska Highways** während des zweiten Weltkriegs wurde der Norden zugänglicher. Als dann in den 50er Jahren die ersten **Erdölfunde** nahe Eureka gemacht wurden, zog es wieder viele Leute nach Alaska, konnten sie hier doch gut bezahlte Arbeit finden. Das ist einer der Gründe, weshalb sich die Bevölkerung Alaskas zu gut 85% aus Einwanderern zusammensetzt.

Geschichtsdaten

1741	- Vitus Bering entdeckt Alaska
1743	- Beginn des russischen Pelzhandels in Alaska
1773-94	- Erforschung der Küsten BCs und Alaskas durch James Cook, George Vancouver und Juan Perez
1784	- erste russische Siedlung auf Kodiak
1791	- Vancouver nimmt die Küste des heutigen BCs für England in Besitz
1793	- Alexander MacKenzie erreicht den Pazifik
1799	- Alexander Baranof gründet das heutige Sitka
1821	- Northwest Co. und Hudson's Bay Co. schließen sich zusammen und beherrschen den Pelzhandel in Kanada

1843	- Victoria, heute Hauptstadt BCs, wird gegründet
1848	- die Hudson's Bay Company gründet Fort Yukon
1858	- erste Goldfunde in Cariboo (BC)
1867	- Alaska geht für $ 7.200.000 an die USA
	- 1. Juli - Geburtstag Kanadas als Kronkolonie
1872	- Goldfunde nahe Sitka
1897-1900	- Goldrausch am Klondike
1942	- Alaska Highway wird gebaut
1953	- Ölfunde in Alaska
1958	- Alaska wird Bundesstaat der USA
1965	- Kanada wird selbständig
1974	- Trans-Alaska Pipeline wird gebaut

Die Bevölkerung

Die **Ureinwohner** sind Indianer und Eskimos. **Eskimo** ist eigentlich ein indianisches Schimpfwort für die Arktisbewohner und bedeutet "Fischesser". Sie selbst nennen sich **Inuit** - das bedeutet "Menschen". Der traditionelle Lebensraum der Inuits erstreckt sich entlang des Küstenstreifens der Eismeerküste und der Beringsee, sowie auf der Alaska Peninsula. Etwa 35.000 leben in Alaska und dem Yukon Territorium.

Im Landesinnern Alaskas und Kanadas leben **Indianer,** die zur Sprachgruppe der **Athabasken** zählen, und die Küsten Südalaskas und British Columbias besiedeln: **Tlingit, Haida** und **Tsimshian.** Der Anteil dieser Gruppen an der Gesamtbevölkerung in Alaska, British Columbia (BC) und im Yukon beträgt etwa 15%.

Die Stämme der Haida und Tlingit sind bekannt für ihre künstlerischen und handwerklichen Fähigkeiten. So kann man in BC und Alaska ihre riesigen **Langhäuser** und **Totempfähle** bewundern.

Die **heutige Stellung** der Indianer und Eskimos zu skizzieren ist schwierig. Ganz grob lassen sich zwei Gruppen erkennen. Die eine hat sich **der Lebensweise der "Weißen" angepaßt** und ist ihnen mehr oder weniger gleichgestellt. Rassistische Vorurteile gehören heutzutage gegenüber diesen "angepaßten" Indianern und Eskimos größtenteils der Vergangenheit an, jedenfalls bei den jüngeren Generationen.

Zur Wahrung ihrer Interessen gründeten die Eingeborenen eine Reihe von Organisationen, die sowohl im politisch-wirtschaftlichen, als auch im kulturellen Bereich tätig sind. Deren hartnäckige Bemühungen ist es u.a. zuzuschreiben, daß im Jahre 1971 den Ureinwohnern Alaskas ca. 1 Milliarde Dollar und 16 Millionen Hektar Land als **Schadenersatz für enteignetes Land** vom amerikanischen Kongreß übergeben wurde.

Dieses Geld kommt in besonderem Maße der zweiten Gruppe zugute, nämlich jenen Indianern und Eskimos, die sich **der traditionellen Lebensweise verbunden** fühlen und in kleinen Siedlungen oder Familienverbänden abseits der großen Städte leben. Sie kämpfen für die Erhaltung ihres Lebensraumes und gegen den Raubbau an der Natur. Leider tun sie das in manchen Fällen vergebens, denn wird irgendwo Erdöl entdeckt oder ein abbauwürdiges Vorkommen an anderen Bodenschätzen, so gelten plötzlich alle Verträge nicht mehr und gegen die **Übermacht der Multis** kommen sie nicht an.

Wen wundert es da noch, wenn der überwiegende Teil dieser Menschen einer dünsteren Zukunft entgegensieht. Ihre traditionelle Lebensweise ist zum Untergang verurteilt, und mit den Wertmaßstäben einer Industriegesellschaft können sie nichts anfangen. Sie leben in den Tag hinein, warten auf den monatlichen Scheck und versuchen ihre Probleme im **Alkohol** zu ertränken.

Total betrunkenen Indianern begegnet man in nahezu allen Ortschaften. Es steht uns nicht zu, über diese Menschen zu urteilen, die zwischen zwei Welten leben müssen und sich weder in der einen noch in der anderen zurechtfinden.

Um das Alkoholismusproblem zu bewältigen, ist in vielen Siedlungen der Eingeborenen Alkohol in jeder Form verboten, eine Maßnahme deren Nichtbeachtung auch für den Touristen zu saftigen Strafen führen kann.

Bei Besuchen in indianischen Siedlungen sollte **Zurückhaltung** geübt werden! Oft verschwinden die Leute in ihren Häusern, um zu zeigen, daß sie mit Fremden nichts im Sinn haben. Diese Haltung muß respektiert werden.

In der Mehrzahl der Fälle wird der Reisende jedoch leicht Kontakte zu Eingeborenen anknüpfen können, wenn er sie nicht als Exoten betrachtet und sich normal benimmt.

Wer sich eingehender für das Leben der Inuits und Indianer interessiert, findet Adressen von Eingeborenenorganisationen im "Alaska Almanach" (⇨ Literaturhinweise). Hinweise auf TV und Radiosender sind ebenfalls in diesem Buch und in der "Milepost" aufgeführt.

Im allgemeinen werden Sie zu allen Leuten in Alaska und Kanada sehr leicht Kontakt bekommen, wenn Sie Englisch sprechen können. Die **Hilfsbereitschaft** der Kanadier und Alaskaner ist schon sprichwörtlich, und sie steigt noch in dem Maße, in welchem sich der Reisende aus dicht besiedelten Gebieten entfernt. Dort sind die Menschen aufeinander angewiesen, und dies ist auch für den Urlauber eine gewisse Sicherheit. Benötigt er in irgendeiner Form Hilfe, so kann er sicher sein, daß sie ihm gewährt wird. Es würde beispielsweise kein Einheimischer auf die Idee kommen, an einem Fahrzeug mit offensichtlicher Panne vorbeizufahren, wie man es bei uns tagtäglich beobachten kann.

Bei der **Fachsimpelei** mit Anglern wird mit guten Ratschlägen nicht gespart, und wer mit Behörden zu tun bekommt, wird in aller Regel nett und höflich behandelt.

Mukluks nennt man die ungewöhnlich leichten und wärmenden Stiefel aus Robben- und Karibufell, die noch heute in Handarbeit hergestellt werden und dementsprechend teuer sind.

Potlatch nennen die Indianer auch heute noch ihre Feste, bei denen in früheren Jahren der Gastgeber Geschenke verteilt, die jene des vorangegangenen Potlatchs übertreffen mußten. Da dieses Ritual zum Ruin ganzer Sippen führte, wurde dieser Teil des Treffens abgeschafft.

Pflanzen und Tiere

Entsprechend der Klimazonen unterscheidet sich das Bild des Pflanzenwuchses Nordamerikas. Die Küstenzonen Südost-Alaskas und BCs sind mit dichten, **fast undurchdringlichen Urwäldern** bedeckt. Von den riesenhaften Redwood über Hemlock-Tannen zu den verschiedensten Laubbäumen wie Ahorn und Birke reicht die Artenvielfalt.

Auch das Landesinnere ist größtenteils bewaldet. Je weiter man jedoch nach Norden kommt, desto weniger Baumarten gibt es vor. Den extremen Wetterbedingungen der **Taiga** des Yukons und Zentralalaskas halten nur noch wenige Nadelbaumarten wie die Lodgepole Pine stand. Große, waldfreie Flächen sind mit den verschiedensten **Beerenpflanzen** bedeckt, darunter sehr viele für den menschlichen Verzehr geeignet, wie Heidelbeeren, wilde Erdbeeren und Johannisbeeren. In den Wäldern gedeihen auch ungeheure Mengen an **Pilzen.**

Bewohnt werden diese Gebiete von **Schwarzbär, Grizzly, Blacktail Deer, Elch, Wolf, Vielfraß, Biber, Coyote, Fuchs, Luchs, Marder, Otter, Waschbär, Stachelschwein, Hase, Squirrel** und einer

Reihe anderer kleiner Nagetiere. In den Hochgebirgsregionen findet man **Dallschaf** und **Bergziege.** Das Verbreitungsgebiet des **Pumas** wird vom 60. Breitengrad begrenzt.

In den arktischen Gefilden der Tundra halten sich keine Bäume mehr, nur vereinzelte, kleinwüchsige Büsche können dem rauhen Klima widerstehen. Dies ist das Land der **Moose und Flechten.** In den kurzen Sommern ist die Tundra ein Meer von Blüten, doch ist die Pracht nur von kurzer Dauer.

Riesige **Karibu** - Herden verbringen den Sommer im hohen Norden, und hier kommen auch ihre Jungen zur Welt. Im Herbst ziehen sie zurück in den Süden, um in der Taiga zu überwintern.

Ganz im Norden am arktischen Ozean ist der **Eisbär** unumschränkter Herrscher, dem auch der Moschusochse nicht die Stirn zu bieten wagt.

Moschusochsen sind urzeitlich anmutende Bewohner der Arktis. Nachdem diese Tiere in Alaska schon 1865 ausgerottet waren und die Bestände in den North West Territories bis in die vierziger Jahre unseres Jahrhunderts rapide zurückgingen, konnten sie sich zwischenzeitlich mit Hilfe staatlicher Schutzmaßnahmen wieder zu ansehnlichen Herden vermehren.

Die **Vogelwelt** umfaßt mehr als 400 Arten, darunter so imposante wie den Weißkopf Seeadler, das amerikanische Wappentier. Eine ungeheure Anzahl (mehr als 3.000) dieser majestätischen Tiere findet sich alljährlich im Herbst am Chilkat River (nahe Haines) ein, um sich an den aufsteigenden Lachsen gütlich zu tun.

Bei Angelausflügen in den Küstengewässern begegnet man häufig Walen, besonders **Grau- und Killerwalen.** An den Stränden tummeln sich **Walrosse** und **Robben** und mit etwas Glück kann man die putzigen **Seeotter** beobachten.

Das Klima

Der Nordwesten Amerikas kann grob in **fünf Klimazonen** unterteilt werden:

Küstenklima herrscht entlang eines schmalen Bereichs direkt am Pazifik; die Winter sind hier recht mild und die Sommer mäßig warm mit hohen Niederschlägen, letztere besonders in Südost-Alaska, auf Kodiak und den Aleuten. Hier kommt es zu ganz erheblichen Regen- und Schneefällen (bis zu 8.000 mm pro Jahr). Im

Winter toben im Golf von Alaska Stürme mit unglaublich hohen Windgeschwindigkeiten und bis zu 18 m hohen Wellen.

Die **südliche Übergangszone** erstreckt sich über einen schmalen, höchstens 100 km breiten Streifen Südalaskas (den Panhandle ausgenommen) und an der Küste BCs. Die Sommer sind hier deutlich wärmer, mit geringen Niederschlägen und die Winter kälter.

Die **nördliche Übergangszone** reicht von der Alaska Peninsula entlang der Beringseeküste bis an die Arktis. Auch im Sommer steigen die Temperaturen kaum über 15 Grad und die Winter sind extrem kalt.

Das Landesinnere des amerikanischen Nordwestens wird vom **Kontinentalklima** bestimmt. Kalte Winter und warme, niederschlagsarme Sommer kennzeichnen das Wetter.

Arktisches Klima herrscht nördlich des Polarkreises und an der Beringsee-Küste. Hier wird es auch in den kurzen Sommern nicht warm, und die Winter weisen extrem niedrige Temperaturen auf. **Permafrost** läßt den Boden nördlich des Polarkreises niemals auftauen. Schon wenige Zentimeter unter der Oberfläche ist das Erdreich so hart, daß man mit einem Spaten kein Loch graben kann.

Aurea Borealis ist der wissenschaftliche Ausdruck für das Nordlicht, welches in Polarkreisnähe während Frühjahr und Herbst zu bewundern ist. Das faszinierende Schauspiel, das ein wenig aussieht, als würden Nebelfetzen in den Regenbogenfarben glühen, entsteht durch die Einwirkung von Strahlung aus den Sonnenflecken auf Gasmoleküle in einer Höhe von 80 km bis zu mehreren hundert Kilometern über der Erdoberfläche.
Oberhalb des Polarkreises findet man die **Mitternachtssonne.** Hier geht die Sonne im Sommer nie unter. Doch auch weiter im Süden sind in der warmen Jahreszeit die Tage lang. So herrschen in Dawson City im Juni 21 Stunden und in Anchorage 19 Stunden Tageslicht. Dafür läßt sich die Sonne in der kalten Jahreszeit lange überhaupt nicht blicken.

Der **Indianersommer** entfaltet je nach Gegend vom späten August bis Oktober eine Sinfonie herbstlicher Farben. In dieser Zeit sind die Tage oft noch sonnig und warm, doch nachts kann es schon kalt werden, und die Gefahr eines plötzlichen Wettersturzes mit Schnee und rapide sinkenden Temperaturen sollte nicht außer acht gelassen werden. Trotzdem ist diese Zeit die schönste des Jahres.

Erdbeben kommen in Südalaska recht häufig vor. Entlang der Alaska Peninsula und auf den Aleuten befinden sich einige aktive Vulkane.

Gletscher gehören zum Bild der Landschaften in British Columbia und Alaska. Der Hubbard Gletscher ist mit 148 km der längste in Nordamerika.

Heiße Quellen findet man entlang der ganzen Westküste des nordamerikanischen Kontinents.

Das Fraser Valley in der Nähe von Boston Bar

Reise-Infos von A - Z

Anreise

Das mit Abstand wichtigste Verkehrsmittel zum amerikanischen Kontinent ist das Flugzeug.

Linienflüge sind teuer, bieten aber einige Vorteile. So ist es möglich, kurzfristig zu buchen. Das Ticket bleibt ein Jahr gültig und Umbuchungen verursachen weder Kosten noch Schwierigkeiten. Das zulässige Höchstgewicht für Gepäck ist von der Fluggesellschaft abhängig, liegt aber in der Regel bei 20 kg.

Holiday-Tarife sind Sondertarife bei Linienflügen. Die Hin- und Rückflugtermine müssen im Voraus festgelegt werden. Spätere Änderungen sind nicht mehr möglich. Der Aufenthalt muß mindestens 14 Tage und darf höchstens 90 Tage betragen, wobei die Preise ähnlich wie bei den Charterflügen liegen. So kostet ein Ticket für Anchorage derzeit ca. DM 2.400.

Für junge Leute unter 22 Jahren (bei Schülern und Studenten 26 Jahre) bietet die Lufthansa einen **USA-Jugendtarif,** der auch für Flüge nach Seattle, jedoch nicht nach Anchorage gilt und etwa 20% unter dem Holiday-Tarif liegt.

Apex-Flüge sind bis zu 40% billiger, dafür muß die Buchung jedoch mind. 30 Tage vor dem Abflugtermin erfolgt sein. Terminänderungen kosten ca. DM 200. Ein großer Vorteil ist das zulässige Freigepäck von 60kg bei einigen Gesellschaften, z.B. Wardair.

ABC-Flüge sind reine Charterflüge, bei denen keine Umbuchungen möglich sind; Hin- und Rückflugtermine sind nicht verschiebbar. Das Freigepäck ist oft auf 20-30 kg beschränkt, bei einigen Gesellschaften sind jedoch 60 kg erlaubt (Wardair). Der Flug muß mindestens 30 Tage vor Reisebeginn bezahlt sein. Die Preise für einen Flug Frankfurt-Vancouver liegen derzeit bei ca. DM 1.700; Charterflüge nach Alaska gibt es leider nicht.

Stand-By und andere Sondertarife werden zu ständig wechselnde Bedingungen angeboten, die bei den jeweiligen Gesellschaften erfragt werden können.

Wer auf seiner Reise mehrere Zielorte anfliegen will, sollte sich die Möglichkeit einer Kombination aus Transkontinentalflug (am günstigsten nach New York) und einem **Rundreiseticket** durchkalkulieren (⇨ Reisen im Lande). Oft erweist sich dieses Verfahren als deutlich preisgünstiger als die Buchung von mehreren Einzelflügen.

Eine weitere Möglichkeit auf den amerikanischen Kontinent zu gelangen sind **Schiffspassagen.** Diese Art zu reisen ist teuer und kostet viel Zeit. Wer sein eigenes Fahrzeug mitnimmt, kann versuchen, auf dem Frachter eine Überfahrt zu buchen, um drüben seinen Wagen gleich in Empfang nehmen zu können.

Ausrüstung

Angler und Kanuten sind im allgemeinen praktische Leute und können anhand des Klimakapitels schon absehen, welche Witterung sie erwartet. Schönes Sommerwetter und Mitternachtssonne sollten nicht darüber hinwegtäuschen, daß es bei Wetterstürzen sehr schnell sehr kalt werden kann. **Warme und regenfeste Kleidung** gehört daher auf alle Fälle in das Reisegepäck.

Wer stundenlang mit seinen Gummistiefeln im Wasser steht, wird den Wert von dicken Wollsocken schätzen lernen; die wärmen übrigens auch dann noch, wenn sie feucht geworden sind.

Für den Alltag sind hohe Sportschuhe oder besser leichte Wanderstiefel zu empfehlen, da man andauernd über Stock und Stein kraxelt, und ein verstauchter Fuß nicht der Anlaß für einen mißlungenen Urlaub sein sollte.

Im Frühjahr und ab September kann sich **Thermokleidung** bezahlt machen. Während des Sommers ist normale Freizeitkleidung gerade richtig. Ein Hut, möglichst mit breiter Krempe, schützt vor starker Sonnenstrahlung. Wen die Moskitos zu sehr plagen, dem sei dunkle, an Ärmeln und Hals dicht abschließende Kleidung empfohlen.

Für ein **Zelt** kann man mit Leichtigkeit einige hundert Mark ausgeben, doch ist dies nicht unbedingt notwendig.

Heute bekommt man gute Kuppelzelte, die für den Sommer völlig genügen, für etwa DM 300. Beim Kauf ist darauf zu achten, daß sie ein Überzelt haben, das möglichst auf einer Seite aluminiumbeschichtet sein soll. Der Boden aus stabilen, wasserdichtem Kunststoff muß seitlich hochgezogen sein (etwa 20 cm), damit man bei einem Wolkenbruch keine böse Überraschung erlebt. Ein Sortiment Heringe und eine Dose Imprägnierspray vervollständigen das Zubehör.

Fast alle Zelte verfügen über **Moskitonetze,** doch bei manchen sind diese so grobmaschig, daß die kleinen Plagegeister leicht durchschlüpfen können. Es empfiehlt sich, in solchen Fällen zusätzlich ein feineres Netz anzubringen, was mit Hilfe von selbstklebendem Klettband leicht zu bewerkstelligen ist.

Um nicht alle Utensilien im Zelt lagern zu müssen, sollte man über eine **zusätzliche Plane** verfügen, die dem Schutz vor Wind und Wetter dient.

Die Entscheidung, welcher **Schlafsack** der richtige ist, fällt gar nicht so leicht und ist sehr stark von der Reisezeit abhängig. Wer beispielsweise im Juni oder September im Yukon oder Zentralalaska unterwegs ist, muß immer mit starkem Frost und Schnee rechnen, wogegen im Juli/August auch die Nächte angenehm warm sein können.

In jedem Fall ist es angebracht, den Schlafsack etwas wärmer zu wählen; er sollte zumindest für Temperaturen um Null Grad geeignet sein, besser noch für einige Grade tiefer.

Was das **Füllmaterial** angeht, so ist bei Kanureisen Hohlfasergewebe gegenüber Daunen deutlich im Vorteil. Wird ein Schlafsack einmal naß, so trocknet eine Daunenfüllung wesentlich langsamer als die Hohlfasern. Die Hohlfasern wärmen zudem noch gut im feuchten Zustand. Als **Unterlage** eignen sich Luftmatratzen oder Schaummatten.

Viele Ausrüstungsläden bieten **Campinggeschirr** an. Für eine Wanderung mag so etwas noch akzeptabel sein, da hierbei vor allen Dingen Gewicht gespart werden soll. Bei einer Kanutour allerdings kommt es auf ein paar Kilo mehr oder weniger nicht an. Es ist daher sinnvoll, sich mit brauchbaren Töpfen und einer schweren Pfanne einzudecken.

Weitere wichtige Kochutensilien, auf die nicht verzichtet werden sollte, sind ein einfacher Grillrost und einige Rollen stabiler Alufolie. Damit gelingt die Zubereitung der selbstgefangenen Fische besser als in der Pfanne. Teller und vor allem Tassen aus Plastik sind solchen aus Aluminium vorzuziehen. An letzteren verbrennt man sich nämlich mit hübscher Regelmäßigkeit Mund und Finger, während der Inhalt schon lau ist.

Ebenfalls in die Küchenecke gehört eine große Plastikschüssel. Sie hilft sowohl beim Abwasch, als auch bei der Wäsche.

Wenn die Essenszubereitung auf offenem Feuer nicht möglich ist, muß notgedrungen zum Kocher gegriffen werden. Diese mehr oder weniger praktischen Geräte gibt es in vielen Variationen mit den verschiedensten Brennmaterialien. Einer der besten ist meines Erachtens der Coleman "Peak", ein **Benzinkocher** von kleinster Abmessung und einem erstaunlichen Wirkungsgrad.

Innerhalb von drei Minuten gelingt es, einen Liter Wasser zum Kochen zu bringen. In der Handhabung mag er zu Anfang ein wenig umständlich erscheinen, doch man gewöhnt sich recht schnell an die nötige Prozedur. Eines verträgt das Gerät allerdings nicht, und das ist verbleites oder verunreinigtes Benzin, weil davon die feinen Düsen verstopfen. Also immer schön umweltbewußt bleifrei tanken.

Die wichtigsten **Werkzeuge,** die bei einem Wildnistrip benötigt werden, sind Messer und Beil. Mit einer kleinen Axt läßt sich das nötige Feuerholz zerkleinern, und die Rückseite kann zum einschlagen der Zeltheringe benutzt werden.

Das Universalwerkzeug überhaupt ist ein brauchbares **Messer.** Es dient als Dosenöffner, wird zum Schnitzen des Kochlöffels benutzt, zum Schlachten der selbstgefangenen Fische, beim Kochen ist es dauernd zur Hand, Seile werden damit gekürzt, Angelschnüre gekappt und vieles mehr. Für diese vielseitigen Anwendungen ist bestes Material notwendig, was natürlich seinen Preis kostet. Trotzdem sollte man hier nicht sparen.

Sogenannte "Survivalmesser" mit einer Menge unnötigen Schnickschnacks oder die Exemplare der Marke "Sonntagsjägersuperausstellungsstückmitmahagonigriff" sind nicht unbedingt das, was an den Gürtel gehört. Eine nicht zu kurze Klinge mit breitem Rücken bis an die Spitze, aus nicht zu hartem Stahl und mit einem festen Holzgriff ist ideal. Das Bowie-Knife ist ein solches Werkzeug, mit dem man wirklich etwas anfangen kann.

Sowohl in Deutschland als auch in Nordamerika findet man eine ganze Anzahl von **Outdoor-Läden,** die wildnisgerechnete Ausrüstung anbieten ⇨ Anhang.

Checkliste

Zelt	Schlafsack
Luftmatratze	Moskitonetz
Kochtopf 5 l	Kochtopf 2 l
Bratpfanne	Grillrost
Alufolie	Tassen
Teller	Schwimmweste
Handtücher	Jeans
Wollhemden	Gummistiefel
Seesack	Besteck
Faltkanister 6 l	Plastikschüssel
Colemann Benzinkocher	5 l Benzin bleifrei
Axt	Feile
Bowie-Knife	Taschenmesser
Filiermesser	Einmalfeuerzeuge
Ersatzpaddel	Toilettenpapier
Wollhose	Unterwäsche
Wanderschuhe	wasserdichter Behälter
Sturmhölzer	Insektenrepellent
Erste Hilfe	20 m Seil
Schnur	Flickzeug
Schwamm	Karten

Kompaß	Kamera
Angelzeug	Zeltplane
Trillerpfeife	T-Shirts
Regenkleidung	Turnschuhe

Bären und Elche

Normalerweise geht ein **Bär** dem Menschen aus dem Weg - wenn er ihn rechtzeitig bemerkt. Da der pelzige Geselle sehr schlecht sieht und sich auf seine Nase und Ohren verlassen muß, sollte man in unübersichtlichem Gelände **rechtzeitig auf sich aufmerksam machen.** Das läßt sich durch ein Glöckchen oder klapperndes Eßgeschirr am Rucksack leicht bewerkstelligen.

Beachtet man solche Vorsichtsmaßnahmen nicht und tritt solch einem Burschen versehentlich auf die Tatzen, sollte man sich nicht der Illusion hingeben, dem Grizzly davonlaufen zu können. So ein Schwergewichtler sprintet auf kurzen Strecken **schneller als ein Pferd.** Die einzige Chance ist ein **Baum,** denn Grizzlys können im Gegensatz zu Schwarzbären nicht klettern. Dabei sind vier Meter die Mindesthöhe, will man nicht doch noch mit den Krallen Bekanntschaft machen.

Wenn sich der Grizzly auf die Hinterbeine stellt, so ist dies kein Angriffssignal, sondern er versucht nur, Witterung aufzunehmen. Bedrohlich wird die Lage, wenn er sich demonstrativ von der Seite zeigt, um seine eindrucksvolle Größe zur Schau zu stellen. Nun ist es höchste Zeit, sich ohne Hast zurückzuziehen. Wer in Panik ausbricht, hat schlechte Karten, denn Weglaufen reizt das Tier mit Sicherheit zum Angriff.

Es gibt Leute, die durch **Totstellen** eine solche Attacke überlebten; eine knieende Fötusstellung mit Armen als Nackenschutz ist dabei anzuraten.

Ich will hier nicht den Eindruck erwecken, es würden einem pausenlos Bären über den Weg laufen, doch wer sich in die Wildnis begibt, sollte auf eine eventuelle Begegnung vorbereitet sein. Der Angler ist, besonders während der Lachssaison, vor Zusammentreffen mit Bären nie sicher. Diese Burschen scheuen sich überhaupt nicht, dem Petrijünger seinen hart erkämpften Fang zu stehlen. Der Klügere sollte nachgeben und der Gewalt weichen!

An stark frequentierten Campingplätzen können **Schwarzbären** zur Plage werden. Sie haben mit der Zeit erkannt, daß ihnen Menschen nicht gefährlich werden und bestreiten ihren Lebensunterhalt durch Lebensmitteldiebstahl und das Ausräumen von Abfallbehältern.

Der Thompson River bei Lytton

☆ Der **sicherste Platz für den Proviantsack** befindet sich an zwei Seilen **zwischen zwei Bäumen in ca. 4 m Höhe.**
☆ Bewahren Sie den Proviant in einem dicht schließenden Plastiksack auf.
☆ Verbrennen Sie Essensreste!
☆ Nehmen Sie **keine Nahrungsmittel mit ins Zelt** (Grizzlys haben leider keine Manieren, und der Geruch von Eßbarem verleitet sie möglicherweise dazu, auch ohne Einladung bei Tisch zu erscheinen).
☆ Nehmen Sie Fische in einiger Entfernung vom Lager aus!

Auch wenn die drolligen Schwarzbären bei weitem nicht so gefährlich wie Grizzlys sind und sich meist durch eine Trillerpfeife oder anderen Lärm verjagen lassen, sollten Sie sie nicht unterschätzen! In den letzten Jahren häufen sich die Nachrichten von Attacken durch Schwarzbären, besonders in Nationalparks.

Während die Begegnung mit einem Bären nicht zur Tagesordnung gehört, trifft dies auf den **Elch** schon eher zu. Bevorzugt in den Flachwasserzonen von Seen oder in Sumpfgebieten wird der Angler oder Kanute früher oder später auf einen dieser Riesenhirsche treffen, der sich dort an seiner Lieblingsspeise, den Wasserpflanzen, gütlich tut. Obwohl diese Riesen normalerweise völlig **harmlos** sind, sollte man Elchbullen während der Brunftzeit nicht unnötig reizen.

Einer meiner Freunde kann davon eine besondere Geschichte erzählen:

Eines Tages fuhr er mit seinem Geländewagen auf dem Klondike Highway in Richtung Dawson City, als seine Fahrt jäh unterbrochen wurde.

Ein großer Elchbulle stand mitten auf der Fahrbahn und wachte über seinen am Straßenrand grasenden Harem. Um den Burschen zu verscheuchen, betätigte Wolf eifrig die Hupe. Den Elch interessierte das nicht im geringsten, und er machte keine Anstalten, die Durchfahrt freizugeben. Nun wollte mein Freund am Straßenrand zwischen dem standhaften Bullen und seinen Damen vorbeifahren, doch als er langsam auf den Elch zurollte, kam Bewegung in den Burschen.

Statt den Weg freizugeben, senkte er die Schaufeln und ging auf den Jeep los. Mit fürchterlicher Wucht krachte das riesige Geweih in den Kühler des Wagens. Da sein Gegner keinen Ton mehr von sich gab und keine Gegenwehr zeigte, verlor der Elch das Interesse und trottete hocherhobenen Hauptes mit seinem Harem davon.

Diese ungewöhnliche Konfrontation hat meinen Freund neben einem neuen Kühler auch einigen Schweiß gekostet. Die Mehrzahl der Begegnungen mit Tieren wird nicht so dramatisch verlaufen und trotzdem nicht weniger eindrucksvoll sein. Nur wenige Arten, wie beispielsweise Wölfe, sind wirklich scheu und mit ein wenig Geduld und Ruhe kann jeder Elche, Biber oder Otter beobachten.

Cabin Fever nennt man den Koller der manche Menschen überkommt, die einsam in einer Hütte den arktischen Winter verbringen. Kälte, Dunkelheit und der Mangel an Abwechslung hat schon manchen den Verstand gekostet.

Cache ist das Vorratshaus, das zu jeder Cabin gehört. Eine kleine Hütte auf hohen, blechverkleideten Pfählen, sichert die Vorräte vor ungebetenen Mitessern.

Einkaufen/Preise

Durch die Kursentwicklung der letzten Jahre kann man heute mit seinen Dollars sowohl in Kanada als auch in Alaska einigermaßen zurechtkommen.

Das kostspieligste Pflaster ist **Alaska,** weshalb es ratsam ist, sich wenn möglich, in Kanada mit allem Notwendigen einzudecken. In allen größeren Ortschaften gibt es **Supermärkte,** in denen vom Angelzeug bis zur Zahnpasta alles zu haben ist.

Kleine Läden finden sich auch in abgelegenen Gegenden, doch die Preise sind deutlich höher und das Sortiment auf das Notwendigste beschränkt. Einige Dinge des täglichen Lebens sind in Kanada sogar billiger oder zumindest aus dem gleichen Niveau wie in Deutschland. Lebensmittel, Outdoor-Zubehör und Angelutensilien sind recht preiswert.

Je weiter man allerdings nach Norden kommt, desto teurer werden alle Waren - bei den langen Transportwegen kein Wunder.

Elektrizität

Für die Steckdosen benötigen Sie einen **Adapter.** Die Stromspannung beträgt 110 Volt. Prüfen Sie, ob sich ihr Gerät umschalten läßt.

Essen und Trinken

Einige Rezepte

Bannock ist das Brot des Wildnisreisenden. Aus 2 Tassen Mehl, einem Eßlöffel Backpulver, etwas Margarine und Wasser wird ein geschmeidiger Teig bereitet, den man in einer gefetteten Pfanne über dem Feuer auf beiden Seiten goldgelb brät. Der Teig kann auch zu Brötchen geformt und mit Speck, Rosinen, Beeren oder anderen Delikatessen verfeinert werden.

Pemmikan war die Kraftnahrung der Indianer und Waldläufer. Es besteht aus getrocknetem, zerstoßenen Fleisch, vermischt mit Fett und Beeren. Der Kaloriengehalt dieser Mischung ist gigantisch.

Beeren findet man im Spätsommer oft in großen Mengen. Sie spielen eine wichtige Rolle in der Ernährung vieler Tiere. Unter den vielen eßbaren, wie Heidelbeeren, Erdbeeren, Johannisbeeren und vielen anderen, kommen jedoch auch **giftige Arten** vor, z.B. solche, die den Blaubeeren ähnlich sind.

Alkohol wird sowohl in Kanada als auch in Alaska ausschließlich im Liquor Store verkauft, nicht im Supermarkt.

Biertrinker werden von der Qualität der kanadischen Marken zwar nicht gerade überwältigt sein, aber im Gegensatz zu dem amerikanischen Gebräu angenehm überrascht sein.

In einer großen Anzahl von **Indianer- und Eskimosiedlungen** sind Genuß und Besitz alkoholischer Getränke **unerwünscht!**

Hootch soll nach Behauptung einiger Überlebender eine Art Schnaps sein. Anderlautende Darstellungen gestandener Whiskeytrinker erklären, daß es sich bei dem Gesöff um "konzentrierte Schwefelsäure, vergorenen Karbidschlamm oder Messingputzmittel" handelt.
(Einkaufsmöglichkeiten ⇨ Kap. Angeltouren, eine Proviantliste für eine zweiwöchige Wildnistour ⇨ Kap. Kanufahren.)

Feiertage

Alaska
12. Feb. Lincoln's Birthday
17. Feb. Washington's Birthday
26. Mai Memorial Day
4. Juli Independence Day

1. Sept. Labour Day
18. Okt. Alaska Day
11. Nov. Veterans Day
27. Nov. Thanksgiving Day

BC/Yukon
22. Mai Victoria Day
1. Juli Kanada Day
3. Aug. BC Day (nur in BC)
10. Aug. Yukon Day (nur Yukon)
4. Sept. Labour Day
9. Okt. Thanksgiving Day
11. Nov. Remembrance Day

Außerdem: Neujahrstag, Karfreitag, Ostermontag und Weihnachten.

Geld

Bezahlt werden kann mit Bargeld, Travellerscheck oder Kreditkarte. **Travellerschecks** sind aus Sicherheitsgründen **am empfehlenswertesten.** Das gilt besonders für "American Express Traveller Cheques", die überall in Nordamerika wie Bargeld behandelt werden

Mit **Kreditkarten** kann es an kleineren Orten gelegentlich zu Schwierigkeiten kommen. Es empfiehlt sich daher ein Beglaubigungsschreiben der Hausbank mitzuführen, falls größere Transaktionen vorgenommen werden sollen.

Nicht akzeptiert wird "Plastic Money" in den meisten Supermärkten, wogegen Travellerschecks immer angenommen werden. Wer mit Bargeld zahlt, sollte keine größeren Scheine als $ 50-Noten benutzen, da 100er oder gar 500er aus Angst vor Fälschungen oft abgelehnt werden.

Ganz wichtig ist es, möglichst alles Bargeld und die Travellerschecks in Deutschland zu besorgen, da die Wechselkurse in Übersee deutlich schlechter sind als bei uns. Euroschecks sind in Nordamerika nicht gültig!

Geschäftszeiten

Die Öffnungszeiten sind recht unterschiedlich. Generell kann man davon ausgehen, daß von Montag bis Samstag zwischen 9 und 18 Uhr alle **Läden** in Städten geöffnet sind. Viele Supermärkte auch sonntags und an mindestens einem Abend pro Woche bis 22 Uhr. **Banken:** Mo-Fr 9-16 Uhr.

Gesundheit/Versicherungen

Es ist ratsam, sich vor der Reise eingehend untersuchen zu lassen, vor allem, wenn es in dünn besiedelte Gebiete gehen soll, in denen die medizinische Versorgung naturgemäß ein Problem darstellt. Wesentlich, gerade bei längeren Wildnistouren, ist der einwandfreie Zustand der **Zähne.** Es ist wirklich keine Freude, fernab vom nächsten Zahnarzt Schmerzen zu bekommen.

Bei der Zusammenstellung einer **Reiseapotheke** sollte man sich vom Hausarzt beraten lassen. Neben Verbandmaterial und den üblichen Mittelchen gegen Durchfall und Kopfschmerzen, gehören auch Antibiotika dazu.

Da die Preise für ärztliche Behandlung in Nordamerika haarsträubend sind, ist der Abschluß einer **Reisekrankenversicherung unbedingt notwendig.** Entsprechende Verträge lassen sich bei jedem Reisebüro oder direkt bei den Versicherungsgesellschaften abschließen.

"Gehe niemals ein unnötiges Risiko ein" - so lautet der Grundsatz von Leuten, die in der Wildnis alt geworden sind! Jahr für Jahr hört man die Schreckensmeldungen von Unfällen, die beileibe nicht unvermeidbar gewesen wären.

Die richtige **Selbsteinschätzung** hilft **Unfälle vermeiden!**

Man stelle sich vier Leute vor, die nie zuvor in einem Kanu saßen und trotzdem versuchten, bei Sturm den Windy Arm des Tagish Lake im Yukon Territorium zu überqueren. Bei eingehender Tourenplanung hätten sie wissen müssen, daß dies ein fast unmögliches Unterfangen ist. Die dort entstehenden Kreuzseen bringen ein Kanu leicht zum Kentern. Das Ergebnis dieses waghalsigen Versuchs waren vier Wasserleichen.

Bei einer anderen Gelegenheit hatte ein Angler einen Lachs an der Leine, auf den es auch ein Grizzly abgesehen hatte. Statt die Schnur zu kappen und sich schleunigst zu verziehen, versuchte dieser Verrückte den Bären zu verjagen.

Letztendlich bekam der Grizzly seinen Lachs und der Petrijünger mehr als sechzig wunderschöne Nähte, inklusive eines mehrwöchigen Krankenhausaufenthaltes, wobei er noch Glück hatte, mit dem Leben davongekommen zu sein.

Die Liste von Dummheiten ließe sich beliebig fortsetzen, und es zeigt sich immer wieder, daß die beste Gesundheitsvorsorge eine gehörige Portion gesunden Menschenverstandes ist.

Individuell oder organisiert?

Diese Frage wird sich mit Sicherheit am Beginn einer Reiseplanung stellen. Was nun das Richtige ist, hängt von den Wünschen und Vorstellungen des Einzelnen ab und läßt sich nur individuell entscheiden.

Organisierte Angelreisen bieten einen hohen Komfort, ersparen dem Angler einen Großteil an Vorbereitungen und nehmen ihm viele der lästigen Kleinigkeiten ab, so daß er sich voll auf die Fischerei konzentrieren kann. Erfahrene Führer sorgen für erfolgreiche Fischzüge, und die gemütlichen Camps offerieren gesellige Abende mit Gleichgesinnten. Für Leute mit wenig Zeit bietet sich diese Lösung geradezu an, zumal die Aufsichten auf gute Fänge fast garantiert werden können.

Doch die Nachteile solcher Veranstaltungen sollen auch zur Sprache kommen. Zum einen ist dies der höhere Preis, zum anderen die relative Unbeweglichkeit, d.h. man bekommt wenig von Land und Leuten zu sehen, wobei natürlich die Möglichkeit besteht, den Angeltrip durch eine Kanutour oder Camperreise zu verlängern.

Für **organisierte Kanutouren** gilt im wesentlichen das gleiche wie bei den Angelreisen. Auch hier tritt die Preisfrage in den Vordergrund (⇨ Kanutouren).

Auf eigene Faust zu reisen, erfordert einen weitaus größeren Aufwand an Planung und Vorbereitung. Wer jedoch mehr als eine oder zwei Wochen in Kanada bzw. Alaska verbringen möchte, wird es wahrscheinlich vorziehen, beweglich zu sein, um möglichst viel zu sehen. Ziel des vorliegenden Buches ist es, die Organisation des Urlaubs so einfach wie möglich zu gestalten und mit einer Vielzahl von Informationen eine individuelle Planung zu ermöglichen.

Klima

Tagestiefst- und Tageshöchsttemperaturen sowie die durchschnittliche Sonnenscheindauer pro Tag:

	Januar	Juni	August	September
Vancouver	0/5	11/19/7,9	13/22/8,2	10/18/6,1
Prince Rupert	-1/4	8/15/5,0	10/17/4,5	8/15/3,9
Whitehorse	-25/-16	6/18/9,1	7/18/7,5	3/12/4,6
Dawson	-30/-18	3/15/9,6	6/16/9,2	2/10/4,4
Anchorage	-2/0	7/17/8,1	9/17/7,8	5/13/4,5
Juneau	0/4	6/16/4,9	7/17/4,1	6/13/3,7
Barrow	-35/-25	-2/2/12,5	1/6/7,0	-3/1/3,6

Wind Chill Faktor nennt man den Effekt, der tiefe Temperaturen bei Wind oder Sturm schwer ertragen läßt. Die einwirkende Temperatur ist um ein Vielfaches tiefer als bei Windstille, so wird z.B. Null Grad bei Windstille zu -19 Grad bei Wind von 75 km/h.

Reisezeit

Allgemein liegt die **beste Reisezeit** zwischen Mitte Juni und Anfang September. Die Temperaturen sind dann angenehm und das Wetter ist beständig. Wer allerdings den ersten Run der Kings in Alaska miterleben möchte, muß schon im Mai an Ort und Stelle sein, und die beste Zeit für kapitale Steelhead sind Herbst und Frühjahr - da heißt es die Thermoklamotten einpacken.

Maße und Gewichte

In Kanada hat man sich weitgehend auf das Dezimalsystem umgestellt, während man sich in Alaska noch um eine Änderung bemüht. Folgende Tabelle erleichtert das Umrechnen.

Temperaturen

C	F
35	95
30	86
25	77
20	68
15	59
10	50
5	41
0	32
-5	23
-10	14
-15	5

Längenmaße

1 inch - 2,54 cm
1 foot - 30,50 cm
1 yard - 91,00 cm
1 mile - 1,6093 m

Gewichte

1 ounce - 28,4 g
1 pound - 454 g

Hohlmaße

1 ounce - 0,030 l
1 pint - 0,470 l
1 quart - 0,950 l
1 gallon - 3,785 l

10 Liter - 2,7 gal.
30 Liter - 8,1 gal.
80 Liter - 21,6 gal.

Flächenmaße

1 sqaure inch - 6,5 qcm
1 square foot - 0,09 qm
1 square yard - 0,81 qm
1 acre - 0,4 ha

Moskitos

Mit Moskitos muß sich der Reisende allgemein und der Angler im besonderen auseinandersetzen. Was der Forelle Freud', ist des Anglers Leid. Am schlimmsten ist der Frühling, wenn die ersten wärmenden Sonnenstrahlen die Plagegeister zum Leben erwecken. Je weiter das Jahr fortschreitet, desto geringer werden die Aktivitäten des stechenden und beißenden Viehzeugs. Doch ganz verschont bleibt man selten.

Um ihren Opfern möglichst keine Ruhepause zu gönnen, arbeiten Moskitos und **Blackflies** Hand in Hand. Erstere übernehmen die Nachtschicht, während die Blackflies tagsüber Jagd auf dünnhäutige Warmblütler machen.

No-see-ums treten nur selten in Erscheinung, was durchaus zu begrüßen ist. Sind diese lieben Tierchen auch so winzig, daß sie mit bloßem Auge kaum zu sehen sind, haben sie mit ihren bösartigen Angriffen schon manchen gestandenen Mann an den Rand des Wahnsinns gebracht.

Die Blutsauger durch Wedeln oder Erschlagen loszuwerden ist vergebene Liebesmüh. Sinnvoller ist es, möglichst **wenige Angriffsstellen** zu bieten, also dicht schließende Kleidung und einen Hut zu tragen.

Wird es einmal ganz übel, können Gesicht und Nacken durch ein Stück **Moskitonetz** geschützt werden, das über dem Hut getragen und in den Kragen gesteckt wird.

Europäische **Mückenabwehrmittel** können Sie vergessen, sie zeigen nicht die geringste Wirkung. In Kanada und Alaska erhältliche Marken wie "Off" oder "Muskol" sind wirklich brauchbar. Die beste Abwehrmethode stellt der **eingeschränkte Gebrauch von Seife** dar.

Wird der Haut nicht ständig die schützende Fett- und Säureschicht entzogen, so erhöht sich deren Elastizität und Festigkeit, und die Blutsauger bekommen beim Stechen erhebliche Schwierigkeiten.

Um sich den Plagegeistern nicht unnötig auszuliefern, ist die **Wahl des Lagerplatzes** wichtig. Sumpfiges Gebiet und allzu große Nähe zum Wasser sollten vermieden werden. Es ist auch nicht ratsam, zwischen Bäumen zu zelten, sondern in einigem Abstand, möglichst auf freier Fläche, wo der Wind die blutrünstigen Bestien vertreiben kann.

Moskitonetze sind beim Zelten unabdingbar; ebenso bei Campmobilen (Leihwagen sind fast immer entsprechend ausgerüstet).

Papierkram

Für einen Aufenthalt bis zu 6 Monaten genügt für Kanada ein gültiger **Reisepaß.**

Zur Einreise in die USA benötigen Sie ein **Visum,** das in der Regel das Reisebüro besorgen kann. Ansonsten ist es bei den Konsulaten oder der Botschaft der Vereinigten Staaten erhältlich. Das Visum berechtigt lediglich zur Einreise.

Die Aufenthaltserlaubnis und die Dauer ihrer Gültigkeit wird von den Grenzbeamten festgelegt. Sowohl in den USA als auch in Kanada sollen illegale Einwanderungen verhindert werden, wodurch die Grenzkontrollen sehr genau und oft zeitraubend sind. Es gilt, den Touristenstatus deutlich zu machen, was am besten durch Vorlage des Rückflugscheins und der Travellerschecks gelingt. Ohne den **Nachweis genügender Finanzmittel** kann die Einreiseerlaubnis verweigert werden.

Botschaften

Kanadische Botschaft: Godesberger Allee 119, 5300 Bonn 2, ☎ 02221/810060, Konsulate in München, Düsseldorf und Hamburg.

USA-Botschaft: Deichmanns Aue 29, 5300 Bonn 2, ☎ 02221/3391, Konsulate in Frankfurt, München, Berlin, Düsseldorf, Bremen und Hamburg.

Reisen im Lande

Flug

Verkehrsmittel Nummer 1 ist, nicht zuletzt wegen der großen Weite des nordamerikanischen Kontinents, das Flugzeug. Ob mit dem Linienjet oder dem einmotorigen Wasserflugzeug, jeder beliebige Ort ist schnell zu erreichen. Mit dem Lufttaxi lassen sich auch entlegene Seen entdecken.

Die Flugpreise sind für europäische Verhältnisse niedrig. Bei einigen Gesellschaften sind **Rundreisetickets** zu äußerst günstigen Konditionen erhältlich, mit denen verschiedene Orte in Kanada und USA (plus Alaska) in beliebiger Reihenfolge angeflogen werden können.

Interessant sind in dieser Hinsicht die Angebote der **Western Airlines,** deren Tarife bei: Western Airlines, Große Bockenheimer Straße 37-39, 6000 Frankfurt, ☎ 069/291011 erhältlich sind. Ein ähnliches Programm hat **Northwest Orient.**

Alaska Airlines bietet einen sehr preiswerten Zonentarif an, der unter anderem Seattle mit allen größeren Orten in Alaska verbindet.

Aktuelle Tarife erhalten Sie vom Fremdenverkehrsamt Alaska (Adresse siehe unten).

Erwähnenswert ist noch die erstaunliche Tatsache, daß es von Vancouver keine Flugverbindung nach Anchorage gibt! Wer trotzdem diese Route plant, sollte mit dem Greyhound-Bus die kurze Strecke nach Seattle fahren und von dort weiterfliegen.

Eine zweite Möglichkeit ist der Flug nach Whitehorse, von wo es Verbindungen nach Fairbanks und Juneau und dann weiter zu anderen Orten Alaskas gibt. Die kleineren Siedlungen werden von vielen lokalen Unternehmen im täglichen Linienverkehr angeflogen.

Informationen über Verbindungen, Entfernungen und Preise kann jedes Reisebüro erteilen.

Alle Flüge (weltweit) sind im **ABC-World Travel Guide** verzeichnet, der jedem Reiseunternehmen vorliegt.

Fly-In Fishing erfreut sich zunehmender Beliebtheit, bietet es dem Angler doch die Möglichkeit schnell und unproblematisch zu Gewässern zu gelangen, die sonst nur schwer zugänglich sind. An nahezu jedem größeren Ort findet man Piloten, die entsprechende Flüge organisieren. Die Angebotspalette reicht vom One Way-Transport bis zur Unterbringung in Camps mit Führer und allem erdenklichen Service.

Naturgemäß differieren die Preise je nach Leistung und Saison recht stark, so daß sich eingehende Vergleiche in barer Münze auszahlen. Die billigsten Angebote für zwei Personen inkl. Gepäck liegen bei etwa CAN$ 2 pro Meile Flugstrecke.

Beim Transport größerer Mengen Gepäcks oder eines Kanus kommt in der Regel allerdings nur eine größere Maschine in Betracht, wobei man mit dem doppelten oder gar dreifachen Preis rechnen muß.

Informationen erteilen:
Tourism Canada, Taunusstr. 52-60, 6 Frankfurt, ☎ 069/230374 (Prospekte von Touristik-Dienst Lange, Alte Dorfstr. 21, 6457 Maintal 2).
Fremdenverkehrsamt Alaska, E. Sommer, Kaiserstr. 8, 6 Frankfurt.
Alaska Travel Division, Pouch E, Juneau, Alaska 99801, USA;
Tourism Yukon, Government of the Yukon Territory, PO Box 2703, Whitehorse, Yukon, Kanada.

Auto
Kaum eine Art des Reisens ist in Nordamerika so beliebt, wie die mit dem **Campingmobil** oder Motorhome, wie es dort heißt. Hierbei lassen sich Komfort und Mobilität ideal verbinden. Die Fahrzeuge gibt es in allen Größen, vom geländegängigen Pick-up bis zum Einfamilienhaus auf Rädern.

Wer ein solches Fahrzeug **mieten** möchte, sollte dies **von Deutschland aus** tun, und zwar **möglichst frühzeitig.** Während der Hauptsaison in Alaska oder British Columbia ein Fahrzeug zu bekommen, ist nahezu unmöglich, da die Wagen oft seit Monaten vorbestellt sind. Außerdem kostet ein dort gemietetes Wohnmobil unter Umständen das Doppelte dessen, was für eine Buchung in der Bundesrepublik zu berappen ist.

Infos gibt es in jedem Reisebüro sowie bei internationalen Autovermietungen wie Tilden, Hertz oder Avis. Im Adressenanhang sind einige der erfahrensten Unternehmen dieser Branche aufgeführt.

Angeboten wird eine Reihe von Modellen, mit denen 2 bis 7 Personen reisen können. **Lange Vehikel** sind jedoch nur für halbwegs vernünftige Straßen zu gebrauchen. Dieser Faktor ist bei der Tourenplanung unbedingt zu beachten!

Besser sind die geländegängigen **Pick-ups,** das sind Kleinlaster, denen eine Wohn- und Schlafkabine aufgesetzt wurde. Obgleich in bezug auf das Platzangebot Kompromisse geschlossen werden müssen, haben diese Fahrzeuge den Vorteil, daß sie auch üble "Gravelroads" problemlos bewältigen. Hohe Bodenfreiheit, kurzer Achsenabstand und ein starker Motor machen die Wagen für schlechte Straßenverhältnisse tauglich - und mit denen muß man im Norden immer rechnen.

Pick-ups werden meist in zwei Längen, von 7-9 und von 10-12 feet angeboten, wobei die größeren inzwischen fast alle über eine **Dusche** verfügen und für drei Erwachsene genügend Platz bieten. Die kleinere Ausführung ist nur für zwei Personen geeignet.

Als letzten Pluspunkt kann dem Pick-up noch der **halbwegs erträgliche Benzinverbrauch** von ca. 20 l/100 km angerechnet werden.

Ein ähnliches Platzangebot, aber weniger Geländetauglichkeit bieten **Vans,** ausgebaute Kleinbusse, ähnlich den VW-Bussen. Ihr Verbrauch liegt bei etwa 18 l/100 km.

Minihomes messen in der kleinsten Kategorie 18-20 feet und bieten mehr Komfort als die eingangs beschriebenen Modelle. Sie verfügen auch über einen direkten Zugang von der Fahrerkabine zum Wohnteil. Es gibt auch bei diesen Fahrzeugen einige Typen, die über genügend Bodenfreiheit verfügen, um auch schlechtere Straßen zu bewältigen, doch ihr Einsatzbereich sind eigentlich die gut ausgebauten Highways. Die Motoren schlucken erbarmungslos 25 l 1/100 km.

Noch längere Vehikel sind so unhandlich, daß man bei jedem etwas schlechteren Zufahrtsweg zu einem Campingplatz befürchten muß, nicht um die Kurve zu kommen. Außerdem steigert sich der ohnehin gigantische Benzinverbrauch der großvolumigen Motoren ins Uferlose.

Die **Mietpreise** sind unterschiedlich und ein Vergleich zahlt sich in jedem Fall aus. Das folgende Beispiel kann nur ein Anhaltspunkt sein:

Ein **Pick-up** mit 3,40 m Länge, 3 Schlafplätzen, Frischwassertank, Heizung, Herd, Kühlschrank, Dusche, WC, Servolenkung und -bremse kostete für 4 Wochen, bei einer zurückgelegten Strecke von 5.000 km, etwa 4.800 DM. Darin waren enthalten: Miete für 2 Personen ab Vancouver mit 4.800 Freikilometern sowie Kosten für zusätzlich gefahrene Kilometer, Haftpflicht- und Vollkaskoversicherung, Benzin und Propangas für Heizung, Herd und Kühlschrank.

Für Fahrten von BC nach Alaska oder ins Yukon Territorium vermieten die meisten Verleihfirmen nur Pick-ups oder Minihomes, wobei für letztere nicht selten ein saftiger Aufschlag zu zahlen ist.

Eine Alternative bietet sich Leuten, die auf Komfort verzichten und im Zelt übernachten wollen. Sie können sich einen **Geländewagen** mieten und haben damit ein Fahrzeug, das überall durchkommt. Ein großer Wagen wie der Bronco oder Cherokee bietet sogar genug Laderaum, daß 2 Personen darin auch einmal schlafen können. 1988 kostete ein Bronco inklusive kompletter Campingausrüstung für 4 Wochen (bei 4.800 Freikilometern, mit Haftpflicht- und Vollkaskoversicherung und Benzingeld) 3.600 DM.

Die genannten Preise galten für Kanada. In Alaska muß man mit dem Doppelten rechnen! Auch ab Whitehorse im Yukon-Territorium sind Zuschläge von ca. 15% zu zahlen. Trotzdem ist es unter Umständen wesentlich billiger, dort ein Fahrzeug zu mieten, wenn man nach Alaska will und die zusätzlichen Kilometer in Kauf zu nehmen. Gerade diese Strecke bietet zudem viel Sehenswertes.

Apropos Schäden! Ein etwas unerfreulicher Punkt bei der Reiseplanung betrifft das **leidige Thema Kaution** für Mietwagen. Alle Vermieter verlangen neben der Vorauszahlung des gesamten Mietpreises eine Kaution in Höhe von mehreren hundert Dollar! Diese entfällt nur, wenn man eine Kreditkarte vorweisen kann oder eine sündhaft teure Vollkaskoversicherung abschließt. Will man nicht Gefahr laufen, von seinem hinterlegten Geld nichts mehr zu sehen, sollte wirklich jeder Kratzer vor Fahrtbeginn notiert und durch den Vermieter bestätigt werden!

Checkliste

Fahrzeugpapiere: Fahrzeug-Schein, Reparatur-Garantie, Betriebsanleitung
Werkzeug vorhanden
Ersatzrad vorhanden
Reifendruck in Ordnung
großer Reservekanister vorhanden
Steinschlagschutz an den Scheinwerfern und am Kühler (meist nur an Fahrzeugen für Yukon/Alaska)
Motoren/Getriebe - Öl voll
Treibstoff/Wasser voll
Propangasbehälter voll
Batterie in Ordnung
Elektrik in Ordnung (Scheinwerfer/Blinker/Innenbeleuchtung/Hupe/Rück-Bremsleuchten/Warnblinker)
Toilette funktionsfähig/Chemikalien vorhanden
Anschlußschläuche für Wasser/Abwasser vorhanden
Moskitonetze an den Fenstern in Ordnung
Klapptische und Bettenumbau
Sitzverstellung möglich
Kühlschrank und Herd in Ordnung
Heizung in Ordnung
Schränke leer und sauber
Verbandszeug, Warndreieck, Radhemmschuh vorhanden
Radio in Ordnung
Axt vorhanden
Kochgeschirr vollständig
Bettwäsche vollständig
Fahrzeugboden ohne Öl/Wasser - Verlust
keine Schäden an der Inneneinrichtung
keine Schäden an der Karosserie

Autoüberführung

Für den stolzen Besitzer eines Camping- oder Geländefahrzeugs kann sich die Überführung des eigenen Wagens, besonders bei längeren Aufenthalten, durchaus lohnen. Die **Kosten** für einen VW-Bus lagen 1987 bei einer Überführung von Bremen nach Vancouver bei etwa 2.000 DM.

Als **Transportzeit** muß man drei Wochen ansetzen. Die Mitnahme des eigenen Fahrzeugs ist nicht ganz unproblematisch, aber durchführbar, wenn einige wichtige Dinge vor der Abreise in Deutschland geregelt werden:

Frühestens 10 Tage vor **Verschiffung** wird dieses abgemeldet und mit einem zuvor besorgten **Zollkennzeichen** versehen. Mit dieser internationalen Zulassung darf der Wagen 1 Jahr im Ausland gefahren werden. Weiterhin wird ein **internationaler Führerschein** benötigt, der beim entsprechenden Ordnungsamt oder der Zulassungsstelle erhältlich ist.

Als letzte Formalität steht der Erwerb einer in Übersee gültigen **Versicherung** an. Entsprechende Versicherungsbüros findet man mit Sicherheit in Städten, in denen amerikanische Soldaten stationiert sind, oder man wendet sich an eine der folgenden Gesellschaften:

American International Underwriters, Mainzer-Landstraße 2, 6 Frankfurt.
Hanover Insurance Company, A. Jensen & Co., Deichstraße 1, 2 Hamburg 11.

Dieses muß unbedingt in Deutschland erledigt werden, da es in Übersee nicht einfach ist, als Ausländer eine Police zu erhalten! Beim kanadischen Zoll wird das Fahrzeug gegen Hinterlegung einer Kaution von CAN$ 100-500 ausgelöst. Bei der Ausfuhr bekommt man sein Geld zurück.

Auskünfte über Firmen, die Autotransporte durchführen, erteilt jede internationale Spedition. Die meisten dieser Unternehmen haben ihren Sitz in Hamburg oder Bremen.

Achtung: Das Fahrzeug muß **peinlichst sauber** in Kanada ankommen. Aufgrund der hysterischen Angst der Nordamerikaner vor der Einschleppung irgendwelcher Krankheitserreger, Pflanzensamen und ähnlichem, ist es unumgänglich, den Wagen mittels Hochdruckreinigung von allen anhaftenden Verschmutzungen zu reinigen.

Autokauf

Eine weitere Möglichkeit, preiswert mit dem Auto zu reisen, eröffnet sich durch den Erwerb eines entsprechenden Gefährts. Ein solcher Kauf und vor allen Dingen der spätere Verkauf nehmen möglicherweise einige Tage in Anspruch.

Schon in Deutschland sollte man sich mit einer entsprechenden **Versicherung** eindecken, was über die im vorigen Kapitel genannten Gesellschaften abgewickelt werden kann. Wichtig ist hierbei, daß man eine Adresse in Übersee angeben kann (Freunde, oder zur

Not ein Hotel). **Gebrauchtwagen** findet man wie bei uns an jeder Ecke und ein halbwegs vernünftiges Fahrzeug ist ab $ 2.000 zu bekommen. Für die Anmeldung benötigt man einen Versicherungsschein, den Kaufvertrag und die Zulassung des Vorbesitzers. Damit marschiert man zum Vehicle Department und erhält dort sein Nummernschild.

Verkaufen sollte man seinen Wagen **möglichst in Alaska,** da der Wiederverkaufswert dort am höchsten ist und die Bestimmungen unproblematisch sind. Käufer und Verkäufer gehen gemeinsam zur Zulassungsstelle und lassen die Beamten den Papierkram erledigen.

Wer sich mit Camping im allgemeinen nicht anfreunden kann und lieber von Motel zu Motel fahren möchte, sollte trotzdem auf ein halbwegs vernünftiges Fahrzeug nicht verzichten.

Gerade in der Nähe von Siedlungen oder Lodges findet der Angler gelegentlich Schleichwege zu interessanten Gewässern und erspart sich, wenn er über ein entsprechendes Auto verfügt, lange Anmärsche.

Bus und Trampen

Das **Busnetz** in Nordamerika ist **hervorragend ausgebaut** und hat dort, in bezug auf die Personenbeförderung, den gleichen Stellenwert wie bei uns die Bahn. Die Fahrzeuge selbst sind komfortabel. Dennoch sollten die einzelnen Reiseabschnitte nicht zu lang gewählt werden, da auch in noch so bequemen Sitzen nach vielen Stunden das Hinterteil schmerzen wird. Im Bus haben Sie Gelegenheit, in aller Ruhe die Schönheit der Landschaft zu genießen.

Die Preise sind recht niedrig, so kostete z.B. eine Fahrt über den ganzen Alaska Highway, von Dawson Creek bis Fairbanks (2.500 km), 1988 nur $ 70!

Interessant sind auch die **Greyhound-Sondertarife,** so zum Beispiel der **Ameripass,** der allerdings **schon in Europa gebucht** werden muß. Er ermöglicht unbegrenztes Reisen in USA und Kanada, allerdings ohne Alaska. 7 Tage kosten $ 99, 15 Tage $ 155, 30 Tage $ 225 und jeder weitere Tag $ 12. Auskünfte über Verbindungen und Preise erteilen die Busunternehmen, z.B.:

Greyhound World Travel Inc., Eschersheimer Landstr. 297, 6 Frankfurt, ☎ 069/5601005.
Pacific Coach Lines LTD, 737 Humbold St, Victoria, BC, Kanada.
Maverick Coach Lines, 150 Dunsmuir St, Vancouver, BC, Kanada.

Trampen ist die billigste Möglichkeit zu reisen. Auch durch viel Gepäck, wie es Angler und Langzeitreisende mit sich herumschleppen, sollte man sich nicht abschrecken lassen. So reist einer meiner Freunde regelmäßig per Autostop von Sasketchawan zum Yukon-Territorium und umgekehrt, wobei sich zwei Zentner Ausrüstung und ein fünf Meter langes Kanu keineswegs als hinderlich erweisen.

In dicht besiedelten Gebieten ist es nicht immer ganz einfach, mitgenommen zu werden. Doch je weiter es in den Norden geht, desto einfacher wird das Trampen. Hilfsbereitschaft wird dort noch groß geschrieben, und wenn ein Wagen nicht anhält, darf man ziemlich sicher sein, daß ein Tourist am Steuer sitzt.

Fähren

Entlang der Küsten von British Columbia und Alaska liegen einige der schönsten und abwechslungsreichsten Angelgebiete der Welt. Die Landschaft mit ihrem tiefen Fjorden und zerklüfteten Gebirgen macht eine Straße entlang der Küste fast unmöglich. Aus diesem Grund sind neben dem Flugzeug Fähren eine wichtige Verbindung zwischen den Küstenorten. Sie bilden an einigen Stellen die Verbindung zu den Straßen im hohen Norden.

Für den Touristen bedeutet die Benutzung der Fähren nicht nur eine Ersparnis von etlichen Kilometern, sondern bietet ihm auch das unvergleichliche Erlebnis einer Küste, die auf der Welt ihresgleichen sucht.

Neben den großen Fährlinien gibt es eine Anzahl kleinerer Unternehmen, zum Teil ohne Autotransport, die auch abgelegene Orte und Inseln anlaufen, wo den Angler nahezu unberührte Gewässer erwarten. Ein wirkliches Angelparadies sind die unzähligen Inseln des Alexander Archipels - wenn man von den häufigen Regenfällen absieht.

Zu den großen Fährunternehmen gehören:
BC Ferries - Verbindungen der Orte zwischen Vancouver und Prince Rupert sowie Vancouver Island.
Southeast Alaska Ferries - Verbindungen der Orte Südostalaskas mit Prince Rupert und Seattle
Southwest Alaska Ferries - Verbindungen der Orte Südwestalaskas, ohne Anschluß an andere Systeme.

Es gibt also keine Fährverbindung von Kanada bzw. dem alaskanischem Südosten, "Panhandle" (Pfannenstiel) genannt, nach Zentralalaska. Sie müssen immer auf dem Landweg weiterreisen, entweder von Haines oder von Skagway.

Wenn Sie von Vancouver nach Prince Rupert oder weiter gen Norden wollen, setzten Sie nach Vancouver Island über und fahren über Land bis Port Hardy, um dort an Bord der Fähre zu gehen.

Für den **Autotransport** und für Kabinen sind langfristige Reservierungen unerläßlich, besonders im Juli/August. Kabinen sind recht teuer, so daß sich als Alternative die Übernachtung in den Deckstühlen anbietet. Viele der Fährschiffe verfügen über ein verglastes Oberdeck, so daß dem Reisenden auch das oftmals launische Wetter nichts anhaben kann. Wer ohne Fahrzeug kommt, braucht nicht zu reservieren. Genaue Fahrpläne und Preisangaben sind in Reisebüros oder in den Fremdenverkehrsbüros erhältlich. Als Anhaltspunkt daher nur einige Beispiele:

Die zweitägige Reise von Prince Rupert (mit Zwischenstationen) nach Haines kostete $ 1987 98 pro Person und $ 288 für ein Fahrzeug bis 6 m Länge. Für eine Kabine waren beachtliche $ 124 zu berappen.

Von Port Hardy (Vancouver Island) nach Prince Rupert kostete die Fahrt $ 160 für den Camper und $ 50 pro Person.

Ungefähre **Fahrzeiten zwischen einigen Häfen:**

Seattle	-	Juneau	60 Std.
Seattle	-	Skagway	66 Std.
Port Hardy	-	Prince Rupert	28 Std.
Prince Rupert	-	Skagway	32 Std.
Prince Rupert	-	Juneau	26 Std.
Homer	-	Kodiak	10 Std.
Seward	-	Valdez	12 Std.

Die Fähren verkehren **nicht sehr häufig,** manche nur ein- oder zweimal pro Woche. Einen Fahrplan mit Preisangaben erhalten Sie von: Alaska Marine Highway, Pouch R, Juneau AK 99811.

Boote

Wasserfahrzeugen aller Art kommt in Kanada und Alaska seit jeher eine besondere Bedeutung zu, und daran hat sich bis heute nichts geändert. Für den Wildnisenthusiasten sind sie die einzig wahre Möglichkeit, entlegene Gebiete zu bereisen; dem Angler erschließen sie sonst unerreichbare Fischgründe.

Wer mit dem Auto oder Camper unterwegs ist, sollte es nicht versäumen, ein **Kanu** oder zumindest ein kleines **Schlauchboot** aufs Dach zu packen. Zwar gibt es vom Ufer aus genügend Angelmöglichkeiten, doch in den großen Seen stehen die dicken Brocken oft weit draußen.

Einige Leihwagenfirmen bieten die Vermietung von Booten als Service an. Im allgemeinen sind Leihboote ein teurer Spaß. Es empfiehlt sich daher, nach Möglichkeit ein Boot zu kaufen und vor der Rückreise wieder zu veräußern. Der An- und Verkauf von gebrauchten Booten ist relativ einfach. Über Zeitungsannoncen oder Hinweisen an Pinwänden (zu finden bei Campingplätzen, Angelgerätehändlern, Postämtern usw) ist ein halbwegs brauchbares Kanu ab 300 DM zu bekommen.

Wenn Sie im Besitz eines Autos sind, lohnt es sich, zum Endpunkt belebter Kanurouten zu fahren und dort ein Kanu zu erstehen.

Das bedeutet beispielsweise für die **Yukonroute:** lieber ein Boot in Dawson City als in Whitehorse, dem Beginn der Strecke, kaufen, weil dort die Nachfrage die Preise in die Höhe treibt.

Um gegen starke Strömungen anzukämpfen, braucht man starke **Motorboote.** An vielen Orten gibt es Verleihfirmen und Charteranbieter. Die Preise der Boote differieren stark und sind von Saison und Lage abhängig. Doch billig ist dieses Vergnügen nicht - dafür sind die Fangaussichten um so besser.

Selbstfahrer auf Flüssen sollten auf die häufigen Untiefen achten, die einer Schraube ziemlich schnell den Garaus machen. Ideal sind in solchen Gewässern **Jetboote,** bei denen diese Gefahr erst gar nicht auftaucht.

Die Küstengewässer Alaskas und Kanadas sind gelegentlich recht rauh und von Stürmen heimgesucht. Doch gibt es auch noch einen weiteren Punkt, der kleinere Boote in ernsthafte Schwierigkeiten bringen kann: Der Pazifik hat hier einen enormen **Gezeitenunterschied.** Den Rekord hälft dabei der Turnagain Arm mit 13 m Differenz zwischen Ebbe und Flut.

Zwischen den unzähligen Inseln an den Küsten Südostalaskas und British Columbias sowie in den tiefen Inlets entstehen Gezeitenströmungen, die Geschwindigkeiten bis zu 28 Knoten erreichen und denen selbst größere Schiffe tunlichst aus dem Weg gehen. Nicht ohne Grund werden diese Stellen **"Rapids"** genannt, denn das Wasser rauscht über Felsen und Untiefen wie in einem Wildwasserfluß.

Schlittenhunde

Die Schlittenhunde sind auch heute noch nicht von den Motorschlitten verdrängt. Besonders in abgelegenen Gebieten sind sie durch nichts zu ersetzen. Die Tiere werden von ihren Besitzern gehegt und gepflegt, auch wenn sie einmal die Peitsche zu spüren bekommen. Anders wird man der **Huskies** und **Malemuts** kaum Herr.

Mit den Schoßhündchen unserer Breiten haben sie nichts gemein. Sie sind durch immer wiederholte Kreuzung mit Wölfen wild und kaum gezähmt und könnten auch ohne den Menschen leben. Der wird nur dann als "Rudelführer" akzeptiert, wenn er gelegentlich zeigt, wer Herr im Hause ist. Ist die Rangordnung erst einmal festgelegt, wird der Schlittenhund mit Freude seinem Herrn folgen.

Besonders bei den Rennen kann man immer wieder beobachten, wieviel Spaß die Tiere am Laufen haben. Der **Iditarod Trail** von Anchorage nach Nome ist das längste, schwierigste und bestdotierteste Schlittenhundrennen der Welt. Den absoluten Rekord für die ca. 1.900 km (!) lange Strecke hält Rick Swenson, der 1981 nur 12 Tage, 8 Std., 45 Min. und 2 Sek. benötigte. Das bedeutet fast 150 km täglich durch unwegsames Gelände, über zugefrorene Flüsse und hohe Pässe. Der Gewinner dieses Rennens erhält inzwischen immerhin $ 50.000.

Verhaltensregeln

Dem Verhalten in der Wildnis wird allzuoft nur wenig Beachtung geschenkt. Angesichts der schier unendlichen Weite des amerikanischen Nordwestens glaubt so mancher, die Anwesenheit einer Handvoll Menschen könne keinen Einfluß auf die Ökologie haben. Dies ist ein fataler Trugschluß. Das Motto: "Was kann das schon schaden, die anderen sind viel schlimmer", ist einfach nicht mehr akzeptabel. Genau nach diesem Tenor wurde der **Ausverkauf der Natur** bei uns betrieben.

Die verheerendsten Schäden im Norden Amerikas werden durch unsachgemäßen Umgang mit **Feuer** verursacht. Alljährlich zerstören Brände riesige Waldflächen.

Zur Vermeidung von Fehlern hier einige Ratschläge:

☆ Wer auf einem Campingplatz lagert, findet meistens vorbereitete Feuerstellen, die eine gefahrlose Handhabung ermöglichen. In der Wildnis ist der beste Platz für das Kochfeuer eine Kiesbank am Fluß oder eine Lichtung abseits von Bäumen.

☆ Ein kleines Feuer mit viel Glut ist sinnvoller und ungefährlicher als hochlodernde Flammen. **Funkenflug** ist auch dann gefährlich, wenn es gerade geregnet hat. Die Nadelhölzer des Nordens enthalten einen hohen Anteil an Harzen und ätherischen Ölen und brennen auch feucht wie Zunder.

☆ Jedes Feuer muß sorgfältig mit Wasser gelöscht werden. Ein Bedecken mit Erde genügt nicht, da unter Umständen Wurzeln durch Schwelung in Brand gesetzt werden können.

☆Feuerholz wird auf dem größten Teil aller Campingplätze bereitgestellt. Falls nicht, gibt es Treibholz oder abgestorbene Bäume. Man muß wegen einer Tasse Tee nicht gleich einen Baum fällen!

☆ Ein weiterer wichtiger Punkt betrifft die Beseitigung von **Abfällen.** Als Motto sollte sich Jedermann einprägen: **"Verlasse einen Platz so, als wäre nie ein Mensch da gewesen!"**

☆ Wer mit dem Auto unterwegs ist, findet überall **Mülltonnen.** Irgendwelchen Dreck am Straßenrand abzuladen ist nicht nur eine Schweinerei, sondern wird auch mit empfindlichen **Geldstrafen** geahndet.

☆ Abseits der Straßen findet man zwar keinen Abfalleimer, doch läßt sich der überwiegende Teil, wie Essensreste, Verpackungsmaterialien und ähnliches, **verbrennen.** Konserven- und Getränkedosen können vergraben werden. Doch erst nachdem sie im Feuer ausgeglüht wurden. Dabei werden schützende Farb- und Eloxalschichten entfernt und das Metall kann **verrotten.** Alle anderen Gegenstände müssen mit zurückgenommen werden.

☆Unnötige Schlepperei kann dadurch vermieden werden, daß alles entbehrliche Verpackungsmaterial gleich nach dem Einkauf entfernt wird. Lebensmittel sollten sowieso in **wiederverwertbaren Dosen** und Beuteln umgepackt werden.

☆ Spülwasser, Seifenlauge, Benzin, Petroleum und Öl dürfen unter keinen Umständen in Gewässer gelangen! Wasch- bzw. Spülwasser sollten verdünnt und auf eine große Fläche verteilt werden. Besonders zu empfehlen sind sogenannte **seifenfreie Waschmittel,** die biologisch abbaubar sind.

Waffen

Schießeisen mitzuführen, ist nur selten sinnvoll. Kommt man in eine Lage, wo ein Gewehr in der Hand beruhigend sein könnte, liegt das Ding garantiert irgendwo herum und man kann es nicht erreichen.

Kommt es tatsächlich zu einer Konfrontation mit einem Grizzly und soll diesem mit dem Gewehr begegnet werden, muß man ein sehr geübter Schütze sein, denn der erste Schuß muß sitzen. Welcher Mitteleuropäer hat schon Übung im Abschießen von angreifenden Bären?

Die so beliebte Winchester 30-30 können Sie getrost vergessen, es sei denn, Sie möchten den Burschen totkitzeln.

Zoll

Zollfrei eingeführt werden dürfen alle Dinge des persönlichen Gebrauchs. Außerdem in die USA: 0,94 l Spirituosen, 8 l Bier, 200 Zigaretten und Geschenke bis zum Wert von 100 $. Für Kanada gilt: die gleiche Menge an Spirituosen und Bier, 200 Zigaretten und Geschenke, von denen keines mehr als CAN$ 40 kosten darf.

Nicht eingeführt werden dürfen **Tiere, Pflanzen und deren Samen.** In diesem Zusammenhang sei darauf hingewiesen, daß Angelgerät und Campingausrüstung peinlichst sauber sein müssen, will man nicht Gefahr laufen, den ganzen Kram desinfizieren zu müssen.

Northern Pike

Die Fische

Nicht alles, was "Trout" heißt, ist auch eine Forelle, und Lachs ist noch lange nicht Lachs. Es ist daher notwendig, auf die verschiedenen Arten ein wenig näher einzugehen. Die Kenntnis der **Lebensgewohnheiten** der Fische ist hier wie überall Voraussetzung für einen erfolgreichen Fang.

Auf den folgenden Seiten sind von den mehr als 100 Arten und Unterarten der im Süßwasser Nordwestamerikas vorkommenden Fische diejenigen beschrieben, die dem Angler an den Haken gehen können. Auf die Meeresfische gehe ich nur am Rande ein, da sich das Hauptinteresse meistens auf den Heilbutt und die Lachsarten beschränkt.

Es ist unerläßlich, sich die verschiedenen **Unterscheidungsmerkmale** der Arten gewissenhaft **einzuprägen,** um nicht versehentlich Schonbestimmungen zu verletzen.

Die Hinweise zu **Fangmethoden** sollen nur eine Orientierungshilfe sein und eigenen Experimenten steht nichts im Wege. Gute Ratschläge erhält man oft von einheimischen Anglern.

Zu jeder der im folgenden beschriebenen Fischarten sind einige besonders bekannte Fanggebiete und die besten Fangzeiten angegeben. Anhand des Bestimmungsschlüssels lassen sich die einzelnen Arten leicht und schnell unterscheiden.

Es ist sinnvoll, sich die **englischen Trivialnamen** einzuprägen, die auch in diesem Buch ausschließlich benutzt werden. Zur Orientierung an dieser Stelle eine Übersetzung, sofern es gebräuchliche deutsche Namen der Fischarten gibt. In Klammern stehen weitere, je nach Gegend benutzte Trivialnamen.

King Salmon (Chinook, Spring, Tyee)	Königslachs	**Pike**	Hecht
Coho Salmon (Silver Salmon)	Silberlachs	**Burbot**	Quappe
Pink Salmon (Humpback, Humpy)	Buckellachs	**Walleye** (Pickerel)	Zander
Red Salmon (Sockeye)	Rotlachs	**Sturgeon**	Stör
Chum Salmon (Keta-, Dog Salmon)	Ketalachs	**Char**	Saibling
Rainbow Trout	Regenbogenf.	**Rockfish**	Meerbarsch
Grayling	Äsche		
Lake Trout (Namaycush)	Seesaibling	**Halibut**	Heilbutt

King Salmon
(auch Spring, Chinook, Tyee oder Blackmouth)

Vorkommen
Amerikanische Westküste an der Monterey Bay in Kalifornien bis zur Chukchi See. In Asien vom Anadyr in Sibirien bis nach Hokkaido.

Beschreibung
Der King ist die größte Art aus der Familie der Lachse. Durchschnittsgröße und -gewicht liegen bei 100 cm Länge und 18 kg. Der offizielle Rekordfisch wog 114,6 Pfund und wurde in der Nähe von Petersburg/Alaska gefangen.

Während ihres Lebens im Meer sind die Fische grünlich bis silberblau auf dem Rücken, silberfarben an den Flanken und am Bauch weiß gefärbt. Die obere Körperhälfte ist mit unzähligen, unregelmäßigen, schwarzen Tupfern besetzt. Bei der Laichwanderung wechselt die Farbe in rot bis braun und zuweilen auch in schwarz.

Der Körper ist langgestreckt, wobei der Kopf etwa 20% der Gesamtlänge ausmacht. Das tiefgespaltene Maul ist mit vielen kleinen Zähnen besetzt und bei den weiblichen Tieren etwas stärker abgerundet als bei den Milchnern. Die Augen sind klein, fast rund und liegen über dem Ende der Maulspalte. Ein sicheres Unterscheidungsmerkmal zu anderen Arten ist das **schwarze Zahnfleisch** des Unterkiefers.

King Salmon
Männliches Tier zu Beginn der Laichwanderung mit erst schwach ausgeprägtem Hakenmaul. Wichtigste Erkennungsmerkmale sind die Punkte, die im Gegensatz zu Coho und Chum über die ganze Schwanzflosse verteilt sind, sowie das schwarze Zahnfleisch.

Des weiteren ist der obere Teil der Fettflosse schwarz und die unregelmäßigen, ovalen Flecke auf der Schwanzflosse von einem silbrigen Glanz überzogen. Bei den Milchnern bildet sich während des Laichaufstiegs ein ausgeprägtes Hakenmaul.

Lebensweise
Wie alle Pazifiklachse lebt auch der King Salmon **androm,** das heißt, er schlüpft im Süßwasser, wandert dann zum Meer und lebt dort, um erst zum Laichen an den Ort seiner Geburt zurückzukehren.

Aus den im Sommer abgelaichten Eiern schlüpfen im nächsten Frühjahr die jungen Lachse. Sie ernähren sich, nachdem ihr Dottersack aufgebraucht ist, von Plankton und später von Insekten.

Im zweiten Lebensjahr erreichen die meisten **Smolts,** wie Lachse während dieser Entwicklungsstufe genannt werden, das Meer. Hier beginnen sie eine intensive Nahrungsaufnahme, bei der Heringe, Sardinen und Krustentiere die Hauptrolle spielen. Die Geschlechtsreife wird nach dem dritten bis siebten Jahr erreicht.

Der **Salmon Run,** der Aufstieg der Lachse, beginnt bei dieser Art im Mai und dauert bis August. Während in BC etwa 50% aller Kings in nur 14 Flußsystemen aufsteigen, sind es in Alaska und dem nördlichen Kalifornien, Oregon und Washington fast 400!

In manchen Flüssen, besonders im südlichen BC, findet im Herbst eine zweite Wanderung statt. Der Höhepunkt des Salmon Runs ist regional und von Fluß zu Fluß unterschiedlich. Je weiter die Wanderung ist, desto früher beginnt sie.

Um ihre Laichgewässer zu erreichen, legen die Fische teilweise erstaunliche **Entfernungen** zurück. Für eine Strecke von mehr als 3.000 km benötigen die im Quellgebiet des Yukon laichenden Exemplare nur 60 Tage. Diese gewaltige Kraftanstrengung erschöpft die Tiere in hohem Maße, zumal sie in dieser Zeit keine Nahrung zu sich nehmen.

Nach der Partnersuche legen die Fische mehrere Laichgruben an, in die 3.000 - 14.000 Eier abgelaicht und befruchtet werden. Der größte Teil der Lachse stirbt nach dem Fortpflanzungsakt binnen kurzer Zeit. Nur wenige kehren zum Meer zurück, um ein zweites oder gar ein drittes Mal zu laichen.

Fang
Die erfolgversprechendste Methode für das Fischen im Meer ist das **Schleppen mit Heringen am System.** Eine mittlere Bootsrute oder eine starke Spinnrute sowie eine gute Rolle mit mindestens 250 m bester Monofilschnur (Durchmesser 0,40 bis 0,70 mm) sind das geeignete Gerät.

Die Lachse folgen den Herings- und Sardinenschwärmen, die es auszumachen gilt. Als sicheres **Anzeichen** gelten **Ansammlungen von Möwen** über einer bestimmten Wasserstelle. Die Schleppgeschwindigkeit sollte nicht zu langsam sein, weil der King ein sehr schneller Schwimmer ist und durch einen zügig geführten Köder am stärksten gereizt wird. Dem Anbiß folgt ein trockener Anhieb. Hat der glückliche Petrijünger einen Kapitalen gehakt, steht ihm eine aufregende Stunde Schwerstarbeit bevor.

Bei einem Biß nahe der Oberfläche wird der Fisch einen gewaltigen Luftsprung vollführen, um sich von dem lästigen Haken zu befreien. Danach folgt eine rasante Flucht, bei der mit beängstigender Geschwindigkeit der Schnurvorrat dezimiert wird. Auch wenn es gelingt, den Lachs zu stoppen und Schnur zu gewinnen, wird bald die nächste Flucht folgen. Die **Schnur** sollte immer straff gehalten werden, sonst schüttelt der Fisch den Haken mit ziemlicher Sicherheit ab.

Bei der enormen Ausdauer der Fische kann ein Drill an leichterem Gerät oft Stunden dauern und nicht immer ist am Ende der Angler Sieger.

Im **Süßwasser** sind die Lachse nicht so leicht zum Anbiß zu verleiten. Da sie während der Laichwanderung keine Nahrung zu sich nehmen, gilt es ihren natürlichen Beißreflex auszulösen, was mit auffälligen Blinkern, Spinnern, Woblern, Twistern oder Streamern gelingt. Grelle Farben (gelb und rot) und stark **reflektierende Köder** sind zu bevorzugen. Die Größe ist von zweitrangiger Bedeutung. Handlange Blinker sind am gebräuchlichsten.

Als sehr fängig erweist sich auch das weit verbreitete Spinn-o-gloss-System. Wesentlicher Bestandteil ist eine Art Propeller, der Schwingungen erzeugt und somit einen starken Reiz ausübt. Mittels eines Grundbleis wird das System an einem Paternoster in der Strömung plaziert. Die Schnur, an der das Blei befestigt ist, sollte wesentlich dünner sein als die Hauptschnur, so daß ein Hänger leicht gelöst werden kann.

Eine starke Spinn- oder Fliegenroute, sowie 250 m Monofilschnur von 0,35 bis 0,60 mm auf einer guten Rolle vervollständigen das erforderliche Gerät.

Die Anstrengungen ihrer Wanderung zwingt die Fische zu Ruhepausen, die sie in den sogenannten **Pools** verbringen. Dies sind, wie der Name schon sagt, tiefe Rinnen oder Ausspülungen am Flußgrund. Ein solcher Rastplatz der Lachse bietet die besten Chancen auf einen guten Fang. Besonders unterhalb und oberhalb stark strömender Abschnitte, z.B. Stromschnellen, sammeln sich oftmals Hunderte von Fischen.

Der **Lachsdrill an einem Fluß,** womöglich noch vom Ufer aus, ist schwieriger und aufregender als im Meer. Welch ein Gefühl jedoch, wenn es auf diese Weise gelingt, endlich den "Traumfisch" zu landen!

Noch ein Wort zum Landen: die Verwendung eines Gaffs ist verboten, und einen Riesenkescher schleppt kein Mensch mit sich herum. Es bleibt daher nur, den Lachs im Kiemengriff oder besser am Ansatz der Schwanzflosse aus dem nassen Element zu holen.

Fanggebiete in Alaska

Salzwasser: (Saison März-September, beste Zeit Mai/Juni)

Ketchikan	Bell Island
Wrangell	Zimovia Strait
Petersburg	Scow Bay
Juneau	Tee Harbor, Saginaw Channel
Sitka	Sitka Sound
Yakutat	Yakutat Bay
Vadez	
Cook Inlet	
Kenai Peninsula	südlich der Mündung des Deep Creeks
Bristol Bay	nahe Dillingham

Süßwasser:

Gulkana River	Juni/Juli
Klutina River	Juni/Juli
Susitna River	Juni/Juli
Alexander Creek	Juni/Juli
Talkeetna River	Juni/Juli
Anchor River	Mai-Juli
Ninilchik River	Mai-Juni
Kenai River	Mai-Juli
Karluk River (Kodiak)	Juni/Juli
Naknek River	Juni - 18. Juli
Nushagak River	Juni/Juli
Kuskokwim River	Mai-August
Yukon River	Juni-August
Tanana River	Juli-August

Fanggebiete in British Columbia

Salzwasser: (März-Oktober, beste Zeit Juni/Juli)

Strait of Georgia (Schutzgebiete beachten), Bute Inlet, Alberni Inlet, Quatsino Sound, Knight Inlet, Douglas Channel, Portland Inlet, Chatham Sound.

Süßwasser: In den meisten Flüssen BCs steigen die Fische in zwei Schüben auf; einmal von Mai-Juni und dann von Juli-August.

Skeena River System, Nass River, Kitsumkalum River, Campbell River, Gold River, Fraser River System.

Fanggebiete im Yukon-Territorium
Tatshenshini River - Juni-August,
Yukon und Nebenflüsse - August/September.

Pink Salmon
(auch Humpback oder Humpy)

Vorkommen
In Nordamerika von Kalifornien bis zum MacKenzie River. In Asien vom Lena in Sibirien bis Korea.

Beschreibung
Der Humpback ist der kleinste in Nordamerika vorkommende Pazifiklachs. Bei einem Durchschnittsgewicht von 4 Pfund erreicht er eine Länge von 65 cm. Der Rekordfisch wog 12,8 Pfund und war 76 cm lang. Seinen Namen erhielt der Lachs wegen seines **rosafarbenen Fleisches** und des stark ausgeprägten Buckels, den die Milchner in der Laichzeit bekommen.

Während ihres Aufenthaltes im Meer ist der Rücken der Tiere stahlblau mit dunklen Flecken, die Flanken sind silberfarben. Beim Laichaufstieg verfärben sich die männlichen Tiere braun bis schwarz mit großen, braungrünen Flecken, die Roggner olivgrün mit Flecken.

Die Tiere besitzen einen langgestreckten Körper von leicht ovalem Durchschnitt. Die kleinen runden Augen sitzen verhältnismäßig weit vorn über dem, besonders bei den männlichen Tieren, tief eingeschnittenen Maul.

Beim Laichaufstieg vergrößert sich das Maul der Milchner und bildet einen starken Laichhaken. Der Rücken wölbt sich so weit auf, daß das Tier fast das Eineinhalbfache seiner ursprünglichen Höhe erreicht.

Lebensweise
Der Aufstieg dieser Art dauert von Juni bis Oktober. Die Laichflüsse liegen meist im **Küstenbereich,** so daß die Tiere selten große Wanderungen zu absolvieren haben. Aus den etwa 2.000 Eiern, die ein Rogner ablaicht, schlüpfen im folgenden Frühjahr die Jungfische und wandern im Frühsommer zum Pazifik. Dort leben

Pink Salmon
Oben männliches, unten weibliches Tier in Laichfärbung. Auffällig ist der extreme Buckel bei den Milchnern.

sie nahe der Küste. Nach 2 Jahren erreicht der Großteil der Fische die Geschlechtsreife und der Lebenskreislauf schließt sich, denn alle Tiere sterben nach dem Ablaichen.

Fang
Eine leichte bis mittlere Spinnrute und eine ebensolche Rolle mit 150 m 25er bis 30er Schnur bilden die richtige Gerätezusammenstellung. Als Topköder, sowohl im Meer als auch im Fluß, gilt der Mepps-Spinner Nr. 1 in den Farben rot und weiß.

Fanggebiete in Alaska
Salzwasser: Ketchikan - Mountain Point u. vor der Mündung des Lunch Creeks, Juneau - Auke Bay und Lena Cove, beste Zeit Juli und August, Prince William Sound - während des ganzen Sommers, Cook Inlet - Juli und August, Kodiak - Juni und Juli.

Süßwasser: Kenai - in nahezu allen Flüssen von Mitte August bis Oktober, Kodiak - Juli und August, Yukon - Kuskokwim - Juni bis August.

Fanggebiete in British Columbia
Salzwasser: Strait of Georgia, Queen Charlotte Strait, Portland Channel, Douglas Channel - Juli bis September.
Süßwasser: Pink Salmon sind geschützt!

Fanggebiet im Yukon Territorium
Tatshenshini River

Coho Salmon
(auch Silver Salmon)

Vorkommen
Von Kalifornien bis Point Hope in Alaska, im Yukon, im Gebiet der Großen Seen und in den Neuenglandstaaten der USA. Im nordasiatischen Raum bis Japan.

Beschreibung
Diese zweitgrößte Art hat die höchste Wachstumsrate aller Pazifiklachse. In nur vier Jahren erreicht der Coho eine Länge von 90 cm und 20 Pfund Gewicht. Der Rekordfisch aus BC wog 30 Pfund. Das Durchschnittsgewicht beträgt etwa 10 Pfund, was einer ungefähren Länge von 85 cm entspricht.

Der Körper der Fische glänzt wie flüssiges Silber und ist mit schwarzen Punkten besetzt. Ein tief roter Körper und ein grün gefärbter Kopf kennzeichnet die Laichfärbung des Cohos, wobei die Milchner ein wenig intensiver gefärbt sind. Durch die elegante Stromlinienform erreicht diese Lachsart enorme **Geschwindigkeiten.** Als Unterscheidungsmerkmal zum King Salmon hat der Coho ein **helles Zahnfleisch** und die Tupfen setzen sich auf der Schwanzflosse nur im oberen Teil fort.

Lebensweise
Der Run des Coho erstreckt sich von Juli bis November. Aus etwa 3.000 Eiern schlüpfen im Frühjahr Jungfische, die 1-3 Jahre im Süßwasser verbringen. Sie leben sowohl einzeln als auch in kleinen Schulen, ernähren sich von Insekten in allen Entwicklungsstadien, später auch von kleinen Fischen. Während ihres 1-2 jährigen Aufenthalts im Meer entpuppen sie sich als wahre Freßmaschinen, die absolut alles vertilgen, was sie nur bewältigen können.

Fang
Keine Lachsart geht dem Angler so oft an den Haken wie der Coho, der jede Art von Köder nimmt. Das Angelgerät sollte kräftiger dimensioniert sein, als man es beim ersten Blick für einen 20pfündigen Fisch auswählen würde.

Coho Salmon
Oben männliches Tier aus dem Meer, unten männliches Tier mit ausgeprägtem Laichhaken. Unterscheidungsmerkmale zum King sind das weiße Zahnfleisch und die Schwanzflosse, die nur in der oberen Hälfte gepunktet ist.

Ein kapitaler Coho ist mit einer leichten Spinnrute mit Sicherheit nicht zu halten, denn er steht einem doppelt so schweren King an Kampfkraft in nichts nach. Kein anderer Lachs schießt zu so gewaltigen Sprüngen aus dem Wasser wie ein Fisch dieser Art.

Die besten Fanggründe im Meer sind flachere Zonen, besonders in der Nähe kleiner Inseln oder über unterseeischen Erhebungen. Am erfolgversprechendsten ist ein schnell geschleppter, großer Blinker oder Hering am System.

Ein geschleppter Köder bringt auch in den Seen Erfolg, die von Cohos beim Laichaufstieg durchquert werden müssen. Die Fangmethode in Fließgewässern sind die gleichen wie bei Kings, also großer Blinker, Spinner, Spinn-o-gloss, Streamer und Lachsflieger.

Fanggebiete in Alaska
Salzwasser: Überall in Südost-Alaska - Juli bis September,
in den Buchten um Valdez und Cordova - Juli bis September,

Cook Inlet - Juli bis Anfang September,
Kodiak - Pasagshak - Mündung - August und September,
Bristol Bay - Juli bis Anfang September.

Süßwasser: In ganz Südost-Alaska - August bis November;
einer der weltbesten Flüsse auf Coho liegt bei Port Banks auf Baranof Island,
Copper River und andere Flüsse entlang des Copper Rivers Highway - August bis November,
Deshka River und Lake, Alexander Creek, Chuit River und die Nebenflüsse des Susitnas - Juli bis September,
Kenai River System, Anchor River, Minilchik River, Tustumena Lake, Scout Lake, Engineer Lake - Juli bis September,
Kodiak - Pasagshak River, Karluk River, Buskin River - Ende August bis Mitte September,
Bristol Bay - Naknek River, Alagnak River, Ugashik River - Juli bis September,
Kuskokwim und Yukon-Gebiet - Juli bis Oktober.

Fanggebiete in British Columbia
Salzwasser: Im gesamten Küstengebiet und um Vancouver Island sowie Queen Charlotte Island - Juni bis November.
Süßwasser: Fast alle Flüsse auf Vancouver Island - Juli bis Oktober, Fraser River System, Skeena River und seine Zuflüsse, Bella Coola River und Klinaklini River - Juli bis Oktober.

Fanggebiete im Yukon Territorium
Tatshenshini River, Alsek River, Yukon River System - August bis November.

Red Salmon
(auch Sockeye oder Blueback)

Vorkommen
Vom Klamath River in Kalifornien bis Point Hope in Alaska.

Beschreibung
Die im Meer lebenden Fische sind metallisch blaugrün gefärbt. Ihr Körper ist im Gegensatz zu King und Coho nicht mit Tupfen versehen. In der Laichzeit bekommen die Milchner das typische Hakenmaul, metallisch grüne Flossen, olivgrünen Kopf und einen herrlich rot gefärbten Körper, der dieser Fischart ihren Namen einbrachte. Auch die weiblichen Tiere nehmen die rote Farbe an und an den Flanken erscheinen gelbgrüne Eiflecke.

Der Sockeye ist **schlanker als andere Lachsarten** und sein Kopf ist ein wenig länger. Im Durchschnitt sind die Fische 65 cm lang und 8 Pfund schwer, der Rekordfisch wog 15 Pfund.

Lebensweise
Der Laichaufstieg der Red Salmon erstreckt sich, je nach Gegend, von Juni bis Oktober. Gewöhnlich steigen sie in Systeme auf, die zu einem See führen, in dessen Zuflüsse sie laichen. Im nächsten Frühjahr schlüpfen die Jungfische und wandern in den See, wo sie ein bis zwei Jahre bleiben, bevor die Wanderung zum Meer fortgesetzt wird. Während der zwei bis vier Jahre ihres Lebens im Salzwasser ernähren sie sich von kleinen Fischen und Krustentieren.

Fang
Der Sockeye geht **im Meer sehr selten an den Haken.** Dafür sind die **Chancen in Flüssen um so größer.** Leichtes Gerät und mittelgroße Spinner an 25er Schnur gewährleisten einen guten Drill. Für den Fliegenfischer ist der Sockeye eine exzellente Beute, da auch kapitale Exemplare die Fliege oder den Streamer nehmen.

Fische, die schon rot durchgefärbt sind, sollten **nicht** verzehrt werden, da sich in diesem Zustand ihre körpereigenen Fette verändern und das Fleisch schwer verdaulich machen.

Fanggebiete in Alaska
Glukana River und Klutina River - Juni und Juli,
Russian River - Juni bis August - gilt als bester Red Salmon Fluß Alaskas,
Kodiak - Buskin und Karluk River - Juni bis September.

Fanggebiete in British Columbia
Red Salmon sind geschützt!

Männlicher Red Salmon aus dem Meer

Kokanee

Vorkommen
In den Seen British Columbias, im Yukon-Territorium, den Northwest-Territories und Alaska.

Beschreibung und Lebensweise
Der Kokanee ist eine Unterart des Red Salmons, der in Seen lebt, deren Verbindung zum Meer irgendwann einmal unterbrochen wurde. So entwickelte sich diese Rasse, die sich ausschließlich im Süßwasser aufhält.

Sein Aussehen unterscheidet sich nicht vom gewöhnlichen Red Salmon, doch erreicht er nicht dessen Größe und Gewicht. Der Durchschnitt liegt bei 40 cm Länge und zwei Pfund; der Rekordfisch wog 10 Pfund.

Fang
Trotz seiner geringen Größe ist der Kokanee ein außerordentlich beliebter Sportfisch und wird heute in vielen Seen Nordamerikas eingesetzt. Besonders an der leichten Fliegenrute liefert er einen phantastischen Drill. Beim Spinnfischen ist er mit kleinsten Spinnern und Twistern zu überlisten.

Fanggebiete in Alaska
In vielen Seen nahe Anchorage, Hidden Lake, Kenai Halbinsel.

Fanggebiete in British Columbia
Green Lake, Lac LaHache, Francois Lake, Ootsa Lake.

Chum Salmon
(auch Keta Salmon oder Dog Salmon)

Vorkommen
Der Ketalachs ist die im Pazifik am weitesten verbreitete Art. Sein Lebensraum reicht vom Sacramento River in Kalifornien bis zum Mackenzie River im Eismeer und in Asien vom Lena bis zu den Kyusshu Inseln in der Japansee.

Beschreibung
Während seines Aufenthaltes im Meer ähnelt der Ketalachs sehr stark dem Coho und ist rein äußerlich kaum von diesem zu unterscheiden. Nur anhand der Begutachtung der **Kiemenreusenzähne,** die bei dieser Art **deutlich länger** ist als bei anderen Lachsen, und am hellen Zahnfleisch ist eine Bestimmung möglich.

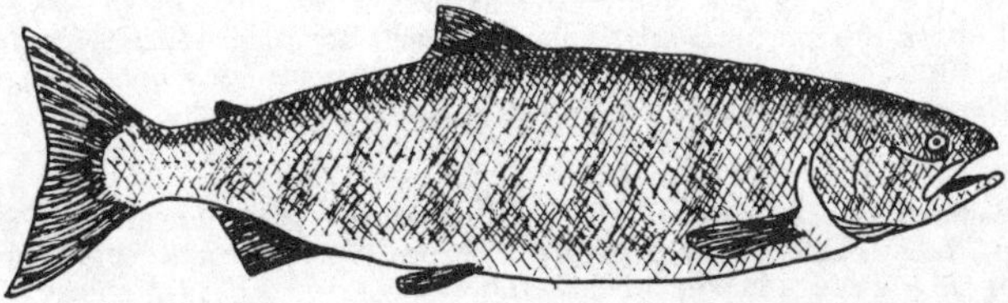

Oben weibliches Tier, unten Milchner mit
noch wenig ausgeprägtem Hakenmaul

Die Laichfarbe ist ein schmutziges Rot mit breiten, grünen und purpurnen Streifen. Die männlichen Tiere zeigen dann einen sehr ausgeprägten Laichhaken mit furchterregendem Gebiß. Der Rekordfisch brachte 30 Pfund auf die Waage, bei einer Länge von 102 cm. Das Durchschnittsgewicht liegt bei etwa 15 Pfund.

Lebensweise

Im Gegensatz zu anderen Lachsarten wandern die im Frühjahr geschlüpften Jungfische unverzüglich in Richtung Meer. An den Flußmündungen sammeln sie sich in Schulen, um im Herbst in den offenen Ozean zu ziehen. Nach vier bis sechs Jahren erreichen die Tiere die Geschlechtsreife.

Der Laichaufstieg erstreckt sich von Juli bis September, wobei viele Fische im Yukon-System ihre Fortpflanzungsstätten finden. Andere Populationen laichen in den gleichen Gewässern wie der Red Salmon.

Übrigens rührt der Name Dog Salmon daher, daß diese Art ein beliebtes Futter für Schlittenhunde war und auch heute noch ist. Das Fleisch der aufsteigenden Fische ist wegen des hohen Ölgehaltes nur in geräuchertem Zustand genießbar.

Fang
Die Methoden zum Erbeuten des Ketalachses gleichen denen beim King oder Coho. Allerdings wird er bei weitem nicht so oft gefangen wie die anderen Lachsarten.

Eine Überraschung kann man allerdings beim Angeln auf Dolly Varden oder Rainbow erleben, wenn man sich mit einem 15pfündigen Chum am anderen Ende der 20er Schnur konfrontiert sieht. Seltsamerweise nimmt gerade diese Art recht häufig kleinste Spinner. Wohl dem Angler, der dann genügend Schnur auf seiner Rolle hat!

Fanggebiete in Alaska und British Columbia
Chum Salmon werden in den gleichen Gebieten wie Coho und King gefangen.

Fanggebiete im Yukon Territorium
Eine große Zahl dieser Fische steigt alljährlich im Yukon System auf. Gute Fangaussichten bestehen im Spätsommer in den Flüssen Teslin, Steward und Big Salmon.

Rainbow Trout

Vorkommen
Das ursprüngliche Verbreitungsgebiet der Regenbogenforelle ist ein schmaler Küstenstreifen von Kalifornien bis Südostalaska. Seit dem frühen 19. Jh. wurde dieser Fisch in alle Welt exportiert und ist heute einer der beliebtesten Speisefische.

Beschreibung
Da die Regenbogenforelle jedem europäischen Angler ein Begriff ist, erübrigt sich eine detaillierte Ausführung. Die regenbogenfarbene Zeichnung an den Flanken und die 12 Strahlen der Afterflosse machen sie unverwechselbar.

Lebensweise
Kaum eine Salmonidenart ist so anpassungsfähig wie die Rainbow. Ihr Lebensraum erstreckt sich vom kleinen Bach bis zum Meer. Bei der Wahl ihrer Nahrung ist sie nicht anspruchsvoll und nimmt von Insekten bis zu Fischen alles.

Im dritten Lebensjahr tritt die Geschlechtsreife ein, die Tiere laichen gegen Ende des Winters in kleinen Bächen. Die Wachstumsrate der Jungtiere ist recht groß, und sie erreichen in ihrem ersten Lebensjahr bis zu 25 cm Länge. Regenbogenforellen von 10 Pfund sind in Kanada keine Seltenheit.

Fang
Über den sportgerechten Fang von Forellen gibt es unglaublich viel Literatur. Es ist dies auch ein ebenso unerschöpfliches wie unsinniges Thema für Stammtischstreitgespräche, ob nun Trockenfliege, Streamer oder Spinner den einzig wahren Köder darstellen. Tatsache ist jedenfalls, daß in alaskanischen und kanadischen Gewässern **nichts fängiger** ist **als ein schnell geführter, rot fluoreszierender Spinner.** An zweiter Stelle folgen auffällige Streamer.

Fanggebiete in Alaska, BC und Yukon Territorium
In BC findet man diese Art in der Mehrzahl aller Gewässer, wobei die kapitalsten Exemplare in den Seen des Nechako Plateaus gefangen wurden (zwischen Prince George und Prince Rupert).

Auch in ganz Südost-Alaska ist die Rainbow anzutreffen, wogegen sie im Yukon, mit Ausnahme des äußersten Südwesten, nahezu fehlt. Die Verbreitung im übrigen Alaska beschränkt sich auf einen 100-300 km breiten Streifen entlang der Küste. Rekordverdächtige Exemplare werden auch hier in den größeren Seen erbeutet.

Rainbow Trout

Steelhead

Vorkommen
Westküste Nordamerikas.

Beschreibung und Lebensweise
Steelhead sind Regenbogenforellen, die den größten Teil ihres Lebens im Meer verbringen und zum Laichen in die Flüsse aufsteigen. Die Laichwanderungen finden im Frühjahr und im Spätsommer oder Herbst statt.

Zwischen Rainbow und Steelhead bestehen keinerlei anatomischen Unterschiede. Allerdings wird die Steelhead größer als ihre im Süßwasser verbleibende Schwester, und Exemplare über 20 Pfund sind keine Seltenheit. Der Rekordfisch aus dem Kispiox River in BC brachte fast 33 Pfund auf die Waage, der aus Alaska mehr als 40 Pfund!

Es gibt nur ein sicheres Unterscheidungsmerkal zwischen Steelhead und Rainbow: Nach dem Aufenthalt im Meer verlieren die Fische den roten Streifen auf der Seite.

Fang
Wenn in einem Gewässer mit Steelhead zu rechnen ist, sollte der Angler nicht zur leichten Forellenrute greifen. Diese Fische sind wilde und zähe Kämpfer, die kräftiges Gerät erfordern. Mittelstarke Spinnruten mit durchgehender Aktion und Rollen mit 250 m Hochleistungsschnur ab 0,25 mm Durchmesser ist zu empfehlen. Als **sehr fängig** haben sich **schlanke Blinker in Rot und Schwarz** erwiesen.

Dem Fliegenfischer sei eine leichte Lachsrute angeraten. Auffällige **Streamer mit Rot und Gelb** bringen die besten Erfolge.

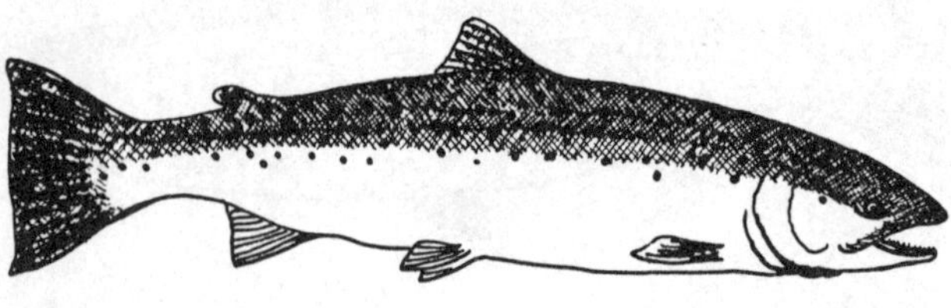

Steelhead

Fanggebiete in Alaska
Ketchikan - Naha River, Fish Creek - September bis November und April bis Mai,
Yakutat - Situc River - Oktober und November und April bis Juni,
Prince of Wales Island - Karta River, Eagle Creek - September bis November und März bis Juni,
Kenai - Ninilchik River, Anchor River, Deep Creek - Mitte August bis Oktober und Februar bis Mai,
Kodiak - Karluk River, Red River, Saltery River - September und Oktober.

Fanggebiete in British Columbia
Skeena River, Kispiox River, Nass River, Kitimat River - August bis November und Februar bis Juni,
Dean River, Bella Coola River, Kitsumkalum River, Klinaklini River - August bis Juni,
Fraser River System, Cheakamus River - August bis Juni,
Campbell River, Cowichan River, Chemainus River, Nipkish River - August bis Juni,

Im **Salzwasser** werden Steelhead entlang der gesamten Pazifikküste gefangen. Die nördliche Grenze ihres Verbreitungsgebietes liegt etwa beim Kuskokwim River und seinen Nebenflüssen.

Cutthroat Trout

Vorkommen
Westkanada und Alaska bis zur Kenai Halbinsel.

Beschreibung und Lebensweise
Seinen Namen bekam der Fisch wegen des **leuchtendroten Streifens an der Kehle.** Der grünlich gefärbte Körper mit den silbernen Flanken ist von zahllosen kleinen, schwarzen Punkten besetzt, die sich auch auf den Flossen finden. Auffällig ist der große Kopf mit dem sehr großen Maul und gut ausgebildeten Zähnen.

Auf Grund seines langsamen Wachstums erreicht ein fünfjähriges Exemplar eine Länge von gerade 35 cm. Um so erstaunlicher ist die Größe des Rekordfisches von 99 cm und einem Gewicht von 37,2 Pfund.

Der überwiegende Teil der Cutthroat lebt androm, wobei sie im 2. bis 7. Lebensjahr aus ihren Geburtsflüssen ins Meer wandern. Dort bleiben sie 1/2 bis 1 Jahr in der Nähe ihrer Flüsse, um dann im Sommer und Herbst wieder aufzusteigen. Laichzeit ist der Februar.

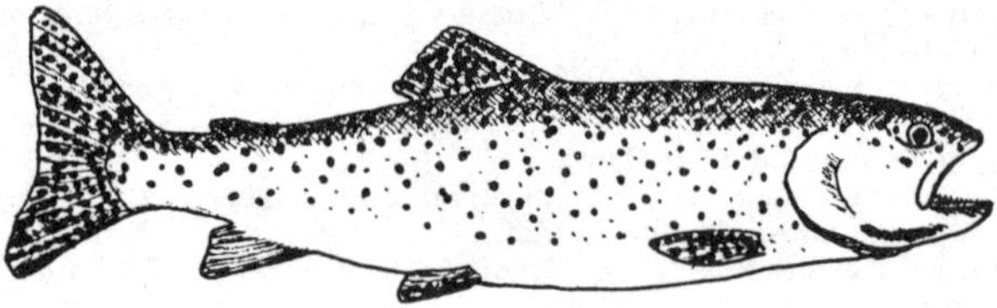

Cutthroat Trout

Fang
Cutthroat werden im Meer am häufigsten beim **Schleppfischen mit großen Blinkern** erbeutet. An einem für die Lachsfischerei ausgelegten Gerät ist der Drill naturgemäß ohne Reiz. Dagegen sieht es vom Ufer, mit der leichten Spinnrute ganz anders aus. Auch wenn diese Art nicht die von der Rainbow gewohnten Sprünge vollführt, ist sie ein **ausgesprochener Fighter.** Das gilt auch in besonderem Maß im Süßwasser, wo die Cutthroat kleine Flüsse bevorzugt. Ihr bevorzugtes Revier ist ein Abschnitt mit gleichmäßiger Strömung und Kiesgrund.

Die einsetzbaren Köder reichen von Blinkern, Spinnern und Twistern bis zu Streamern, Naß- und Trockenfliegen in allen Variationen und Größen.

Das orange-rote Fleisch der Cutthroat ist zwar eine Delikatesse, doch wenn nicht gerade "Schmalhans" Küchenmeister ist, sollten zumindest kleinere Exemplare dieser Art **wieder zurückgesetzt werden,** um den relativ geringen Bestand nicht zu gefährden.

Fanggebiete
Die besten Aussichten zum Fang bestehen in Seen und Flüssen, die innerhalb eines etwa 200 km langen Streifens, entlang der Küsten British Columbias und Südost-Alaskas liegen.

Arctic Grayling

Vorkommen
Der Grayling ist in Alaska und Kanada ein Allerweltsfisch, der sowohl Seen als auch Fließgewässer bewohnt und nahezu überall zu finden ist.

Beschreibung
Das Hauptmerkmal dieses schönen Tieres ist die fahnenartige Rückenflosse, die bei den Milchnern besonders stark ausgeprägt ist. Der Körper ist von silbrigen, perlmutterglänzenden Schuppen überzogen. Verhältnismäßig klein erscheint der Kopf mit dem unterständigen Maul. Ein weiteres Charakteristikum ist der **Geruch nach frischem Thymian,** den der Fisch verströmt.

Die Durchschnittsgröße liegt bei 40 cm und einem Gewicht von 2 Pfund. Das größte bisher gefangene Exemplar brachte, bei einer Körperlänge von 76 cm, 5,4 Pfund auf die Waage und wurde im Katseyedie River in den Northwest Territories erbeutet.

Lebensweise
Hauptnahrung der Fische sind Flohkrebse sowie Insekten und deren Larven. Nur sehr große Exemplare jagen auch Kleinfische. Die Wachstumsrate der Äsche ist gering und bei Erlangung der Geschlechtsreife, im Alter von etwa 4 Jahren, beträgt ihre Größe gerade 25 cm.

Als Standplätze **bevorzugen** die Tiere **in Fließgewässern die stärker strömenden Abschnitte.** Ein faustgroßer Stein genügt ihnen als Strömungsbrecher, hinter dem sie auf vorbeitreibende Nahrung warten. **In den Seen** halten sie sich **in der Nähe von Zuflüssen** auf.

Fang
Der Grayling ist **ein Fall für den Fliegenfischer.** Eine Rute der Aftma Klasse 6 ist gerade richtig. Die fängigste Fliege ist der Moskito. Aber auch Brown- oder Gray Hackle, Silver Doctor und Grizzly King bringen gute Erfolge. Zum Spinnfischen sind winzige Spinner von Daumennagelgröße nötig.

Arctic Grayling

Fanggebiete
Je weiter man nach Norden kommt, desto besser werden die Fangaussichten auf kapitale Äschen. Der Arctic Grayling ist jedoch in nahezu allen Gewässern zu erbeuten.

Arctic Char

Vorkommen
Der Arctic Char lebt in der Küstenregion von der Alaska Peninsula, der gesamten Nordküste des amerik. Kontinents bis Grönland und die Eismeerküste Asiens und Europas.

Beschreibung
Die Farbe des langgestreckten Fisches variiert von Braun bis Grün, wobei die Intensität vom Rücken zum Bauch hin abnimmt. Seiten und Rücken sind mit rötlichen Flecken besetzt. In der Laichzeit werden Bauchseite, Brust-, Bauch- und Afterflosse leuchtend rot oder orange, die Flossen bekommen dann einen weißen Saum.

Das Durchschnittsgewicht beträgt in Nordkanada 8 Pfund und in Alaska 4 Pfund, der Rekordfang aus dem Arctic Red River brachte stolze 27 Pfund auf die Waage. Bei geringer Wachstumsrate erreichen sie also erstaunliche Größen und ein hohes Alter. Der Fang eines 24 Jahre alten Exemplars ist belegt.

Fang
Die beste Zeit zum Angeln auf Arctic Char sind August und September, zwar kann es dann im hohen Norden schon lausig kalt sein, doch bei schönen Fängen vergißt man das Wetter schnell. Die Fische sind im Frühherbst, zu Beginn ihrer Laichzeit, aggressiv und attackieren alles, was sich in ihrer Nähe bewegt.

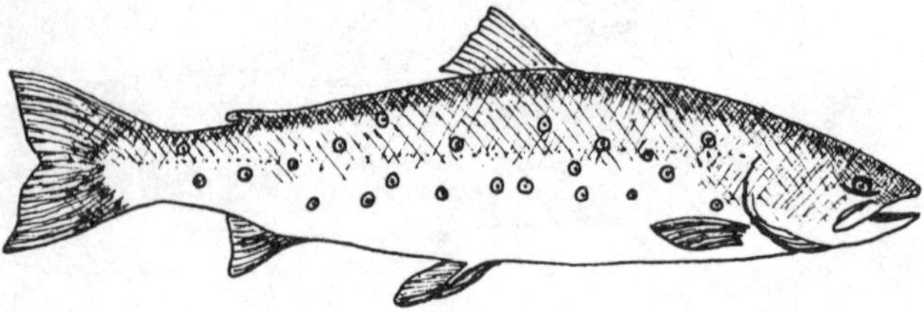

Arctic Char

Eine mittlere Spinnausrüstung und weiß-rote Spinner oder Blinker sind die richtige Ausrüstung. Ein besonderes Erlebnis ist der Fang des Chars an der **Fliegenrute,** wo der Kämpfer seine Qualität voll zur Geltung und so manchen Angler zur Verzweiflung bringen kann.

Fanggebiete
Die besten Fanggebiete für den Char liegen an der Eismeerküste und sind nur per Fly-In zu erreichen. Doch auch auf Kodiak Island und entlang des südostalaskanischen "Pfannenstiels" lassen sich gute Fänge machen.

Dolly Varden

Vorkommen
In Flüssen und Seen Alaskas und Kanadas in fünf verschiedenen Unterarten, die sich territorial und biologisch unterscheiden.

Beschreibung
Der Saibling mit dem wohlklingenden Namen hat einen silberfarbenen Körper mit dunklem Rücken und rosa Tupfern an den Seiten. Charakteristisch ist die wurmartige Zeichnung auf dem Rücken.

Zur Laichzeit wird der Bauch leuchtend rot, der Rücken grün bis schwarz und Brust-, Bauch- und Afterflossen färben sich schwarz mit einem weißen Rand. Dabei sind die männlichen Tiere ausgeprägter gefärbt.

Der Rekordfisch wurde im Lardeau River in British Columbia gefangen und brachte bei einer Länge von 110 cm 36,6 Pfund auf die Waage. In der Regel erreichen kapitale Fische jedoch nicht mehr als 12 Pfund, und der Durchschnitt liegt bei 4 Pfund.

Lebensweise
Ihre ersten drei bis vier Lebensjahre verbringen die Jungfische in dem Fluß ihrer Geburt. Danach wandern die etwa 25 cm langen Fische zum Meer. Vor Einbruch des Winters steigen sie in ein Flußsystem auf, um sich einen See zu suchen, in dem sie überwintern. Diese Wanderungen wiederholten sie bis zur Geschlechtsreife im fünften Lebensjahr. Im Oktober laichen die Fische in dem Fluß, in dem sie selbst das Licht der Welt erblickten. Etwa die Hälfte der Fische kehrt danach nicht mehr zum Meer zurück, sondern verbringt den Rest seines Lebens in dem See, in welchem sie sonst überwinterten. Die anderen laichen ein zweites, ein geringer Teil ein drittes Mal.

Fang
Im Meer werden Dolly Varden von Mai bis Juli gefangen. Sie sind besonders gut vom **Ufer** aus zu befischen, bevorzugt an Flußmündungen.

Im Süßwasser ist die Zeit ihrer Abwanderung aus den Seen günstig. Der Beginn dieser Wanderung kann lokal stark schwanken, wird aber in der Regel zwischen April und Juni liegen. Die **Abflüsse von Seen** sind dann die besten Fangplätze. Das gleiche gilt für den Aufstieg der Fische im August und September.

Im Frühjahr sind kleine Spinner und Streamer die richtigen Köder. Später im Jahr sollten etwas größere Modelle gewählt und der Haken mit einem einzelnen Lachsei garniert werden.

Wegen des exzellenten Fleisches ist diese Art ein sehr begehrter Pfannenfisch.

Fanggebiete in Alaska
Copper River System, Kenai, Kodiak, Susitna River System, Kuskokwim River System.

Fanggebiete in British Columbia
Skeena River System, Stikine River System, Liard River, Bella Coola River, Fraser River System, Vancouver Island.

Fanggebiete im Yukon Territorium
Kathleen Lake, Kluane Lake, Dezadesh Lake.

Lake Trout
(auch Namaycush)

Vorkommen
In Kanada nördlich des 50. Breitengrades. In Alaska im Gebiet der Brooks- und der Alaska Range.

Beschreibung und Lebensweise
Der oft fälschlich als Seeforelle bezeichnete Seesaibling ist nach dem King die größte Salmonidenart Nordamerikas. Ihr langgestreckter Körper ist von grünsilberner Grundfarbe und mit unzähligen hellen Flecken besetzt. Das tief gespaltene Maul zeigt, daß sie auch große Nahrungsbrocken bewältigen können. Die Speisekarte reicht von der Wühlmaus bis zu kleineren Artgenossen. Große Exemplare bevorzugen Coregonen, die sie in dunklen Tiefen jagen.

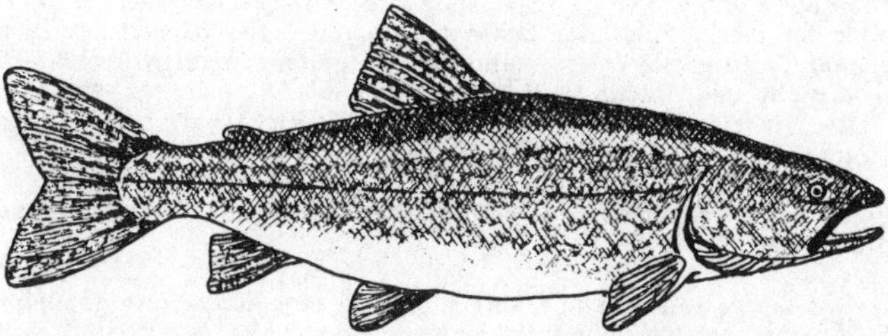

Lake Trout

Die Namaycush bewohnen bevorzugt tiefe und kalte Seen und werden nur selten in Fließgewässern angetroffen. Nur während des Frühjahrs halten sich die Fische nahe der Oberfläche und in Ufernähe auf. Sobald sich das Gewässer etwas erwärmt, folgen sie den Coregonenschwärmen in die Tiefe, wo sie bis zur Laichzeit im Herbst im Bereich der Sprungschicht bleiben. Der Laichvorgang vollzieht sich in flacheren Zonen des Sees über steinigem Grund.

Trotz der gewaltigen Größe, die von den Namaycush erreicht werden kann, wachsen die Fische sehr langsam.

Bei Erlangung der Geschlechtsreife nach etwa sieben Jahren wiegen sie nur wenige Pfund und messen etwa 50 cm. Dagegen brachte der Rekordfisch aus dem Lake Michigan stolze 109 Pfund auf die Waage. Seine Länge betrug 150 cm und das Alter wurde mit 45 Jahren angegeben.

Noch schwimmen genügend dieser Riesenexemplare in den Weiten der Seen, doch angesichts der **langen Entwicklungszeit** dieser Fische ist die Sorge, daß die Kapitalen in einigen Gewässern zu stark dezimiert werden könnten, nicht unberechtigt. Es sind daher alle Angler mit Verantwortungsbewußtsein aufgefordert, sich beim Fang eines sehr großen Exemplars mit einem Erinnerungsfoto zu begnügen und dann das Tier **wieder zurückzusetzen**, so daß auch nachfolgende Generationen Gelegenheit haben, solche Fische zu fangen.

Fang

Wie bereits erwähnt, halten sich die Laketrout im Sommer in großer Tiefe auf. Ein **Boot** ist zum Fang eines Kapitalen unerläßlich.

Als erfolgversprechendste Methode erweist sich das langsame Schleppen von großen, hellen, möglichst fluoreszierenden Blinkern oder Spinnern. Spezielle Schleppbleie, die eine Köderführung in großer Tiefe ermöglichen, kann man bei jedem Angelgerätehändler in Kanada und Alaska kaufen.

Die richtige Schlepptiefe zu finden, ist nicht einfach, der ortsunkundige Angler muß sich auf seinen Instinkt verlassen.

Faustregel: Je wärmer das Oberflächenwasser, desto tiefer stehen die Fische.

Das Gerät sollte sehr stabil sein, und eine Rolle mit genügend Schnurfassung ist unbedingt erforderlich. Lake Trout sind zwar nicht so spektakuläre Kämpfer wie Lachse, doch das enorme Gewicht kapitaler Fische und die Tiefe, in denen sie gewöhnlich an den Haken gehen, machen den Drill oft schwierig.

Man bekommt das Gefühl einen 2 Zentner schweren Karpfen am anderen Ende zu haben. Nicht selten versuchen sie nach dem Anbiß, in Richtung Seegrund davonzuziehen. Gelingt es ihnen, die Schnur um irgendein Hindernis zu wickeln, hat der Angler das Nachsehen. Es ist also wichtig, den Fisch nach oben zu pumpen. Aber auch dann wird noch einiger Schweiß vergossen werden bis feststeht, wer Sieger in dem Zweikampf wird.

Zum Beginn des Frühjahrs hat der Spinnangler vom Ufer aus gute Chancen, einen größeren "Laker" an den Haken zu bekommen. Besonders an Einmündungen der Zuflüsse sind die Fische zu finden.

Fanggebiete in Alaska
Louise Lake, Copper Lakes, Susitna Lake, Beaver Lake, Shell Lake (Fly-In), Tustumena Lake, Kenai Lake, Shainin Lake, Chandler Lake, Ittkilik Lake, Squaw Lake, Walker Lakes, Fielding Lake, Tangle Lakes, Monte Lake und Harding Lake.

Fanggebiete in British Columbia
Atlin Lake, Tushi Lake, Williston Lake, Babine Lake, Stuart Lake, Francois Lake, Fraser Lake, Knewstub Lake, Ootsa Lake, Nulki Lake, Bowron Lakes, Quesnel Lake, Horsefly Lake, Williams Lake, Lac LaHache, Canim Lake, Mahood Lake, Cowichan Lake, Great Central Lake, Nitinat Lake und Mimpkish Lake.

Fanggebiete im Yukon Territorium
Kluane Lake, Kathleen Lake, Lake Laberge, Teslin Lake, Frances Lake, Quiet Lake und Mayo Lake.

Brook Trout

Vorkommen
In Südost-Alaska, Kanada und dem Norden der USA.

Beschreibung und Lebensweise
Zur Unterscheidung von anderen Saiblingarten kann die grüne Marmorierung auf Rücken und Rückenflosse herangezogen werden. Die Seiten sind mit hellen Flecken besetzt, zwischen denen sich wenige rote Punkte befinden. Die maximale Größe liegt bei 70 cm und einem Gewicht von 12 Pfund.

Die Brook Trout bewohnt oft die gleichen Gewässer wie die Dolly Varden, und es kommen recht häufig Kreuzungen zwischen beiden Arten vor.

Fang und Fanggebiete
⇨ Dolly Varden.

Northern Pike
(auch Jackfish)

Vorkommen
In ganz Kanada und Alaska, ausgenommen Südost-Alaska, Kenai, Kodiak und Alaska Peninsula.

Beschreibung und Lebensweise
Der Northern Pike entspricht in Aussehen und Lebensweise unserem heimischen Hecht. In sehr nahrungsarmen Gewässern kommen gelegentlich extrem schlanke Zwergformen vor.

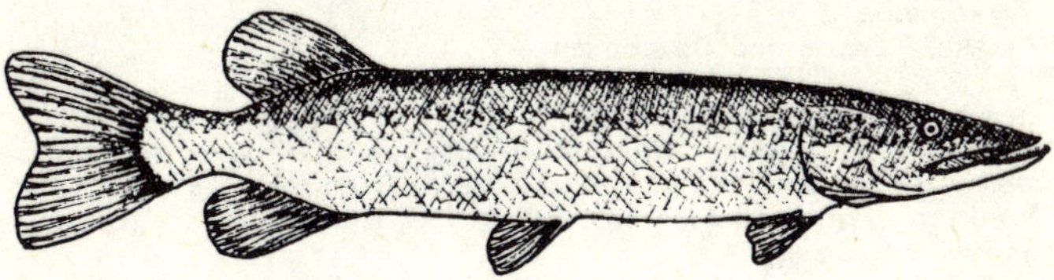

Northern Pike

Obgleich der nordische Hecht nicht an die Größe des Muskies heranreicht, steht er, entgegen anderslautender Behauptungen, seinem europäischen Bruder in nichts nach. Die dichten Wasserpflanzenbestände ruhiger Fluß- und Seebuchten sind sein bevorzugtes Revier. Hier stehen die Fische oft in dichten Beständen, und Dreißigpfünder sind beileibe keine Seltenheit.

Fang
Keine andere Art ist im Norden so leicht zu fangen wie der Hecht. Ist ein dichter Krautbestand entdeckt, genügen wenige Würfe, um einen der gefräßigen Gesellen am Haken zu haben. Die größeren Fische stehen weit draußen an der Grenze zwischen dem Wasserpflanzenfeld und dem freien Wasser, so daß weite Würfe nötig sind, wenn man vom Ufer aus fischt.

Blinker in den Farben weiß, rot und gelb sind am fängigsten. Köder, die weniger als 10 cm lang sind, sollten nicht eingesetzt werden, da kleine Hechte sonst zu tief schlucken und nicht mehr zurückgesetzt werden können.

Das Vorurteil, der Pike könne an den europäischen Hecht nicht heranreichen, beruht wohl darauf, daß er relativ selten beangelt wird und meist kleinere Exemplare den Köder schnappen, bevor sich ein Großer entschlossen hat.

Fanggebiete
Wie schon erwähnt, ist der Northern Pike in einer Vielzahl von Gewässern vertreten. Rekordfänge sind im **Yukon River** zu erwarten, besonders im Bereich der Yukon Flats, einem ausgedehnten Sumpfgebiet mit zahllosen Seitenarmen. Hervorragende Fänge sind auch in den Flachwasserzonen größerer Seen zu machen.

Burbot

Vorkommen
Alaska, Kanada und Ostsibirien

Beschreibung und Lebensweise
Verwandt mit unserer heimischen Quappe, ein typischer Grundfisch, der bevorzugt in kalten und tiefen Seen lebt, wo er sich von Insekten, Laich und Fischen ernährt. Der Körper ist langgestreckt und walzenförmig.

Auffälligstes Merkmal ist der einzelne Bartfaden am Unterkiefer. Die Farbe ist ein marmoriertes Braun. Der Burbot erreicht ein Alter von 20 Jahren und ein durchschnittliches Gewicht von 15 Pfund.

Burbot

Der bisher schwerste, allerdings von einem Berufsfischer gefangene Fisch wog 68 Pfund und hatte eine Länge von 152 cm. Trotz des abstoßenden Äußeren ist dieser Fisch eine Delikatesse und im Norden sehr beliebt.

Fang
Burbots werden hauptsächlich beim Eisangeln erbeutet. Doch gehen die Fische auch im Sommer an den Haken. Als Fangmethode ist die Grundangel mit einem Fischstück oder Eingeweiden zu empfehlen, wobei die beste Beißzeit in den Nachtstunden liegt.

Sheefisch
(auch Inconnu, Eskimo Tarpon)

Vorkommen
In den Flüssen Nordwest-Kanadas und im Gebiet der großen Seen; in Alaska, im Yukon, Kuskokwim, Selawik und Porcupine, außerdem in Sibirien.

Beschreibung und Lebensweise
Der langgestreckte Körper des Sheefisches mit den schillernden Silberschuppen und das große, mit sehr kleinen Zähnen versehene Maul verraten den Raubfisch. Ein charakteristisches Merkmal ist der stark verlängerte Unterkiefer.

An der Fettflosse ist die Zugehörigkeit zur Familie der Coregonen zu erkennen. Der Inconnu ist also weitläufig mit unseren Felchen verwandt.

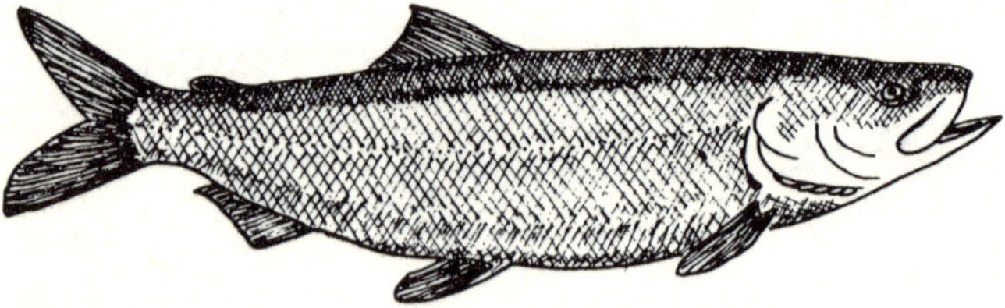

Sheefish

Ein Teil der Populationen wandert im Frühjahr zum Brackwasser der Flußmündungen, andere, z.B. die am oberen Yukon lebenden Tiere, bleiben in ihren Heimatgewässern. Sie alle unternehmen im Herbst ausgedehnte Wanderungen, um ihre Laichgebiete an den Oberläufen der Flüsse aufzusuchen.

Der junge Sheefisch ernährt sich anfangs von Insekten und entwickelt sich mit zunehmender Größe zum Räuber. Anders wäre es auch kaum möglich, daß Exemplare bis 80 Pfund heranwachsen. Das Durchschnittsgewicht liegt jedoch bedeutend niedriger und ein Dreißigpfünder ist schon ein recht kapitaler Bursche.

Fang

Die besten Fanggebiete auf Sheefisch sind die Flüsse Kobuk, Koyukuk, Kuskokwim und Yukon, wobei **Juni und Juli** die beste Zeit ist, um so einen Burschen auf die Schuppen zu legen. Am oberen Yukon hat der Angler während des ganzen Jahres Gelegenheit zum Fang dieser wunderbaren Fische. Die günstigsten Fangplätze sind die Einmündungen der glasklaren Nebenflüsse in die oben genannten Ströme. Als **Köder** eignen sich schnell geführte Spinner an der mittleren Spinnrute, bei Schnurstärke zwischen 0,30 und 0,40 mm. Auch mit der Fliegenrute und Bucktails lassen sich beachtliche Erfolge erzielen.

Der Inconnu ist ein knallharter Kämpfer, wie sein Beiname Eskimo Tarpon schon vermuten läßt. Mit meterhohen Sprüngen, Saltos und Schwanzschlägen nach der Schnur versucht sich ein gehakter Fisch zu befreien. Insider schätzen ihn als den **besten Fighter** unter den wahrlich nicht zahmen Fischen Nordamerikas!

Whitefisch

Unter diesen Begriff fallen mehrere Arten der Familien Prosopium und Coregonus, die in Kanada und Alaska vorkommen. Die häufigsten Arten sind:

Round Whitefish	Prosopium cylindraceum
Pygmy Whitefish	Prosopium coulteri
Broad Whitefish	Coregonus nasus
Humpback Whitefish	Coregonus oidschian
Least Cisco	Coregonus sardinella
Arctic Cisco	Coregonus autumnalis
Bering Cisco	Coregonus laurettae

Diese Arten, bei denen die schwersten Exemplare ein Gewicht von etwa 5 Pfund erreichen, sind die wichtigsten Futterfische für die Großen wie Laketrout oder Northern Pike. Für den passionierten Stippfischer eröffnet sich hier ein fast unangetastetes Betätigungsfeld.

Green Sturgeon

Vorkommen

In den Küstengewässern vom US-Staat Washington über British Columbia und Alaska bis nach Sibirien.

Beschreibung und Lebensweise

Der grüne Stör besitzt einen langgestreckten, an einen Hai erinnernden Körper, der statt Schuppen mit fünf Reihen starker Knochenplatten besetzt ist. Die Schnauze ist langgezogen, und an ihrer Unterseite befinden sich auffällige Bartfäden und das kleine Maul. Er gehört zu den andromen Fischarten und laicht im Spätsommer in Flüssen. Die Jungfische verbleiben etwa ein Jahr im Süßwasser und wandern dann zum Meer, wo sie im folgenden Jahr die Geschlechtsreife erlangen.

Zur Nahrungsaufnahme durchwühlt der Fisch den Bodengrund auf der Suche nach Würmern, Schnecken und anderen Kleintieren. Trotz dieser verhältnismäßig kleinen Nahrungshappen erreicht der Stör in den nordamerikanischen Gewässern eine Länge von 200 cm und ein Gewicht von 320 Pfund.

Fang

Der Stör gehört eher zur Beute des Berufsfischers, als zu der des Anglers. Trotzdem gibt es eine Reihe von Spezialisten, die sich dem Fang dieses urtümlichen Fisches verschrieben haben. Geht ein kapitales Exemplar an den ausgelegten Grundköder, bleibt nur zu hoffen, daß Rute und Schnur dieser Belastung gewachsen sind. Die häufigsten Fänge werden im Fraser River und im Columbia River gemacht.

White Sturgeon

Vorkommen
Von Kalifornien bis zur Kenai Halbinsel in Alaska.

Beschreibung und Lebensweise
Der Körperbau entspricht dem des grünen Störs, nur die Farbe ist grau bis braun mit hellen Flossen. Ein großer Teil der Fische verbringt sein Leben nahezu ausschließlich im Süßwasser.

Der weiße Stör ist der **größte Süßwasserfisch** Nordamerikas. Das größte bekannte Exemplar hatte eine Länge von 600 cm und brachte 1.720 Pfund auf die Waage!

Fang
Solche Riesenfische zu landen, bleibt zumeist den Spezialisten vorbehalten. Erste Vorbedingung ist stabiles Gerät, also eine ordentliche Bootsrute mit schwerer Rolle und einigen hundert Metern Schnur. Eine solche Ausrüstung und ein entsprechendes Wasserfahrzeug verleihen einige Charterfirmen in bekannten Fanggebieten um Vancouver.

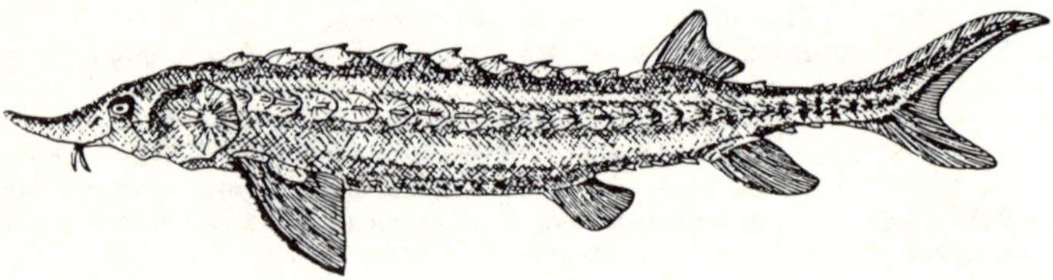

Sturgeon

Die Gewässer

Alaska und Kanada sind wohl unbestritten das Eldorado der Angler, nirgends sind die Voraussetzungen für den großen Fang besser als hier.

Während in Deutschland die Hexenjagd auf Angler in vollem Gange ist, hat man dort längst erkannt, wie wichtig deren Anteil an der Erhaltung und dem Schutz von Natur und Umwelt ist, zumal sie das dafür notwendige Geld ins Land bringen. Neben dem kommerziellen Fischfang stellt der Tourismus und ganz besonders der **Angeltourismus,** eine der Haupteinnahmequellen der Bevölkerung dar.

So werden die Gewässer nicht nur ständig überwacht, sondern auch dort, wo dies nötig ist, wieder in ihren ursprünglichen Zustand zurückversetzt.

Um den Bestand der fischereilich wichtigen Arten zu sichern, gibt es eine Reihe großer **Fischzuchten,** die jährlich Millionen von Junglachsen einsetzen, was sowohl den Fischern an der Pazifikküste, als auch den Anglern zugute kommt. Besucher sind übrigens immer willkommen, und man sollte sich die Besichtigung einer solchen Anlage nicht entgehen lassen (⇨ Anhang).

Die Zahl der ausgegebenen Angellizenzen an Personen, die nicht in British Columbia oder Alaska seßhaft sind, hat inzwischen die 300.000 erreicht. In Nordamerika selbst angelt fast jeder!

Wen nimmt es da Wunder, daß auch im kleinsten Laden oder an einer Tankstelle mit Sicherheit Angelutensilien zu haben sind. Ausrüstungsprobleme werden also nicht auftreten und genausowenig ein Mangel an Informationen, wobei die wertvollsten natürlich jene aus erster Hand sind. Ein Schwätzchen mit dem Ladenbesitzer, dem Tankwart oder einem Officer der Royal Canadian Mounted Police (RCMP), auch Mounties genannt, wird sich oftmals auszahlen.

Die Anzahl der Gewässer und somit der Angelmöglichkeiten ist unglaublich: In Alaska, British Columbia und dem Yukon liegen **mehr als 6.000.000 Seen und 10.000 Flüsse.** Dazu kommen einige tausend Kilometer **Küste** und Hunderte von **Inseln.** Neben vielen berühmten Namen, wie Skeena River, Russian River oder Cook Inlet, gibt es viele weniger bekannte oder gar namenlose Seen und Flüsse, die nur darauf warten, entdeckt zu werden.

Nahezu in jedem Ort, der über einen Highway oder an der Küste mit dem Schiff zugänglich ist, findet sich ein Bootsverleih, kann man einen Führer anheuern oder einen Fly-in-Trip organisieren. Wer mit dem Camper oder Pkw unterwegs ist, kann von einem

Traumgewässer zum nächsten fahren. Das Kanu ermöglicht es, auch die abgelegensten Gegenden zu erforschen.

An einigen Orten gibt es regelrechte **Angelzentren,** die in der Saison jedoch so überlaufen sind, daß es nicht für jedermann ein Vergnügen ist, dort zu fischen. Ein trauriges Beispiel hierfür ist der Russian River auf der Kenai Halbinsel in Alaska. Während des Aufstiegs der Red Salmon geht es hier zu wie auf einem Rummelplatz, und die Angler stehen Schulter an Schulter. Aber diese Erscheinungen bleiben doch die Ausnahme. Wer seine Ruhe haben möchte und keine Massengesellschaft sucht, wird auch hier einen Abschnitt für sich alleine finden!

Was die **Fangaussichten** anbelangt, so sind immer wieder märchenhafte Geschichten zu hören. Das ist nicht weiter erstaunlich, denn die "fish story" (Anglerlatein) ist nicht unbedingt nur eine deutsche Domäne. Trotzdem ist vieles davon wahr. Der Fischreichtum ist streckenweise enorm, ebenso wie die Beißlust der Schuppenkameraden, doch auch hier ist der Witz bei der Sache: man muß zur richtigen Zeit mit dem richtigen Köder am richtigen Ort sein.

Es ist ein Trugschluß zu glauben, in Kanada würden sich die 50pfündigen Lachse gleich serienweise auf einen stürzen. Auch dort muß der Angler über die Lebensweise der Fische Bescheid wissen, um Aussicht auf einen guten Fang zu haben. Wer an unseren Flüssen und Seen oft mit der Spinn- oder Fliegenrute unterwegs ist, wird seine Erfahrungen leicht umsetzen können und vielleicht den Fang seines Lebens machen.

Es wäre ein unmögliches Unterfangen, die vielen tausend Seen und Fließgewässer beschreiben zu wollen. Doch lassen sich einige allgemein gültige Aspekte aufführen:

Vom Hochgebirgssee bis zum Ozean reicht die Palette interessanter und sauberer Fischwasser. Nur in der Umgebung größerer Ansiedlungen treten Probleme mit **Abwasserbelastungen** auf, die sich mit europäischen Verhältnissen jedoch nicht vergleichen lassen.

Ansonsten weisen Flüsse und Seen fast durchweg **Trinkwasserqualität** auf. Der Pazifik ist in diesen Regionen noch ein sauberes Meer, und der Angler braucht nicht zu befürchten, eine mit Geschwüren behaftete Beute an Land zu ziehen, wie es beispielsweise in der Nordsee zur Tagesordnung gehört.

Eine Auswahl bekannter Angelplätze mit den zu erwartenden Fischarten und den Fangzeiten sind den ⇨ Angelbestimmungen so gut wie möglich zugeordnet, so daß die Orientierung mit Hilfe der Karten etwas leichter fällt.

Das Angelgerät

Der passionierte Angler wird nach Möglichkeit seine gewohnten Gerätschaften mitnehmen wollen. Aufgrund der Gewichtsbegrenzung bei Flugreisen muß die Auswahl sorgfältig getroffen werden.

Fehlende Utensilien kann man gut und preiswert in Kanada kaufen. Lachsköder wie Spinn-o-gloss-Systeme sind in Deutschland kaum zu bekommen.

Um auf alle Eventualitäten vorbereitet zu sein, hier die Aufstellung einer möglichen **Ausrüstung:**

☆ **Lachsspinnrute** 3,70 m Länge, Wurfgewicht 50-150 g, dazu eine Multirolle mit ca. 250 m 40er bis 60er Hochleistungsschnur (für King, Coho und Chum Salmon).

☆ **Spinnrute 2,70 m Länge,** Wurfgewicht 20-50 g, dazu eine Stationär- oder Multirolle mit ca. 250 m 30er bis 40er Schnur (für Pink und Red Salmon, Steelhead, Sheefish, Laketrout, Pike und Char).

☆ **Spinnrute 2,50 m Länge,** Wurfgewicht 5-20 g, dazu eine Stationärrolle mit ca. 150 m 20er und 25er Schnur (für Rainbow, Cutthroat, Dolly Varden, Char, Grayling und Kokanee).

☆ **Lachsfliegenrute** mit einer sehr gut laufenden Rolle und ausreichender Schnurreserve (für King, Coho und Steelhead).

☆ **Fliegenrute AFTMA 6-7 2,70 m Länge** mit einer guten Rolle, schwimmenden und sinkenden Schnüren (für Pink und Red Salmon, Char, Dolly und Rainbow).

☆ **Fliegenrute AFTMA 5 2,40 m Länge** für Kokanee, Cutthroat, Grayling.

Dazu kommt der unerläßliche Kleinkram und in ausreichender Anzahl die benötigten **Köder.** Watstiefel oder Wathose sind wichtig, und wer früh bzw. spät im Jahr in eiskalten Flüssen steht, wird sich für solche mit Neopren oder einer anderen wärmenden Fütterung entscheiden.

Noch ein Wort zu den **Kunstködern:** Schon von zuhause ist man die große Auswahl an Blinkern, Spinnern, Wobblern und Twistern gewohnt, doch in Nordamerika ist das Sortiment noch umfangreicher und verwirrender. Es ist zu empfehlen, sich in einem **Fachgeschäft** beraten zu lassen. In Vancouver: Army & Navy, 25 West Hastings St., Army & Navy, New Westminster, Columbia St., Ruddicks Fly Shop, Burnaby, 3726 Canada Way. Mag man auch den knalligen Farben mancher Köder anfangs mißtrauen, den Fischen scheinen sie zu gefallen. Auch die poppigen Spinnsysteme mit Propellern, zur Erzeugung zusätzlicher Druckwellen, bringen beachtliche Erfolge beim Fischen auf Lake Trout und Lachse. Die Ausrüstung sollten Sie am Ausgangsort der Reise vervollständigt haben, denn Einkaufsmöglichkeiten werden seltener, wenn man sich von den dichter besiedelten Gebieten entfernt.

Angelbestimmungen für Alaska

Zum Schutz der Fischbestände wurden eine Reihe von Bestimmungen erlassen, von denen die wesentlichsten in den folgenden Kapiteln aufgeführt sind. **Diese Zusammenfassung ist nicht vollständig und entspricht dem Stand April 1988. Änderungen durch die Fischereibehörde, besonders bezüglich Fangquoten und Schonbestimmungen sind vorbehalten.**

Über weitere Details und den **aktuellen Stand der Bestimmungen** sind Auskünfte erhältlich vom: Alaska Department of Fish and Game, PO Box 3-2000, Juneau, Alaska 99802-2000 oder von den einzelnen Gebietsbüros über folgende Telefonnummern:

Anchorage	344-0541
Cordova	424-3212
Delta Junction	895-4632
Dillingham	842-5925
Fairbanks	456-4395
Glennallen	822-3309
Haines	766-2830
Homer	235-8191
Juneau	456-4270
Ketchikan	225-2859
King Salmon	246-2240
Kodiak	486-4791
Kotzebue	442-3420
McGrath	524-3323
Nome	443-5167
Palmer	745-5016
Petersburg	772-3801
Seward	224-3017
Sitka	747-5355
Soldotna	262-9368
Tok	883-2971
Wrangell	874-3822
Yakutat	784-3291

Lizenz

Erhältlich in allen Büros der **Fischereibehörde,** die in jeder größeren Ortschaft zu finden sind, sowie bei **Angelgerätehändlern.** Die Lizenz berechtigt zum Sportangeln nach den unten aufgeführten Richtlinien. Folgende drei Bescheinigungen können von Touristen erworben werden:

3 Tage Lizenz	$ 10
14 Tage Lizenz	$ 20
Jahreslizenz	$ 36

Diese Lizenz ist jedermann, also nicht nur Beamten, auf Verlangen vorzulegen. Jeder Bürger Alaskas ist berechtigt, gefangene Fische und Angelgeräte in Augenschein zu nehmen, um Vergehen gegen die Fischereibestimmungen zur Anzeige bringen zu können.

Auszug der allgemeinen Bestimmungen für Sportangler

☆ Die mit der Lizenz ausgehändigte **Fangliste** ist täglich und genau zu führen!

☆ Wenn nicht anders angegeben, darf nur **1 Angelrute,** versehen mit 1 Schnur und 1 Köder, benutzt werden. Der Köder darf nur mit 1 Haken versehen sein. Wenn nur ein **Einfachhaken ohne Widerhaken** verwendet werden darf, ist dies in den Gebietsbestimmungen angegeben!

☆ Ausschließlich für Fliegenfische zugelassene Gewässer dürfen nur **mit einer Fliege,** versehen mit **1 Einzelhaken,** befischt werden. Eine Beschwerung muß mindestens 45 cm hinter der Fliege angebracht sein!

☆ Angelverbot besteht 100 m aufwärts oder abwärts von Wehren und Fischtreppen sowie an **"closed water"** bezeichneten Gewässern!

☆ Es ist verboten, lebende Fische oder Fischeier zu **transportieren** oder in andere Gewässer einzusetzen!

☆ Es ist verboten, **laichende Fische** zu stören oder zu beangeln!

☆ Der **Verkauf** von geangelten Fischen ist verboten!

☆ Als natürliche Köder dürfen von Salmoniden nur Kopf, Schwanz, Flossen und Eingeweide benutzt werden!

☆ Die Benutzung eines **Gaffs** ist verboten!

☆ Fische, die wieder freigesetzt werden müssen, sollen möglichst schonend vom Haken befreit werden!

☆ **Markierte Fische** sind hauptsächlich bei den Arten King Salmon, Coho Salmon und Steelhead zu finden. Alle Fische, deren Fettflosse abgeschnitten wurde - was an einer **sauber verheilten Narbe** leicht zu erkennen ist - tragen in ihrem **Kopf** einen kleinen codierten Draht, der den Fischereibiologen Aufschluß über Leben und Wanderungen der Tiere gibt. (Mehr als 20 Mio. Fische werden jährlich auf diese Art und Weise gekennzeichnet).

Es wird eindringlich darum gebeten, den Kopf eines gefangenen Fisches, der keine Fettflosse besitzt, bei dem nächsten Büro des Department of Fish and Game abzugeben!

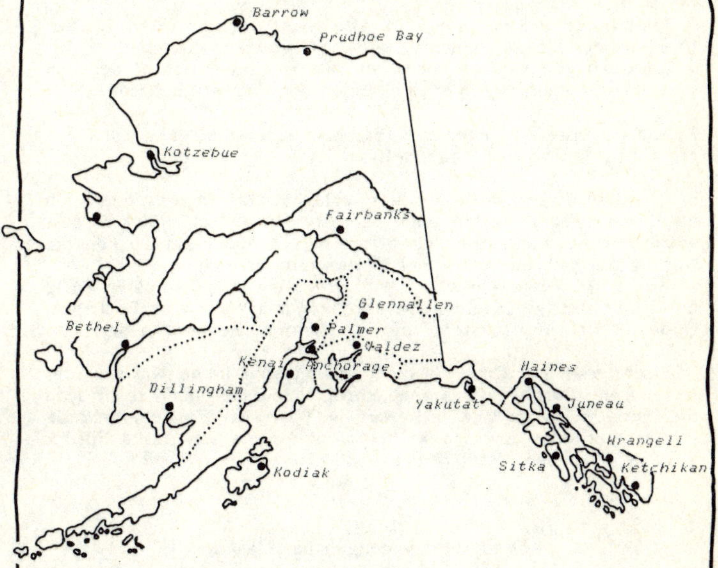

FISCHEREIZONEN IN ALASKA

Zur Beschreibung der einzelnen Angelgebiete werden einige **Ausdrücke** benutzt, die näher erklärt werden müssen:

☆ **Einzugsgebiet eines Gewässers** bezieht sich auf alle anderen Flüsse oder Seen, die mit diesem in Verbindung stehen.
☆ **Fanglimit** bezieht sich - sofern nicht anders beschrieben - auf die tägliche Fangquote.
☆ **Besitzquote** bezieht sich auf alle nicht verarbeiteten (geräucherten oder in einer anderen Art konservierten) Fische.
☆ **Markierungen** sind im oder am Wasser angebrachte, deutlich sichtbare Zeichen, Schilder oder Bojen der Fischereibehörde.

Achtung: Vergehen gegen die Fischereibestimmungen werden mit empfindlichen Strafen geahndet!

Es sei an dieser Stelle die Bitte erlaubt, alle Angler mögen sich an die Spielregeln halten, auch wenn sie sich weitab in der Wildnis aufhalten, wo Kontrollen nur selten durchgeführt werden können. Nur so läßt sich ein wirksamer **Naturschutz** erreichen!
Wer eines Vergehens überführt wird, wird im günstigsten Falle mit einer deftigen **Geldstrafe** davonkommen. Wenn er Pech hat, findet er sich im nächsten Flugzeug Richtung Heimat wieder.

Fischfrevel und Umweltverschmutzung sind keine Kavaliersdelikte! Wer selbst so etwas beobachtet oder davon hört, sollte sich die kleine Mühe machen und eines der Büros der Fischereibehörde informieren oder direkt eine Nachricht senden an: Alaska Fish & Wildlife Safeguard, 7500 Tudor Road, Anchorage, AK 99507.

Sonderbestimmungen für Alaska

Alaska ist in **11 Fanggebiete** mit unterschiedlichen Bestimmungen aufgeteilt. Die folgenden Tabellen machen das Ermitteln der geltenden Regelungen einfach und zeigen welche Fischarten zu erwarten sind.

Vorgehensweise
1. Bestimmung des gesuchten **Fanggebiets,** in dem das betreffende Gewässer liegt, unter Zuhilfenahme der Übersichtskarte.
2. Suchen Sie den **Gewässernamen** unter der alphabetischen Liste des betreffenden Fanggebiets. Dort sind die Fangbestimmungen aufgeführt. Steht das Gewässer nicht in der Liste, gelten die **allgemeinen** Bestimmungen.

3. Benutzen Sie den **Kodeschlüssel** zu Beginn der alphabetischen Liste, um Schonzeiten, Mindestmaße und Fangquoten zu ermitteln.
4. Beachten Sie die **Sonderbestimmungen!**

Achtung: Die Angaben entsprechen dem Stand 1988, es kann zwischenzeitlich Änderungen gegeben haben! Diese werden sich nach letzten Informationen auf die Bestimmungen für Laketrout, Burbot und Grayling beziehen. Generell kann davon ausgegangen werden, daß sich die Bestimmungen nur wenig verändern.

Südost-Alaska

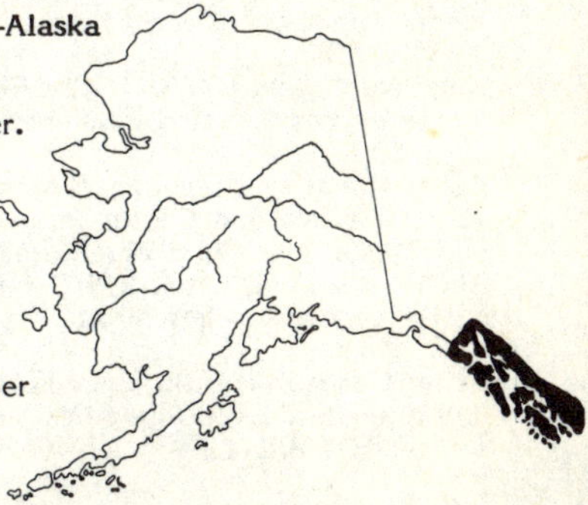

Dieses Gebiet umfaßt alle Gewässer östl. von Cape Fairweather.

1	ganzjährig
2	1. Februar - 31. Dezember
3	10. August - 31. Dezember
4	15. August - 30. April
5	1. Juni - 31. März
6	15. Juni - 15. April
7	1. Dezember - 14. September
8	15. September - 15. Mai
9	16. November - 14. Juni

Zeichenerklärung

Zeichen	Fischart u. Größe	Fanglimit	Besitzlimit
K1	King Salmon 70 cm +	2	2
K2	King Salmon 70 cm -	2	2
L1	Andere Lachse 40 cm +	6	12
L2	Andere Lachse 40 cm -	10	10
R	Rainbow	5	10
S/C	Steelhead & Cutthroat kombiniert 40 cm +	1	2
D1	Dolly Varden	10	10
D2	Dolly Varden	2	2
B	Brook Trout	10	10
G	Grayling	10	10
H	Halibut	2	2

Die Zahlen hinter den Kurzbezeichnungen der Fischarten geben die Fangsaison an. "+" hinter einer Längenangabe bedeutet größer als, "-" bedeutet kleiner als die angegebene Länge.

Auke Bay östlich der Linie Weydelich Creek - Departmentmarkierung, die sich 400 m südlich der Mündung des Auke Creeks befindet. K1-6/L1-1/R-1/S/C-1/D2-5/H-2/B/G-1.
☆ Der Fang von Red Salmon ist untersagt.

Auke Creek, Angelverbot unterhalb des Glacier Highways!

Auke Lake. See, Zuflüsse und der Abfluß bis zum Glacier Highway. L1-3/R-5/S/C-5/B/G-1.
☆ King Salmon, Red Salmon und Dolly Varden sind vollständig geschützt. Coho Salmon sind auf 2 Stück täglich limitiert, bei einem Mindestmaß von 45 cm.

Auke Nu Creek, R/S/C-1/D2-1/B/G-1.
☆ Alle Lachsarten sind geschützt.

Behm Canal und die benachbarten Buchten innerhalb einer Linie von Point Eva und Cactus Point sowie einer Linie von Point Lees nach Elsie Point und einer Linie zwischen den Markierungen am Abfluß des Long Lake. R/S/C-1/D1-1/H-2/B/G-1.
☆ Alle Lachsarten geschützt.

Behm Canal innerhalb einer Linie von Port Syces und Point Alava und einer Linie von Point Eva nach Cactus Bay. K1-4/L1-4/R/S/C-1/D1-1/H-2/B/G-1.

Bear Creek Angelverbot!

Blind Slough, unterhalb der Stromschnellen: K1-1/K2-1/L1-1/R/S/-C-1/D1-1/B/G-1.
☆ Oberhalb der Stromschnellen sind alle Lachsarten geschützt.

Zuflüsse zum Blind Slough, R/S/C-1/D1-1/B/G-1.
☆ Alle Lachsarten sind geschützt.

Carianna Creek (Ketchikan) Angeln verboten!

Chilkoot Lake-Zuflüsse, R/S/C-1/D1-1/B/G-1.
☆ Alle Lachsarten geschützt.

Chilkoot River und sein Einzugsgebiet, L1-1/R/S/C-1/D1-1/B/G-1.
☆ King Salmon geschützt. Tageslimit 2 Coho und 1 anderer Lachs und ebenso viele in Besitz.

Druck Creek (Juneau) Angelverbot!

Eagle River, vom Strand nördlich des Pfadfindercamps bis zu der Markierung auf der geographischen Breite des Sentinel Island Seezeichens. K1-1/L1-1/R/S/C-1/D2-5/H-2/B/G-1.

Grey's Pass, alle Gewässer innerhalb des Gebietes zwischen einer Linie von Babler Point nach Point Highfield und der Markierung am östlichen Eingang des Blind Slough sowie zur Mündung des Jap Creeks auf dem Festland. K1-6/L1-6/R/S/C-1/D1-1/H-2/B/G-1.

Herring Cove Basin innerhalb der Markierungen: L2-3/R/S/C-3/-D1-3/H-3/B/G-3.

Herring Cove Creek (Ketchikan) Angelverbot stromaufwärts vom Highway. Stromab des Highway: L1-3/R/S/C-3/D1-3/B/G-3.
☆ King Salmon sind geschützt.

Indian River (Sitka), R/S/C-1/D1-1/B/G-1.
☆ Alle Lachsarten sind geschützt.

Jordan Creek Angelverbot!

Juneau und das Einzugsgebiet des gesamten Straßensystems, soweit in der Liste nicht anders aufgeführt. L1-1/R/S/C-1/D2-1/B/-G-1.
☆ Tägliches Fanglimit 2 Coho über 45 cm und 2 Red Salmon und die gleiche Anzahl in Besitz.

Ketchikan Creek, L2-8/R/S/C-8/D1-8/B/G-8.
☆ King Salmon sind geschützt.

Ketchikan und das Einzugsgebiet des Straßensystems, soweit nicht anders aufgeführt. L2-1/R/S/C-1/D1-1/B/G-1.
☆ King Salmon sind geschützt.

Klawok Harbor zwischen der Flußbrücke und dem Leuchtfeuer am Klawok Oil Dock, K1-1/L1-1/R/S/C-1/D1-1/H-2/B/G-1.

Klawok River stromauf der Flußbrücke, L1-1/R/S/C-1/D1-1/B/G-1.
☆ King Salmon sind geschützt.

Kowee Creek (Douglas Island), R/S/C-1/D2-1/B/G-1.
☆ Alle Lachsarten sind geschützt.

Mahoney Creek, R/S/C-1/D2-1/B/G-1.
☆ Alle Lachsarten sind geschützt.

Mendenhall Lake, L1-1/R/S/C-1/B/G-1.
☆ King Salmon und Dolly Varden sind geschützt! Tägliches Limit für Coho und Red Salmon - 2 Stück und ebenso viele in Besitz.

Mitchel Bay (Salt Lake) Admirality Island, K1-1/L1-1/R/S/C-1/D1--1/H-2/B/G-1
☆ maximal 6 Coho über 45 cm in Besitz.

Montana Creek und Mc Ginnis Creek (Juneau), L1-1/R/S/C-1/D1-1/B/G-1.
☆ King Salmon geschützt! Fanglimit für Coho 2 Stück und 2 in Besitz. Lachseier oder Fischfetzen als Köder nicht erlaubt.

Neets Bay östlich einer Linie der Markierungen am Ende der Bucht, K1-9/L1-9/R/S/C-1/D1-1/H-2/B/G-1.

Ohmer Creek (Petersburg) K1-1/K2-1/R/S/C-1/D2-1/B/G-1.
☆ Stromauf der Highwaybrücke sind alle Lachsarten geschützt; stromab sind nur Einfachhaken erlaubt.

Pullen Creek (Skagway) oberhalb der 2nd Avenue, L1-7/R/S/C-7/-D1-7/B/G-7.
☆ King Salmon geschützt!

Der Mendenhall Glacier bei Juneau

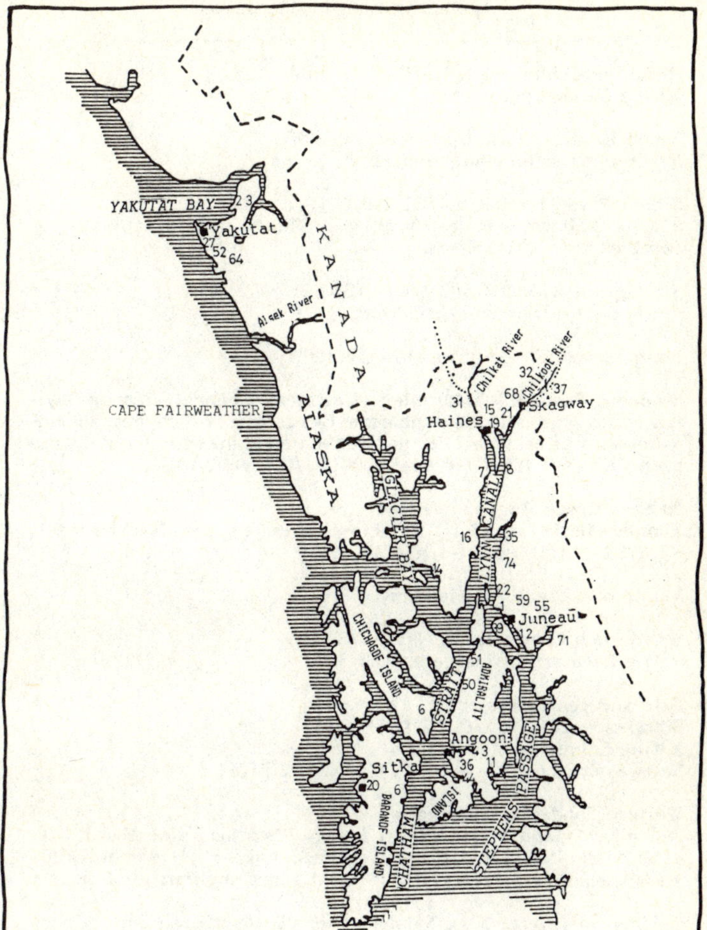

SÜDOST-ALASKA: NÖRDLICHER TEIL

Reflection Lake, L2-1/R/S/C-1/D1-1/B/G-1.
☆ King Salmon geschützt!

Sheep Creek (Juneau), R/S/C-1/D2-1/B/G-1.
☆ Alle Lachsarten sind geschützt!

Sitkoh River, L1-1/R/S-1/D1-1/B/G-1.
☆ King Salmon sind geschützt. Die Fang- und Besitzquote für Steelhead beträgt 1 Fisch!

Starrigavin River, R/S/C-1/D1-1/B/G-1.
☆ Alle Lachsarten sind geschützt!

Steep Creek (Juneau) Angeln verboten!

Stephens Passage - Taku Inlet - Gastineau Channel - Young Bay - Auke Bay und alle benachbarten Gewässer nördlich des Südeingangs zum Limestone Inlet und südlich der Linie von Point Louisa nach Pilling Point, K1-6/L1-1/R/S/C-1/D1-1/H-2/B/G-1.

Switzer Creek Angeln verboten!
Thomas Basin seewärts der Linie zwischen den Markierungen, K1-1/L1-1/R/S/C-1/D1-1/H-2/B/G-1.

Vanderbilt Creek Angelverbot!

Wayderlich Creek, R/S/C-1/D2-1/B/G-1.
☆ Alle Lachsarten sind geschützt!

Alle anderen Gewässer
Süßwasser: L1-1/R/S/C-1/D1-1/B/G-1.
☆ King Salmon sind geschützt!
Salzwasser: K1-1/L1-1/R/S/C-1/D1-1/H-2/B/G-1.

Weitere Sonderbestimmungen
Jeder King Salmon, der kleiner ist als 70 cm und eine Marke oder eine beschnittene Fettflosse hat, muß ungeachtet seiner Größe **zurückbehalten** werden und wird nicht zum Fanglimit gezählt.

Nicht markierte King Salmon unter 70 cm müssen unverzüglich und schonend zurückgesetzt werden.

Wenn die erste gefangene Steelhead markiert war, erhöht sich das tägliche Fanglimit auf 2 Fische.

Marken und Köpfe aller gekennzeichneten Fische sind unter Angabe von Fangort und Datum der **Fischereibehörde** zu übergeben.

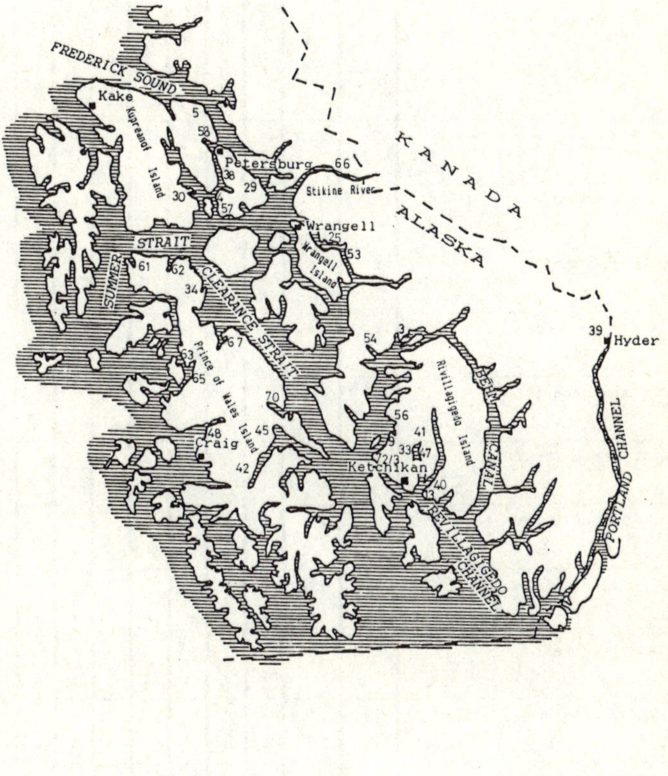

SÜDOST-ALASKA: SÜDLICHER TEIL

1. SUDOST ALASKA und YAKUTAT
(Karten 1 und 2)

Küste, Fjorde, Inseln		ANFAHRT	UNTERKUNFT	KING SALMON	COHO SALMON	RED SALMON	PINK SALMON	CHUM SALMON	DOLLY VARDEN	HEILBUTT
01 Auke Bay		S	Z/L							
	Ufer				+		+	+	+	
	Boot			+	+		+	+	+	+
02 Barlow Cove		B								
	Ufer			*	*		*	*	*	
	Boot			*	*		*	*	*	
03 Bell Island		B								
	Ufer			*	*		+	+	+	
	Boot			*	*		+	+	*	+
04 Blind Slough		S/B	Z/L							
	Ufer			*	*		+	+	+	
	Boot			*	+		+		+	
05 Cape Strait		B								
	Ufer			*	+					
	Boot			*	*					+
06 Chatham Strait		B								
	Ufer									
	Boot			*	*		*		*	+
07 Chilkat Inlet		S/B	Z/L							
	Ufer				*	+	*		*	
	Boot			*	*	+	*	+	*	*
08 Chilcoot Inlet		S/B	Z/L							
	Ufer				*	*	*		*	
	Boot			*	*	*	*	*	*	*
09 Clover Pass		S/B	Z/L							
	Ufer						*		+	
	Boot			*	*	+	+	+	+	+
10 Favorite Reef		B								
	Ufer									
	Boot			+	+				+	+
11 Gambier Bay		B	C							
	Ufer			+	+		+		+	
	Boot			*	*		+		*	
12 Gastineau Channel		S/B	Z/L							
	Ufer				*		*	+	+	
	Boot			+	+		*	+	+	+

13 Herring Bay		S/B	L							
	Ufer			*	*		*	*	*	
	Boot			*	*		*	*	*	
14 Icy Point		B								
	Ufer			*	*		+	+	+	
	Boot			*	*		+	+	+	+
15 Lutak Inlet		S/B	Z/L							
	Ufer				*	*	*		*	
	Boot			+	*	+	+	+	+	+
16 Lynn Canal		B								
	Ufer				+			+		
	Boot			*	*		+	+	+	+
17 Mole Harbour		B								
	Ufer			+	*		+	+	+	
	Boot			*	*		*	*	*	*
18 Mountain Point		S/B	L							
	Ufer			*	*		*		*	
	Boot			*	*		*	+	+	+
19 Portage Cove		S/B	Z/L							
	Ufer				+		+	+	+	
	Boot			+	+		+	+	+	+
20 Sitka Sound		B	Z/L							
	Ufer									
	Boot			*	*		+			+
21 Taiya Inlet		S/B	Z/L							
	Ufer						*		*	
	Boot			+	+		+	+	+	+
22 Tee Harbor		S/B								
	Ufer				+				+	
	Boot			*	*		+	+	+	+
23 Yakutat Bay		S/B	L							
	Ufer			+	+		+		+	
	Boot			+	+		+	+	+	+
24 Yes Bay		B								
	Ufer			+	+		+	+	+	
	Boot			*	*		+	+	*	+
25 Wrangel Harbor		S/B	Z/L							
	Ufer			*	*		*	+	+	
	Boot			*	*		*	+	+	*

Fangzeiten	Jan	Feb	Mär	Apr	Mai	Jun	Jul	Aug	Sep	Okt	Nov	Dez
King Salmon	+	+	+	+	*	*	*	+	+	+	+	+
Coho Salmon						+	+	*	*			
Red Salmon						+	+	+				
Pink Salmon						+	*	+				
Chum Salmon						+	*	+	+			
Dolly Varden				+	+	*	+	+				
Heilbutt	+	+	+	+	+	*	*	*	*	+	+	+

Bäche, Flüsse, Seen	UNTERKUNFT	KING SALMON	COHO SALMON	RED SALMON	PINK SALMON	CHUM SALMON	DOLLY+CHAR	STEELHEAD	RAINBOW	CUTTHROAT	KOKANEE
26 Anan Creek *	C		+		+	+	+		+	+	
27 Ankau Lagoon	C		+		+	+		+		+	
28 Avos Lake *	C								*		
29 Big Creek			*	+	+	+	+	*	+	+	
30 Castle River			+		+	+	+	*	*	+	
31 Chilkat River & L			*	+	+	+	+			+	
32 Chilkoot River	L		*	*	*	*	*			+	
33 Connell Lake	Z/L						*		+	*	
34 108 Creek			+		+	+	+	+	+	+	
35 Cowee Creek			*		*	+	+	+		+	
36 Distin Lake	C						+	+		+	
37 Dyea River			+		+	+	+				
38 Falls Creek	L		*		*	+	+	*	+	+	
39 Fish Creek(Hyder)			*			+	*				
40 Fish Cr.(Ketch.)			+		*	+	+				
41 Harriet Hunt Lake	L								*		
42 Harris River									*		
43 Hasselborg Lake *							*			*	*
44 Jims Lake *	C						*			*	*
45 Karta River *	C		*	*	*	+	*	*	*	+	
46 Katlian River *			*		+	+	+			+	
47 Ketchikan Creek	L	*	*		*	+	+	*	+	+	
48 Klawock River	L		*	*	*	*	+	*	*	+	
49 Luck Lake *			+	+	+	+	+		+	+	
50 Lake Florence *	C						+			+	
51 Lake Kathlen *	C						+			+	
52 Lost River	C		*	+	+	+	+				
53 Marten Lake *	C						*			*	*

54 McDonald Lake *	C		*	*			+			+	
55 Montana Creek			*		+	+	*				
56 Naha River *			*	*	*	*	*	*	*	*	
57 Ohmer Creek	L	*	*		*	+	*	*	*	+	
58 Petersburg Creek			+	+	+	+	+	+	+	+	
59 Peterson Creek			*		+	+	*	*	+	+	
60 Pleasent Bay Cr.*			*		*		*	*	*	*	
61 Red Lake System	C		*	*	+	+	+	+	+		
62 Salmon Lake *			+	+	+	+	+	+	+	+	
63 Sarkar River Sys.	C		*	*	*				+	+	
64 Situk River	C	*	*	*	*		*	*	+	+	
65 Staney Creek	Z/C		*		+	+	+	*	+	+	
66 Stikine River	C		*			*	+	*	+	+	
67 Sweetwater Sys.	C		*	*	+	+	+	+	+	+	
68 Thaya River			+		+	+	+				
69 Thayer Lake *	L						*			*	*
70 Thorne River			*	*	*	+	+	*	+	+	
71 Turner Lake *	C						+			+	*
72 Ward Lake Sys.	Z/L		*	+	*	+	+	*	+	+	
73 Whipple Creek	Z/L				*		+			+	
74 Windfall Lake			+	*	+	+	+	+		+	

Fangzeiten	Jan	Feb	Mär	Apr	Mai	Jun	Jul	Aug	Sep	Okt	Nov	Dez
King Salmon					+	+	*	+				
Coho Salmon								+	*	+	+	
Red Salmon						+	*	+	+			
Pink Salmon							*	+	+			
Chum Salmon						+	*	+	+	+		
Dolly Varden	+	+	+	+	+	+	*	*	+	*	+	+
Steelhead	+	+	+	*	*			+	+	*		
Rainbow	+	+	+	+	+	+	+	+	+	+	+	+
Cutthroat	+	+	+	+	*	*	*	+	+	+	+	+
Kokanee					*	*	+	*	*	+		

Yakutat

Zu diesem Gebiet zählen alle Gewässer u. deren Einzugsgebiete zw. Cape Suckling u. Cape Fairweather.

1 ganzjährig
2 1. Februar - 31. Dezember
3 1. September - 30. Juni
4 1. Januar - 14. August
5 15. Oktober - 14. Juni

Zeichenerklärung
S - Süßwasser
M - Meer

Zeichen	Fischart	Größe	Fanglimit	Besitzlimit
K	King Salmon	S 45 cm +	10	10
		S 45 cm -	1	1
		M 75 cm +	2	2
L1	Coho	S 45 cm -	4	4
		M 45 cm +	6	12
	Chum	S 45 cm +	6	12
	Pink	M 45 cm +	6	12
	Red			
L2	Coho	45 cm +	2	2
	Chum	45 cm +	6	12
	Pink			
	Red			
L3	Andere Lachse	45 cm -	10	10
R	Rainbow		5	10
	Cutthroat &			
	Steelhead	45 cm +	je 1	je 2
H	Halibut		2	2
D	Dolly Varden		10	10

Die Ziffer hinter dem Kurzzeichen der Fischart bezieht sich auf die Fangsaison. "+" hinter einer Längenangabe bedeutet "größer als", "-" bedeutet "kleiner als" die angegebene Länge.

Lost River, stromab der Brücke K-4/L2+3-4/R-4/D-4, stromauf der Brücke K-1/L2+3-1/D-1.
☆ Vom 15. August bis 31. Oktober sind Fischeier als Köder verboten.

Situk River, von der Mündung bis zur alten Eisenbahnbrücke, K-5/L2+3-5/R-5/D-5. Von der alten Eisenbahnbrücke bis zur Forsthütte: K-1/L2+3-1/R-1/D-1, stromauf der Forsthütte: K-3/-L2+3-1/R-1/D-1.
☆ Vom 15. August bis 31. Oktober sind Fischeier als Köder verboten.

Tawah Creek (Nebenfluß des Situk Rivers), K-1/L2+3-1/R-1/D-1.
☆ Vom 15. August bis 31. Oktober sind Fischeier als Köder verboten. 50 m ober- und unterhalb der Brücke ist Angeln verboten.

Yakutat und sein Straßensystem, alle Gewässer, die am Straßennetz liegen, einschließlich der Ankau Lagoon, sofern sie nicht hier aufgeführt sind, K-1/L2+3-1/R-1/D-1.
☆ Vom 15. Aug. bis 31. Okt. sind Fischeier als Köder verboten.

Alle anderen Gewässer
K1/L1+2/R1/H2/D1.

Weitere Sonderbestimmungen
Zur Behandlung markierter Fische ⇨ Südost-Alaska.

Prince William Sound

Dieses Gebiet umfaßt alle Gewässer westl. von Cape Puget und östl. von Cape Suckling; ausgen. Copper River u. dessen Einzugsgebiet stromauf einer Linie zw. Südufern der Mündungen von Haley- u. Canyon Creek.

Zeichenerklärung

Zeichen/Fischart/Größe		Fanglimit	Besitzlimit
L Alle Lachsarten		6	12
R Rainbow, Steelhead, Cutthroat	50 cm +	5	10
	50 cm -	1	1
A Andere Fische			
Char	50 cm -	15	30
	50 cm +	3	6
Grayling		15	30

Saison
1 ganzjährig
2 1. Februar - 31. Dezember
3 2. Oktober - 31. Mai
4 15. Mai - 22. Juni

Clear Creek, bei Meile 42 des Copper River Highways R1/A1.
☆ Alle Lachsarten sind geschützt!

Eccles Creek, an der Hartney Bay Road R1/A1.
☆ Alle Lachsarten sind geschützt!

Eyak Lake und alle Zuflüsse R1/A1.
☆ Alle Lachsarten sind geschützt!

Eyak River, von 180 m stromab der Eyak Lake Water Control bis 180 m stromab der Brücke am Abfluß des Sees L3/R3/A3.

Hartney Creek, stromauf der Hartney Creek Road R1/A1.
☆ Alle Lachsarten sind geschützt!

Robe River, stromab des Richardson Highways R1/A1/L4*.
☆ Nur 1 Lachs* täglich und 1 in Besitz. Vom 15. Mai bis 22. Juni ist nur Fliegenfischen erlaubt.

Valdez Bay und alle Gewässer im Bereich der Bucht zwischen Point Freemantle und Point Rocky R1/A1.
☆ Alle Lachsarten sind geschützt! Vom 15. Mai bis 22. Juni ist nur Fliegenfischen erlaubt.

Alle anderen Gewässer
L1/R1/H2/A1.

Oberer Susitna River - Oberer Copper River

Dieses Gebiet umfaßt alle Gewässer im Einzugsgebiet des Copper Rivers, stromauf einer Linie über den Fluß zwischen dem Südufer der Mündung des Haley Creeks und dem Südufer des Canyon Creeks - Mündung in den Woods Canyon.

Außerdem gehört das Einzugsgebiet des Susitna River stromab des Zusammenflusses mit dem Oshetna River zu dieser Region.

Saison

1 ganzjährig
2 1. Januar - 14. Juli
3 16. Juni - 4. Mai
4 1. Januar - 19. Juli

Zeichenerklärung

Zeichen/Fischart/Größe		Fang/Besitzlimit	
K King Salmon	50 cm +	1	1
	50 cm -	10	10
L Andere Lachse	45 cm +	2	2
	45 cm -	10	10
A Andere Fische			
Grayling		10	10
Burbot		15	15
Arctic Char & Dolly Varden		10	10

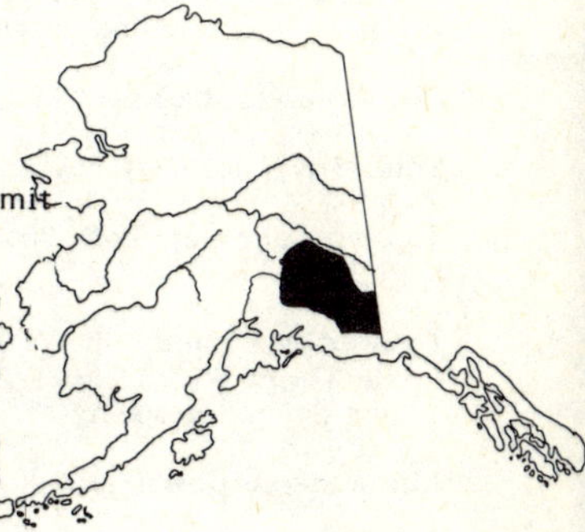

Alle Gewässer nördlich des Denali Highway, zwischen Paxton und Cantwell, außer dem Einzugsgebiet des Glukana Rivers und des Sumit Lakes, K1/L1/R1/A1.
☆ Fanglimit für Grayling - 5 Fische täglich und 10 im Besitz. Keine Fangbeschränkungen für Burbot.

Bessie Creek zwischen Moose Lake und Tolsona Lake, einschließlich eines Teils des Tolsona Lakes bis 90 m hinter der Mündung des Baches, K3/L3/R3/A3.
☆ Langleine für Burbot vom 15. Oktober bis 4. Mai erlaubt.

Fish Creek (Zufluß zum Mentasta Lake) R1/A1.
☆ Alle Lachsarten sind geschützt!

Gulkana River mit allen Nebenflüssen und Seen. Stromauf des Zusammenflusses am "Middle Fork" R1/A1. ☆ Alle Lachsarten sind geschützt.

Stromab des Zusammenflusses am "Middle Fork" K4/L1/R1/A1. Stromab der Alyeska Pipeline nahe Sourdogh K1/L1/R1/A1.
☆ Langleine auf Burbot zwischen dem 15. Oktober und dem 15. Mai erlaubt.

Klutina River vom Abfluß aus dem Klutina Lake bis zur Markierung 1 Meile stromab, K2/L2/R1/A1.

Mendeltna River und das Gebiet im Umkreis einer 1/4 Meile um die Mündung in den Tazlina River, R1/A1.
☆ Alle Lachsarten sind geschützt!

Our Creek (Zufluß zum Moose Lake) K3/L1/R1/A1.

Stana River K1/L1/R1/A1.

Tolosna Lake innerhalb 90 m um die Mündung des Bessie Creeks, K3/L3/R3/A3.

Tosina River innerhalb 1/4 Meile seines Zusammenflusses mit dem Little Tosina River L1/R1/A1.
☆ King Salmon geschützt!

Alle anderen Gewässer des Gebietes K1/L1/R1/A1.

Kenai Peninsula

Alle Gewässer der Halbinsel.

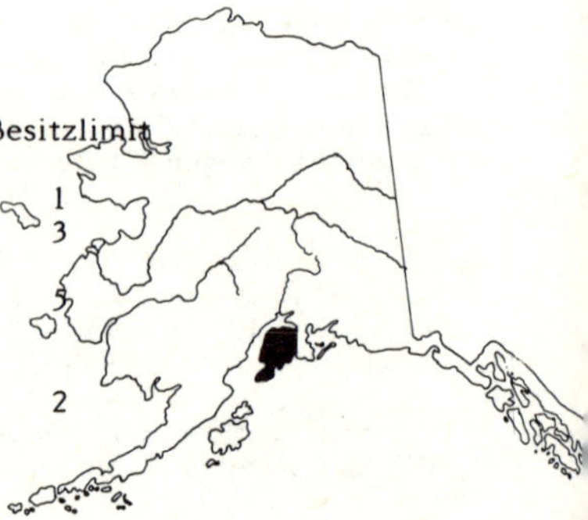

Zeichenerklärung

Zeichen	Fischart	Größe	Fang	Besitzlimit
K	King Salmon	50 cm +	1	1
L	Andere Lachse	40 cm +	3	3
R	Rainbow & Steelhead		5*	5
R2	Rainbow & Steelhead		2*	2
A	Kleine Lachse & andere Fische			
	King Salmon	50 cm -	10	10
	Andere Lachse	40 cm -	10	10
	Arctic Char & Dolly Varden		5	5
	Grayling		10*	10
	Lake Trout	50 cm +	2	2
		50 cm -	10	10

*nur 1 Exemplar 50 cm +

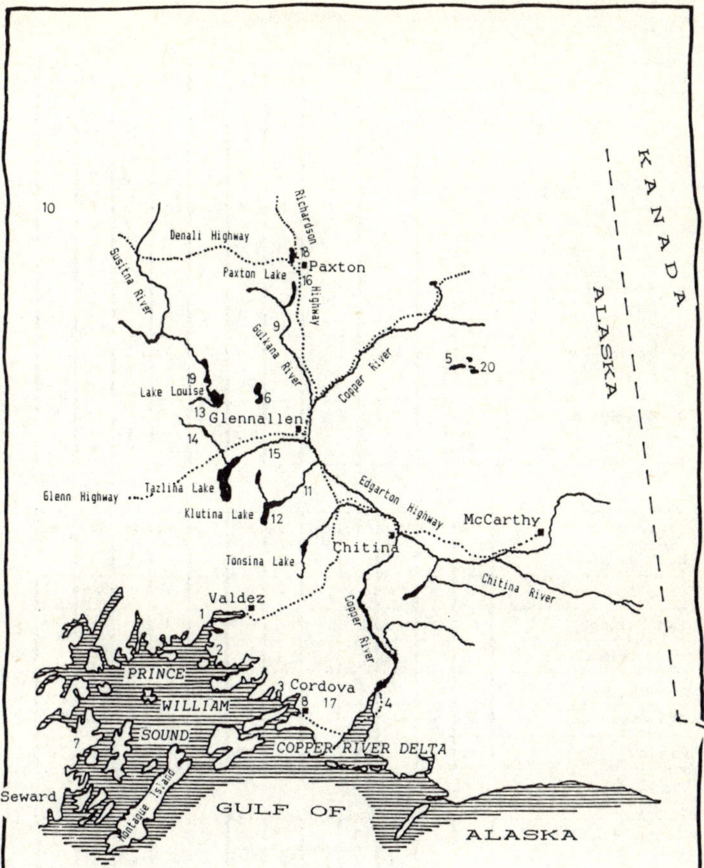

PRINCE WILLIAM SOUND

2.PRINCE WILLIAM SOUND
einschließlich OBERER SUSITNA RIVER / OBERER COPPER RIVER
(Karte 3)

Küste, Fjorde, Inseln		ANFAHRT	UNTERKUNFT	KING SALMON	COHO SALMON	RED SALMON	PINK SALMON	CHUM SALMON	DOLLY VARDEN	HEILBUTT
01 Valdez Arm		S/B								
	Ufer				*		*	+	+	
	Boot				*	+	*	+	+	*
02 Galena Bay		B/F	L							
	Ufer				+		+	+	+	
	Boot				+		+	+	+	
03 Simpson Bay		B/F	L							
	Ufer				+		+	+	+	
	Boot				+		+	+	+	

Fangzeiten	Jan	Feb	Mär	Apr	Mai	Jun	Jul	Aug	Sep	Okt	Nov	Dez
King Salmon	*	*	+	+	+	*	+	+	+	+	+	+
Coho Salmon						+	*	*	+			
Red Salmon						+	*	*	+			
Pink Salmon						+	*	*				
Chum Salmon					+	*	*	+				
Dolly Varden	+	+	+	*	*	+	*	*	*	+	+	+
Heilbutt	+	+	+	+	+	*	+	+	+	+	+	+

Bäche, Flüsse, Seen	UNTERKUNFT	KING SALMON	COHO SALMON	RED SALMON	DOLLY+CHAR	STEELHEAD	RAINBOW	CUTTHROAT	LAKETROUT	BURBOT	GRAYLING	KOKANEE
04 Clear Creek			+	+	*			+				
05 Copper Lake	C/Z								*			*

06 Crosswind Lake*									*	*	*	
07 Eshhamy Lake			+	+				*				
08 Eyak Lake	L	+	+		*			*				
09 Gulkana River	Z	*	+			+	+		+		*	
10 McKinley Lake	C		*	*	*			*				
11 Klutina River	Z	*		*	+	+	+					
12 Klutina Lake			+		+				+	+		
13 Lake Louise	Z/L								+	+	+	
14 Mendeltna Creek	Z/L										+	
15 Moose Creek	Z/L										+	
16 Paxton Lake	Z/L						+		+	+	+	
17 Power Creek	L		+	+	*			*				
18 Summit Lake	Z/L						+		+	+	+	
19 Susitna Lake									*		*	
20 Tanada Lake	Z/L								*	*	*	

Fangzeiten	Jan	Feb	Mär	Apr	Mai	Jun	Jul	Aug	Sep	Okt	Nov	Dez
King Salmon						+	*					
Coho Salmon								+	*			
Red Salmon						*	*	*				
Pink Salmon												
Chum Salmon												
Dolly Varden	+	+	+	+	+	*	*	+	+	+	+	+
Steelhead	+	+	+	+	+				*	+	+	+
Rainbow	+	+	+	+	+	*	*	*	+	+	+	+
Cutthroat												
Kokanee					*	*	+	*	*	+		
Laketrout	*	*	*	*	+	*	*	+	+	+	+	*
Grayling	+	+	+	+	*	*	*	*	*	+	+	+
Burbot	*	*	*	*	+	+	+	+	+	+	+	*

Saison

1	ganzjährig
2	1.Januar - 30. Juni
3	1. Januar - 31. Juli
4	Letztes Wochenende im Mai, erstes und zweites im Juni und die auf diese Wochenenden folgenden Montage.
5	Wie unter 4, jedoch auf das dritte Wochenende im Juni erweitert
6	1. Juni - 14. April
7	15. Juni - 14. April
8	1. Juli - 31. Dezember
9	1. August - 31. Dezember
10	16. September - 30. Juli
11	15. Juni - 31. Oktober
12	1. Juli - 14. April

Anchor River und seine Nebenflüsse. Stromauf der Gabelung des nördlichen und südlichen Teils R2 8/A8/*. Stromab der Gabelung K5/L5+8/A5+8/R2 5+8.
☆ King Salmon über 50 cm und andere Lachse über 40 cm sind geschützt. Vom 16. September bis 31. Dezember sind nur Kunstköder erlaubt!

Bishop Creek-Gebiet, alle Seen und Teiche L1/R1/A1; alle Fließgewässer R2 7/A7/*.
☆ *King Salmon über 50 cm und andere Lachse über 40 cm sind geschützt. Nur künstliche Köder vom 16. Sept. bis 31. Dez.

Crescent Creek sowie seine Zuflüsse und der Crescent Lake R12/A12/*.
☆ *King Salmon über 50 cm und andere Lachse über 40 cm sind geschützt! Fanglimit für Grayling - 2 Fische und ebenso viele in Besitz.

Crooked Creek L9/R9/A9/*.
☆ King Salmon über 50 cm sind geschützt, *. Vom 16. September bis 31. Dezember sind nur Kunstköder erlaubt.

Deep Creek und seine Zuflüsse. Von der Markierung bis zur Mündung (ca. 3 km) K5/L5+8/R2 5+8/A5+8, restliches Einzugsgebiet R8/A8/*.
☆ King Salmon über 50 cm und andere Lachse über 40 cm sind geschützt! Vom 16. September bis 31. Dezember sind ausschließlich Kunstköder erlaubt.

English Bay River und sein Einzugsgebiet. Stromab des Abflusses aus dem English Bay Lake R2 1/A1/*.
☆ King Salmon über 50 cm und andere Lachse über 40 cm sind geschützt! Restliches Einzugsgebiet L1/R2 1/A1/*.
☆ *King Salmon über 50 cm sind geschützt.

Hidden Lake Creek R2 1/A1.
☆ King Salmon über 50 cm und Lachse über 40 cm sind geschützt!

Jean Lake Creek ⇨ Hidden Lake Creek.

Kasilof River stromab der Sterling Highway Brücke, K2/L1/R2 1/A1, stromauf der Brücke K3/L1/R2 1/A1.

Kenai Lake/Tern Lake/Trail Lake R1/A1, **ihre Zuflüsse** R2 1/A.
☆ King Salmon über 50 cm und andere Lachsarten über 40 cm sind geschützt! Nur künstliche Köder vom 16. Sept. bis 31. Dez.!

Kenai River, von der Mündung bis zum Skilak Lake (1) K3/L1/R2 11/A1; **Skilak Lake** (2) L1/R2 11/A1/*; restliches Einzugsgebiet (3) L1/R2 11/A1/*.

☆ *King Salmon über 50 cm sind geschützt. Nur Einzelhaken und Kunstköder erlaubt! Im Abschnitt 1 ist das Fischen vom Boot an allen Montagen nach dem 5. Juli verboten. Im Umkreis von 90 m um die Mündung des Moose Rivers ist vom 15. Mai bis 15. August nur Fliegenfischen erlaubt.

Von der Fähre bis zu der Markierung 600 m stromauf des Russian Rivers ist vom 1. Juni bis 14. Juli das Angeln verboten. Von der Mündung des Russian Rivers bis zur Markierung 1.600 m stromab ist vom 1. Juni bis 20. Aug. ausschließlich Fliegenfischen erlaubt. Nur zu dieser Zeit dürfen Red Salmon entnommen werden!

Von der Sterling Highway-Brücke bei Soldotna bis zur Markierung 90 m stromab der Bootswasserungsstelle des Centennial Parks ist Bootsangeln zwischen dem 15. Mai und dem 31. Juli verboten.

Im Umkreis von 100 m der Mündung des Moose Rivers ist vom 15. Mai bis zum 31. Juli das Angeln vom Boot verboten.

Nach dem Fang eines King Salmon von mehr als 50 cm Länge ist das Angeln für diesen Tag unverzüglich einzustellen!

Moose River, von der Mündung bis zum nördlichsten Ausläufer der Sterling Highway Brücke K4/L 4+8/R 4+8/A 4+8; stromauf der Brücke L7/R7/A7/*; alle Seen und Teiche L1/R1/A1/*.
☆ King Salmon über 50 cm und andere Lachse über 40 cm sind geschützt!

Ninilchik River und seine Nebenflüsse, von der Mündung bis zur Markierung ca. 3 km stromauf K4/ L4/8 /R2 4+8/A 4+8; stromauf der Markierung R2 7/L7/A7/*.
☆ *King Salmon über 50 cm und andere Lachse über 40 cm sind geschützt! Vom 16. September bis 31. Dezember sind nur Kunstköder erlaubt.

Resurrection Bay und das Einzugsgebiet R1/A1/*.
☆ King Salmon über 50 cm und andere Lachse über 40 cm sind geschützt!

Russian River Gebiet, von der Mündung bis zur Markierung 500 m unterhalb der Fälle (1) L6/R7#/A6/*; stromauf der Markierung bis zum Abfluß des unteren Russian Lake (2) R7#/A6/*/**; restliches Einzugsgebiet R2 7/A1/*/**.
☆ *King Salmon über 50 cm sind geschützt; **andere Lachsarten über 40 cm sind geschützt; R7# in den Abschnitten 1 und 2 gefangene Rainbow müssen unverzüglich zurückgesetzt werden. Red Salmon dürfen nur zwischen dem 1. Juni und 20. August entnommen werden!

Abschnitt 1 ist vom 1. Juni bis 20. August dem Fliegenfischen vorbehalten! Gleiches gilt auch für den Kenai River von der Mündung des Russian Rivers bis zu einer Markierung 1.500 m stromab. Von der Fähre bis 600 m stromauf herrscht Angelverbot! Es sind nur künstliche Köder erlaubt!

Skilak Lake L1/R2 11/A1/*.
☆ *King Salmon über 50 cm sind geschützt. Nur künstliche Köder!

Soldotna Creek L1/R1/A1/*; restliches Einzugsgebiet L7/R7/A7/*.
☆ *King Salmon über 50 cm sind geschützt.

Swanson River und seine Nebenflüsse L7/R7/A7/*; alle Seen L1/R1/A1/*.
☆ *King Salmon über 50 cm sind geschützt!

Stariski Creek und seine Zuflüsse. Stromab der Sterling Highway Brücke R2 8/A8/*/**; stromauf der Brücke L8/R2 8/A8/*.
☆ King Salmon über 50 cm sind geschützt, *, andere Lachsarten über 40 cm sind geschützt, **.

Vom 16. Sept. bis 31. Dez. sind ausschließlich Kunstköder erlaubt.

Tustumena Lake L1/R1/A1/*; seine Zuflüsse L1/R2 1/A1/*.
☆ *King Salmon über 50 cm und alle Red Salmon sind geschützt!

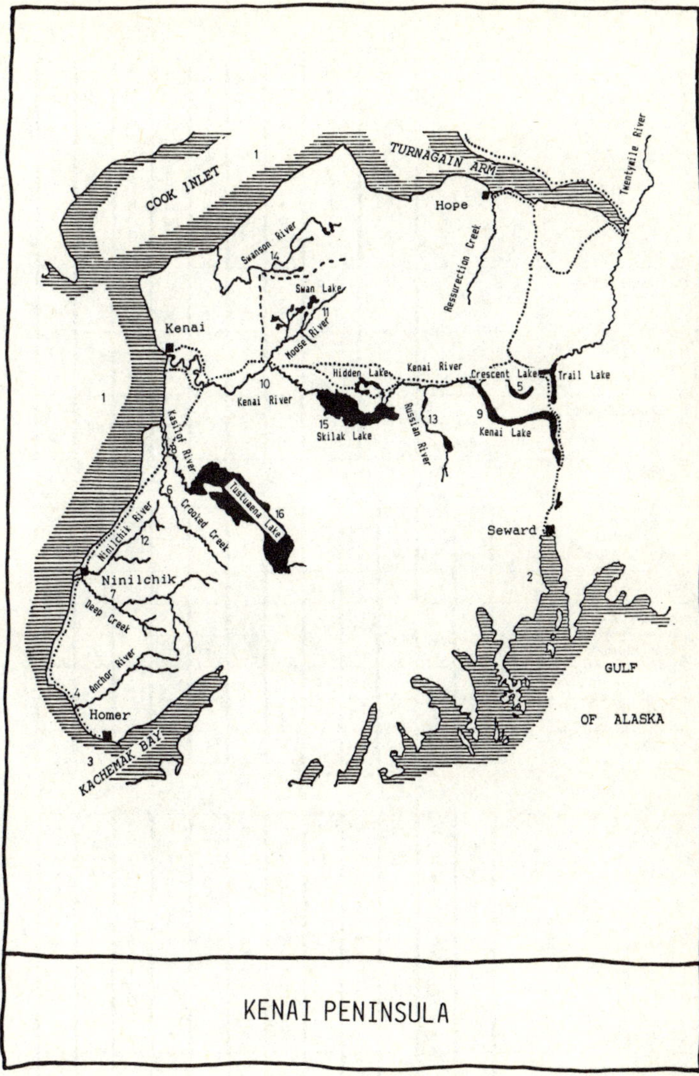

KENAI PENINSULA

3. KENAI und COOK INLET
(Karten 4 und 5)

Küste, Fjorde, Inseln		ANFAHRT	UNTERKUNFT	KING SALMON	COHO SALMON	RED SALMON	PINK SALMON	CHUM SALMON	DOLLY VARDEN	HEILBUTT
01 Cook Inlet		S/B	Z/L							
	Ufer			+	*		*	*		
	Boot			*	*	*	+	*		*
02 Kachemak Bay		S/B	Z							
	Ufer			+	*		*			
	Boot			*	*	*	*		+	*
03 Resurrektion Bay		S/B	Z/L							
	Ufer			+	*		*	+		
	Boot			+	*	+	*	+		*

Fangzeiten	Jan	Feb	Mär	Apr	Mai	Jun	Jul	Aug	Sep	Okt	Nov	Dez
King Salmon	+	+	+	+	*	*	*	*	+	+	+	+
Coho Salmon						+	*	*	*	+		
Red Salmon						*	*	+				
Pink Salmon							+	*	+			
Chum Salmon					+	*	*	+				
Dolly Varden												
Heilbutt		+	+	+	*	*	*	*	*	+		

Bäche, Flüsse, Seen	UNTERKUNFT	KING SALMON	COHO SALMON	RED SALMON	PINK SALMR	CHUM SALMON	DOLLY+CHAR	STEELHEAD	RAINBOW	CUTTHROAT	LAKETROUT	GRAYLING
04 Anchor River	Z/L	*	*		+		*	*	*			
05 Crescent Creek	Z/L						+		+			

06 Crooked Creek	Z/L		*	+	+		+	+	+			
07 Deep Creek	Z/L	*	+		+		+	+	+			
08 Kasilof River	Z/L	*	*	*	*		+	*	+			
09 Kenai Lake	L						+		+		+	
10 Kenai River	Z/L	*	*	*	*		+		*		*	
11 Moose River	Z/L		*	*	*		+		+			
12 Ninilchik River	Z/L	*	+	*	+		+	+	+			
13 Russian River	Z/L		*	*	+		+		+			
14 Swanson River	Z		+	+	+		+		+			
15 Silak Lake	Z		+	+	+		+		+		+	
16 Tustumena Lake	Z		+				+		+		+	

Fangzeiten	Jan	Feb	Mär	Apr	Mai	Jun	Jul	Aug	Sep	Okt	Nov	Dez
King Salmon					+	*	*	*				
Coho Salmon							+	*	*	*	+	+
Red Salmon					+	*	*	*				
Pink Salmon							+	*	+			
Chum Salmon							+	*	+			
Dolly Varden	+	+	+	+	*	*	*	*	*	*	*	*
Steelhead	+	+	+	+	+	+		*	*	*	+	+
Rainbow	+	+	+	+	*	*	*	*	*	*	*	*
Cutthroat												
Kokanee					*	*	+	*	*	+		
Laketrout	*	+	+	+	*	*	*	*	*	*	*	*
Grayling	+	+	+	+	+	*	*	*	*	*	+	+
Burbot	*	+	+	+	+	+	+	+	+	+	+	*

Vagt Lake R7/A7/*, sein Einzugsgebiet R2 7/A7/*.
☆*Alle Lachsarten sind geschützt. In allen Fließgewässern sind nur künstliche Köder erlaubt!

Alle anderen Fließgewässer
L1/R2 1/A1/King Salmon über 50 cm sind geschützt!

Alle anderen Seen
L1/R1/A1 King Salmon über 50 cm sind geschützt!

Weitere Bestimmungen
Nach dem Fang eines King Salmons über 50 cm ist das Angeln für diesen Tag unverzüglich **einzustellen!**

Das **Jahreslimit** für King Salmon beträgt auf der Kenai Halbinsel 5 Fische über 50 cm, von denen nur 2 aus dem Kenai River stammen dürfen!

Ein Fisch, der nicht im Maul gehakt wurde, ist sofort zurückzusetzen!

Die Verwendung eines Gaffs ist verboten!

Die Fangliste auf der Rückseite der Lizenz ist genauestens zu führen!

Markierte Fische sind wie in den vorausgegangenen Kapiteln beschrieben zu behandeln!

Cook Inlet - Resurrection Bay

Alle Gewässer östlich von Cape Douglas bis zum Kenai bzw. Susitna Gebiet.

Zeichenerklärung

Zeichen	Fischart	Fanglimit	Besitzlimit
K	King Salmon	2	2
L	Andere Lachse	6	6
H	Halibut	2	2
A	Andere Fischarten & Rainbow & Steelhead +50 cm	1	1
	-50 cm	kein Limit	
	Dolly Varden & Char	5	5

Saison
1 ganzjährig
2 1. Februar - 31. Dezember
3 1. Juli - 31. Dezember

Alle Salzwasser innerhalb 1 Meile im Umkreis der Mündungen folgender Ströme:
Anchor River K3/L1/H2/A1.

Deep Creek K3/L1/H2/A1.

Kenai River K1/L1/H2/A1.

Ninilchik K3/L1/H2/A1.

Stariski River K3/L1/H2/A1.

Seward Small Boat Harbor and Lagoon K1/L1/H2/A1.
☆ Die Entnahme von Coho Salmon ist zwischen dem 14. September und 31. Dezember verboten.

Alle übrigen Gewässer K1/L1/H2/A1. ⇨ Kenai-Gebiet

Ein Tourist ohne Englischkenntnisse

Susitna, Anchorage und Cook Inlet (West)

Alle Gewässer, die in das westl. Cook Inlet münden sowie das Einzugsgebiet des oberen Susitna Rivers, stromab des Zusammenflusses mit dem Oshetna River.

Saison

1	ganzjährig
2	1. Januar - 6. Juli
3	15. Juni - 14. April nur Sa
4	Sa und So an 4 folgenden W'enden ab 2. Sa im Juni.
5	Ab 2. Augustw'ende Sa u. So bis Ende Dezember.
6	15. Juni - 14. April
7	1. Juli - 14. April
8	7. Juli - 31. Mai
9	15. August - 30. Juni
10	1. August - 31. Dezember
11	1. August - 30. Juni

Zeichenerklärung

Zeichen	Fischart	Größe	Fanglimit	Besitzlimit
K	King Salmon	50 cm +	1	2
L	Andere Lachse	40 cm +	3	3
R	Rainbow & Steelhead		5*	5*
A	Andere			
	King Salmon	50 cm -	10	10
	Andere Lachse	40 cm -	10	10
	Dolly Varden & Char		10	10
	Grayling		10	10
	Lake Trout	50 cm +	2	2
		50 cm -	10	10

Alle Fließgewässer zwischen **Willow Creek** im Norden, **Susitna River** im Westen, **Cook Inlet** und **Knik Arm** im Süden und **Moose River** sowie **Matanuska River** im Osten, ausgenommen der unten aufgeführten Gewässer, L6/R6/A6.

☆ King Salmon über 50 cm sind geschützt! Sonderbestimmungen für den Little Susitna River beachten!

Alle Gewässer mit Mündung in das Cook Inlet zwischen dem West Foreland und dem Susitna River, ausgenommen dem Chuitna River, stromauf der Markierung nahe der Mündung des Lone Creeks sowie des Susitnas selbst, K2/L1/R1/A1.
☆ Das Besitzlimit für Lachse (außer King) über 40 cm beträgt 6 Fische!

Alle Gewässer mit Mündung auf der Westseite des Susitna River stromab des Deshka Rivers, K2/L1/R1/A1.
☆ Das Besitzlimit für Lachse (außer King) über 40 cm beträgt 6 Fische!

Alexander Creek von der Mündung bis zum Alexander Lake K2/L1/R1/A1.
☆ Das Besitzlimit für Lachse (außer King) über 40 cm beträgt 6 Fische!

Birch Creek stromauf der Markierung, nahe der Mündung in den Susitna R1/A1.
☆ Alle Lachsarten sind geschützt!

Bird Creek stromauf einer Stelle 300 m oberhalb der Seward Hwy Brücke R1/A1.
☆ Alle Lachsarten sind geschützt! Stromab der angegebenen Stelle L1/R1/A1. King Salmon über 50 cm sind geschützt!

Bodenburg Creek (Old Glenn Highway, nahe Palmer) und 90 m des Knik Creeks, stromauf von dessen Mündung R1/A1.
☆ Alle Lachsarten sind geschützt!

Bonnie Lakes und der verbindende Fluß L7/R7/A7.
☆ King Salmon über 50 cm sind geschützt!

Byers Lake R1/A1.
☆ Alle Lachsarten sind geschützt!

Campbell Creek und sein Einzugsgebiet R1/A1.
☆ Lachs ist geschützt, Angelverbot stromauf der Gabelung!

Caswell Creek von der Mündung bis zum Parks Highway K4/L4/8/R4/8/A4/8.

Chuitna River von seiner Mündung bis zur Markierung nahe der Mündung des Lone Creeks K2/L1/R1/A1.
☆ Das Besitzlimit für Lachse (außer King) beträgt 6 Fische.

Clarence Lake L1/R1/A1.
☆ King Salmon über 50 cm sind geschützt! Fang- und Besitzlimit für Grayling sind 2 Fische.

Cottonwood Creek und sein Einzugsgebiet. Stromab der Markierung an der Holzbrücke, eine Meile von der Palmer Hayflats States Game Refuge Road L3/R3/A3.
☆ King Salmon über 50 cm sind geschützt! Stromauf der Markierung R6*/A6*. Alle Lachsarten sind geschützt (* gilt nicht in der Zeit zwischen 15. April und 14. Juni).

Deception Creek nahe Willow R6/A6.
☆ Alle Lachsarten sind geschützt!

Deshka River und sein Einzugsgebiet, stromauf bis zur Gabelung K2/L1/R1/A1.
☆ Das Besitzlimit für Lachse (außer King) über 40 cm beträgt 6 Fische!

Eagle River stromauf den Glenn Highway R1/A1.
☆ Alle Lachsarten sind geschützt!

Fish Creek nahe Wassilia, stromab die Knik-Goose Bay Road L5/R5/A5/*, stromauf der Straße R6/A6/**/***.
☆ Der Fang von King Salmon über 50 cm ist verboten, *.
Der Fang aller Lachsarten ist verboten, **. Diese Fangbestimmungen gelten nicht zwischen dem 15. April und dem 14. Juni, ***.

Goose Creek stromab des Parks Highways L8/R8/A8.
☆ King Salmon über 50 cm sind geschützt!

Indian Creek bei Anchorage L9/R9/A9.
☆ King Salmon über 50 cm sind geschützt!

Johnson Lake nahe Palmer Angelverbot!

Knik River R1/A1.
☆ Alle Lachsarten sind geschützt!

Lake Creek K2/L1*/R2 1/A1 **.
☆ Fang- und Besitzlimit für Grayling - 5 Fische. Nur Kunstköder erlaubt. Das Besitzlimit für Lachse (außer King) über 40 cm beträgt 6 Fische, *. Das Fang- und Besitzlimit für Lake Trout sind 5 Fische, davon nur 1 über 50 cm, **.

Little Susitna River, von der Mündung bis zur Parks Highway Brücke bei Houston K2/L1/R1/A1; stromauf der Brücke R6/A6.
☆ Alle Lachsarten sind geschützt!

Little Willow Creek, stromab des Parks Highways und 300 m im Umkreis der Mündung L8/R8/A8.
☆ King Salmon über 50 cm sind geschützt!

Lone Creek, ab Mündung in den Chuitna River 300 m stromauf L1*/R6/A1.
☆ King Salmon über 50 cm sind geschützt! Das Besitzlimit von Fischen über 40 cm beträgt 6 Stück, *.

Matanuska River-Gebiet L1/R1/A1.
☆ King Salmon über 50 cm sind geschützt!

McNeil River Angeln verboten!

Meadow Creek und sein Einzugsgebiet (außer Lake Lucille) R6/A6.
☆ King Salmon über 50 cm und Lachse über 40 cm sind geschützt!

Montana Creek von der Mündung bis zum Parks Highway K4/L4/8/-R4/8/A4/8; stromauf der Markierung, etwa 1 Meile stromauf der Alaska Railroad Brücke R1/A1.
☆ Alle Lachsarten sind geschützt!

Moose Creek L1/R1/A1.
☆ King Salmon über 50 cm sind geschützt!

Peters Creek stromauf des Glenn Highways R1/A1.
☆ King Salmon über 50 cm und Lachse über 40 cm sind geschützt!

Potter Creek Angelverbot!

Rabbit Creek stromauf des Seward Highways R1/A1.
☆ King Salmon über 50 cm und Lachse über 40 cm sind geschützt! Stromab des alten Seward Highways ist Angeln verboten!

Sheep Creek stromab des Parks Highways und 300 m im Radius der Mündung L8/R8/A8.
☆ King Salmon über 50 cm sind geschützt!

Ship Creek (bei Anchorage), stromab einer Stelle 100 m unterhalb des Chugach Power Plant Dam R10/A10/*; stromauf einer Stelle 100 m oberhalb des Dammes L10/R10/A10/**.

☆ King Salmon über 50 cm und andere Lachse über 40 cm sind geschützt, *; King Salmon über 50 cm sind geschützt, **.

Susitna River, in einem Radius von 300 m um die Mündung von Casswell Creek, Montana Creek und Willow Creek K4/L4/8*/R4/8 /A4/8; innerhalb eines Radius von 300 m um die Mündung von Goose Creek, Little Willow Creek und Sheep Creek L8*/R8/A8/**.
☆ Das Besitzlimit für Lachse (außer King) über 40 cm beträgt 6 Fische, für alle Gewässer, die in die Westseite des Susitnas münden, *; King Salmon über 50 cm sind geschützt, **.

Talachulitna River und seine Nebenflüsse, stromab des Judd Lake Ablaufs K2/L1*/R1**/A1.
☆ Das Besitzlimit für Lachse (außer King) über 40 cm beträgt 6 Fische, *; Rainbow dürfen nicht entnommen werden, **.

Talkeetna River und sein Einzugsgebiet, ausgenommen jenes Teils des Chunilna (Clear)Creeks, der sich stromauf der Markierung befindet (ca. 2 Meilen stromauf der Mündung) K2/L1/R1/A1.

Three Mile Creek 100 m stromauf und stromab der Standard Oil Brücke L11/R11/A11.
☆ King Salmon über 50 cm sind geschützt!

Wasilla Creek stromauf der Alaska Railroad Brücke R6/A6/*; stromab der Brücke L3/R1/A3/**.
☆ King Salmon über 50 cm und andere Lachse über 40 cm sind geschützt, *; King Salmon über 50 cm sind geschützt, **.

Willow Creek von der Mündung bis zum Parks Highway K4/L4/8/ R4/8/A4/8; stromauf der Mündung des Deception Creeks R1/A1/*.
☆ *King Salmon über 50 cm und andere Lachse über 40 cm sind geschützt!

Wolverine Lake und sein Abfluß zum Wolverine Creek L6/R6/A6.
☆ King Salmon über 50 cm sind geschützt!

Yentna River Gebiet K2/L1*/R1**/A1.
☆ Das Besitzlimit für Lachse (außer King) über 40 cm beträgt 6 Fische, *; Rainbow dürfen nicht entnommen werden, **.

Alle anderen Gewässer L1/R1/A1.
☆ King Salmon über 50 cm sind geschützt! Das Besitzlimit für Lachse (außer King) über 40 cm beträgt an allen Gewässern westlich des Susitnas 6 Fische!

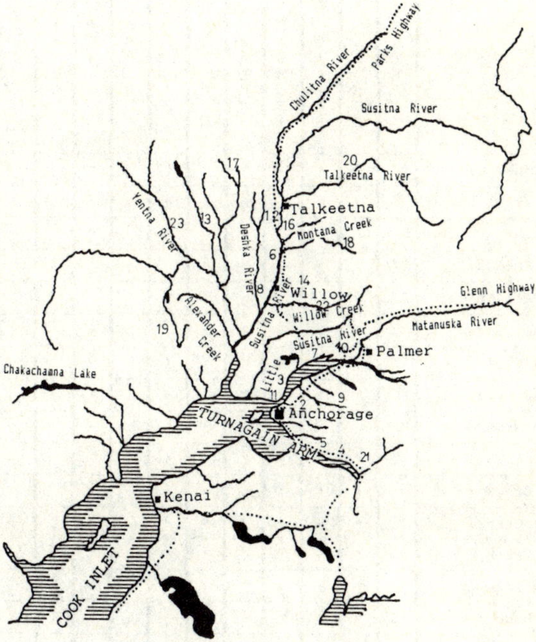

ANCHORAGE – SUSITNA

5. SUSITNA - ANCHORAGE
(Karte 5)

Bäche, Flüsse, Seen	UNTERKUNFT	KING SALMON	COHO SALMON	RED SALMON	PINK SALMR	CHUM SALMON	DOLLY+CHAR	STEELHEAD	RAINBOW	CUTTHROAT	LAKETROUT	GRAYLING
01 Alexander Cr. *	L	*	*		*				*			
02 Anch. Bowl Lakes		+					+					
03 Big Lake	Z/L				+							
04 Bird Creek	Z/L		+	+	*							
05 Campbell Creek	Z/L						+	*	*			
06 Caswell Creek	L	*	+	+	*	+	+		+			+
07 Cottonwood Creek			+	+			+		+			
08 Deshka River	L	*	*	+	*	+	+		*			+
09 Eagle River	Z/L					*			+			
10 Eklutna Tail	Z		*			*	+					
11 Fish Creek			*	*			+		+			
12 Goose Creek		*	+	+	*	*	+		+			+
13 Lake Creek *	L	*	*		*	*			*	*		*
14 Ll. Willow Cr.		*	+	+	*	+	+		+			+
15 Lucy Lake *	L										*	*
16 Montana Creek	Z/L	*	+	+	*	+	+		+			+
17 Peter Creek	L	+	+		+		+					+
18 Sheep Creek	Z/L	*	+	+	*	+	+		+			+
19 Talachulitna R.*	L	*	*	*	*	*	*	*	*	*		*
20 Talkeetna River	Z/L	*	+	+	+	+	*					+
21 20 Mile River			*	+	+		+					
22 Willow Creek	Z/L	*	*	+	*	+	+		+			+
23 Yentna River *	L	*	*	*	*	*	*	*	*	*		*

Fangzeiten	Jan	Feb	Mär	Apr	Mai	Jun	Jul	Aug	Sep	Okt	Nov	Dez
King Salmon					+	*	+	+				
Coho Salmon							*	*	+	+		
Red Salmon						+	*	*	+			
Pink Salmon							*	*				
Chum Salmon							+	*	+			
Dolly Varden	+	+	+	+	+	+	+	*	*	*	+	+
Steelhead												
Rainbow	+	+	+	+	+	+	+	*	*	*	+	+
Cutthroat												
Kokanee					*	*	+	*	*	+		
Laketrout	+	+	+	+	*	*	+	+	*	*	+	+
Grayling	+	+	+	*	*	+	+	*	*	+	+	+
Burbot	*	+	+	+	+	+	+	+	+	+	+	*

Kodiak

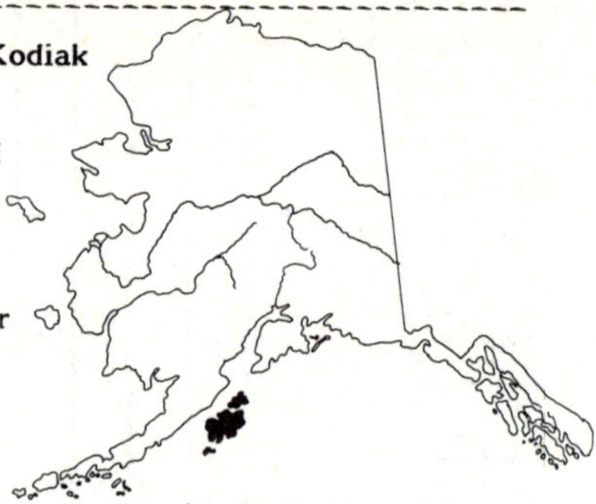

Alle Gewässer der Kodiak- und Afognak-Inseln

Saison

1 ganzjährig
2 1. Februar - 31. Dezember
3 15. Juni - 31. März
4 11. September - 31. Juli
5 1. Oktober - 14. August

Zeichenerklärung

Zeichen	Fischart	Größe	Fang/Besitzlimit	
K1	King Salmon	50 cm +	3	3
		50 cm -	10	20
K2	King Salmon	50 cm +	1	1
		50 cm -	10	20
L	Andere Lachse	50 cm +	6	12
		50 cm -	10	20
R	Rainbow &	50 cm +	3	6
	Steelhead	50 cm -	10	20
H	Halibut		2	2
A	Char & Dolly Varden		10	20
	Grayling		10	20

Alle Flüsse K1 1/L1/R3/A1

Alle Gewässer am Kodiak Straßensystem L4/R3/A1.
☆Fanglimit für Coho Salmon über 50 cm - 2 Fische und 4 Fische in Besitz.

Alle Gewässer zwischen Cape Chiniak und Cape Narrow
Salzwasser: K1 1/L1/R1/H2/A1
Süßwasser: K1 1/L1/R3/A1.
Das Fanglimit für Coho Salmon über 50 cm beträgt 2 Fische, das Besitzlimit 4 Fische!

Anton Larsen Bay, Salzwasser: K1 1/L1/R1/H2/A1
Süßwasser: K1 1/L1/R3/A1.
☆Das Fanglimit für Coho Salmon über 50 cm beträgt 2 Fische, das Besitzlimit 4 Fische!

Buskin River und seine Nebenflüsse; stromauf der Brücke No. 1 L4/A1, stromab der Brücke No. 1 L1/A1.
☆ Rainbow und Steelhead sind geschützt!
Das Fanglimit für Coho über 50 cm beträgt 2 Fische, das Besitzlimit 4 Fische!

Chiniak Bay; Salzwasser: K1/L1/R1/H2/A1; Süßwasser: stromab des Highways K1 1/L1/R3/A1.
☆ Das Fanglimit für Coho über 50 cm beträgt 2 Fische, das Besitzlimit 4 Fische!

Dog Salmon River L1/R3/A1.
☆ King Salmon sind geschützt!

Frazer Lake L1/R1/A1.
☆ King Salmon sind geschützt!

Island Lake mit seinen Zu- und Abflüssen R3/A1.
☆ Alle Lachsarten sind geschützt!

Little Kitoi Creek und Lake L5/A1.

Little Kitoi Bay innerhalb 400 m von der Mündung des Little Kitoi Creeks K1 1/L1/R1/H2/A1.

Mill Bay K1 1/L1/R1/H2/A1.
☆ Das Fanglimit für Coho Salmon über 50 cm beträgt 2 Fische, das Besitzlimit 4 Fische!

Monaska Bay; Salzwasser: K1 1/L1/R1/H2/A1, Süßwasser: stromab des Highway L1/R3/A1.
☆ Das Fanglimit für Coho Salmon über 50 cm beträgt 2 Fische, das Besitzlimit 4 Fische!

Pasagshak Bay; Salzwasser: K2 1/L1/R1/H2/A1, Süßwasser: stromab des Highway K2 1/L1/R3/A1.
☆ Das Fanglimit für Coho Salmon über 50 cm beträgt 2 Fische, das Besitzlimit 4 Fische!

Pasagshak River K2 1/L1/R3/A1.
☆ Das Fanglimit für Coho Salmon über 50 cm beträgt 2 Fische, das Besitzlimit 4 Fische!

Pillar Creek R3/A1.
☆ Alle Lachsarten sind geschützt!

Abendstimmung am Bowron Lake

Rose Tead Lake K2 1/L1/R1/A1.
☆ Das Fanglimit für Coho Salmon +50 cm beträgt 2 Fische, das Besitzlimit 4 Fische!

Saltery Cove; Salzwasser: K1 1/L1/R1/H2/A1, Süßwasser: K1 1/L1/R3/A1.
☆ Das Fanglimit für Coho Salmon über 50 cm beträgt 2 Fische, das Besitzlimit 4 Fische!

Alaska Peninsula und Aleuten

Gewässer westl. von Cape Douglas und südlich von Cape Menshikof.

Saison

1 ganzjährig
2 1. Februar - 31. Dezember
3 8. Juni - 9. April
4 8. Juni - 31. Oktober
5 1. November - 9. April
6 1. November - 7. Juni

Zeichenerklärung

Zeichen	Fischart/Größe	Fang/Besitzlimit	
K	King Salmon	5*	5*
L	Andere Lachse	5	5
R1	Rainbow	5**	5**
R2	Rainbow	2**	2**
R3	Rainbow	1	1
H	Halibut	2	2
A	Andere		
	Char	10	10
	Grayling	5	5

*nur 2 Fische über 70 cm
**nur 1 Fisch über 50 cm

King Salmon: Saison ganzjährig, Fanglimit 5 Fische, davon 2 über 70 cm, Besitzlimit 5 Fische.

Andere Lachse: Saison ganzjährig, Fanglimit 5 Fische, Besitzlimit 5 Fische.

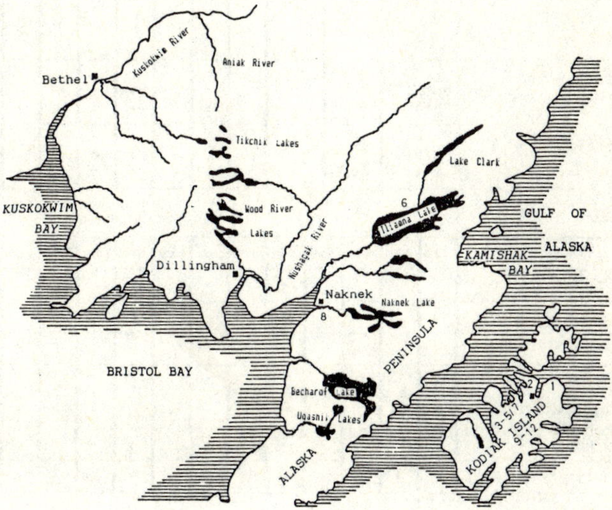

BRISTOL BAY UND KODIAK

6. KODIAK einschließlich ALASKA PENINSULA / BRISTOLBAY
(Karte 6)

Küste, Fjorde, Inseln		ANFAHRT	UNTERKUNFT	KING SALMON	COHO SALMON	RED SALMON	PINK SALMON	CHUM SALMON	DOLLY VARDEN	HEILBUTT
01 Chiniak Bay		S/B	Z/L							
	Ufer				+		+	+	+	
	Boot				+		+	+	+	+
02 Monashka Bay		S/B	Z/L							
	Ufer				+		+	+	+	
	Boot				+		+	+	+	+

Fangzeiten	Jan	Feb	Mär	Apr	Mai	Jun	Jul	Aug	Sep	Okt	Nov	Dez
King Salmon					+	*	+	+				
Coho Salmon							+	*	*	+		
Red Salmon					+	*	*					
Pink Salmon						+	*	+				
Chum Salmon					+	*	*	+				
Dolly Varden				+	+	*	*	+	+	+		
Heilbutt	+	+	+	+	+	+	+	+	+	+	+	+

Bäche, Flüsse, Seen	UNTERKUNFT	KING SALMON	COHO SALMON	RED SALMON	PINK SALMR	CHUM SALMON	DOLLY+CHAR	RAINBOW	BURBOT	GRAYLING	PIKE
01 Amerikan River	Z/L		*		*	*	*				
02 Buskin River	Z/L		*	*	*	*	*	*			
03 Egegik River *	L	*	*	*	*	*	*	+	+	*	+
04 Iliamna Lake *	L		*	*	*	*	*	*			

05 Kodiak Roads.L.	Z/L		*				*	*			
06 Naknek River *	L	*	*	*	*	*	*	*		+	+
07 Pasagshag R.	Z	+	*	+	+		*				
08 Olds River	Z/L		*		*	*	*				
09 Roslyn Creek	Z/L		*		*	*	*				
10 Salonie Creek	Z/L		*		*	*	*				

Fangzeiten	Jan	Feb	Mär	Apr	Mai	Jun	Jul	Aug	Sep	Okt	Nov	Dez
King Salmon				+	+	*	*	*				
Coho Salmon							+	*	*	+		
Red Salmon					+	*	*	+				
Pink Salmon							+	*	+			
Chum Salmon						+	*	+				
Dolly Varden	+	+	+	+	*	*	*	*	*	+	+	+
Rainbow	+	+	+	+	+	+	+	*	*	+	+	+

Halibut: Saison 1.2. bis 31.12., Fang- und Besitzlimit 2 Fische.

Rainbow: Saison ganzjährig, Fang- und Besitzlimit 5 Fische, davon nur 1 Fisch über 50 cm.

Arctic Char: Saison ganzjährig, kein Fanglimit.

Dolly Varden: Saison ganzjährig, Fang- und Besitzlimit 10 Fische.

Grayling: Saison ganzjährig, Fang- und Besitzlimit 5 Fische.

Bristol Bay, alle Gewässer zwischen Cape Newhenham und Cape Menshikof, einschließlich der dort mündenden Flüsse und deren Einzugsgebiet.

Agulapak River, stromab der Insel, 2 Meilen unterhalb des Abflusse des Beverley Lake, L1/A1. Rainbow sind geschützt!

Brooks River L3/R1 5/R2 4/A3.

Copper River L3/R1 5/R3 4/A3.
☆ Vom 8. Juni bis 31. Okt. sind nur Fliegen mit Einfachhaken als Köder erlaubt!

Gibraltar River und seine Nebenflüsse L3/R1 5/R3 4/A3.
☆ Vom 8. Juni bis 31. Okt. sind nur Fliegen mit Einfachhaken als Köder erlaubt!

King Salmon Creek stromauf der Markierung, 3 Meilen oberhalb der Mündung L1/R1 6/R2 4/A3.
☆ King Salmon sind geschützt!

Kvichak River und dessen Nebenflüsse sowie alle Gewässer, die in den Lake Iliamna und den Six Mile Lake münden, ausgenommen den Lake Clark und seine Zuflüsse, K3/L3/R1 5/R3 4/A3.
☆ Nur künstliche Köder mit Einfachhaken sind erlaubt!

Lower Talarik Lake L3/R1 5/R3 4/A3.
☆ Vom 8. Juni bis 31. Okt. sind nur künstl. Fliegen mit Einfachhaken erlaubt!

Naknek River zwischen den Markierungen 1/2 Meile östlich des Rapids Camp und östlich Trefon's Cabin K3/L3/R1 5/R2 4/A3; restliches Einzugsgebiet K3/L3/R1 6/R2 4/A1.

☆ Stromab der Markierung an der Grenze des alten Katmai NM sind Fischeier als Köder verboten!

Ugashik River und sein Einzugsgebiet K1/L1/R1 6/R2 4/A1.
☆ Fang- und Besitzlimit für Grayling sind 2 Fische.

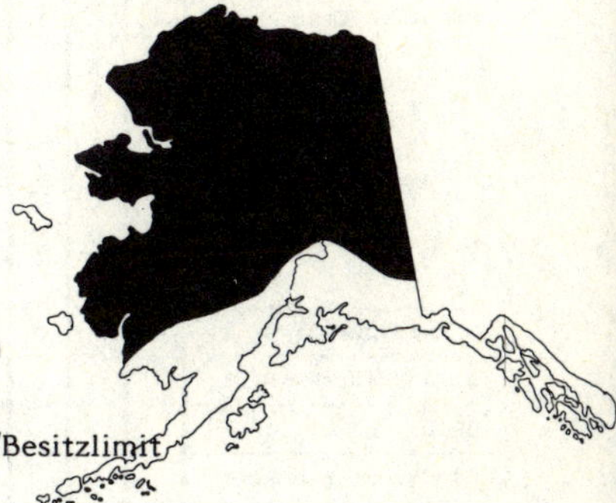

Arktis-Yukon-Kuskokwim

Zeichenerklärung
Zeichen/Fischart/Größe Fang/Besitzlimit

K1	King Salmon		5	5
K2	King Salmon		1	1
L1	Andere Lachse		10	10
L2	Andere Lachse	40 cm +	3	3
		40 cm -	10	10
A1	Lachse, Char, Grayling, Lake Trout, nur 2	50 cm +	10	10
A2	Char & Grayling nur 3	50 cm +	15	30
A3	Char		10	10
A4	andere Fischarten			
R1	Rainbow	50 cm +	2	2
		50 cm -	10	10
R2	Rainbow		2	2
LT	Lake Trout	50 cm +	2	2
		50 cm -	10	10
G1	Grayling		5	10
G2	Grayling		10	10
S1	Sheefish		10	10
P1	Pike	75 cm +	2	2
		75 cm -	10	10
P2	Pike		keine Limitierung	
H	Halibut		2	2

Saison für Heilbutt vom 1.Februar bis 31.Dezember; für alle anderen Arten ganzjährig.

7. YUKON - ARKTIS - KUSKOKWIM
(Karten 7 und 8)

Bäche, Flüsse, Seen	UNTERKUNFT	KING SALMON	COHO SALMON	RED SALMON	PINK SALMR	CHUM SALMON	DOLLY+CHAR	LAKETROUT	BURBOT	GRAYLING	SHEEFISH	PIKE
01 Agiapuk River *			*		*	*	*			*		
01 Andreafsky R. *		*	*		*	*	*			*		+
03 Big Lake								+	+	+		+
04 Chandler Lake *								*	*	*		
05 Cripple River	Z/L		+		+	+	*			*		
06 Elusive Lake *								*		+		
07 Fish Lake *								*	*	*		
08 Fox River					+	+				+		
09 Galbraith Lake								+	+	+		
10 Grand Central R.				+	+		+			+		+
11 Grayling Lake										+		
12 Holitna River *		*	*	*	*	*	*					
13 Igushik River *		+		*			+			+	+	+
14 Island Lake							+	+		+		
15 Itkillik Lake							+			+		
16 Jim River									+	+		+
17 Kanuti River									+	+		+
18 Kobuk River *										*	*	*
19 Koyuk River						*	*		+	+	*	*
20 Koyukok River							+		+	+		+
21 Kuzitrin River		+			+	+	+			+		+
22 Kuskokwim River	Z/L	+	+	+	+	+	*		+	+	*	*
23 Kwethluk River *		*	*	*	*	*	*					
24 Lake Clark *				*			*	*	+	+		+
25 Noatak River *						*	*			*	*	*

26 Nome River	Z/L		+		*	*	+			+		
27 Niukluk River			+		+	+	+			+		
28 Nome River		*	*		+	+	+			+		
29 Owhat River *										*	*	+
30 Penny River							+			+		
31 Pilgrim River			*		+	+	+			+		
32 Porcupine River*									+	*	*	*
33 Ray River									+	+		+
34 Salmon Lake				+		+	+		+	+		+
35 Selawik River *											*	*
36 Sinuk River					+	+	+		+	+		+
37 Snake River			+		+	+	+			+		
38 Solomon River					+	+	+			+		
39 Tikchik Sys. *	L			*	*		*	*		*		+
40 Unalakleet R.	L	*		*	+	+	+			+		
41 Wood River Sys.*	L	*	*	*	*	*	*			+		
42 Yukon River		+	+		+	+	+		+	+	*	*

Fangzeiten	Jan	Feb	Mär	Apr	Mai	Jun	Jul	Aug	Sep	Okt	Nov	Dez
King Salmon						+	*	*				
Coho Salmon									*	*	+	
Red Salmon							*	*	+			
Pink Salmon							+	*	+			
Chum Salmon						+	*	+	+	+	*	
Dolly Varden	+	+	+	+	+	*	*	*	*	+	+	+
Steelhead	*	*	*	*	*	*			+	*	+	+
Rainbow	+	+	+	+	+	+	*	*	*	+	+	+
Kokanee					*	*	+	*	*	+		
Laketrout	+	+	+	+	*	+	+	+	+	+	+	+
Grayling	+	+	+	+	*	*	*	*	*	+	+	+
Burbot	*	+	+	+	+	+	+	+	+	+	+	*
Sheefish	+	+	+	+	+	*	*	*	*	+	+	+

Alle Gewässer zwischen Paxton und Cantwell südlich des Denali Highways LT/G2/A3/4.
☆ Das Fanglimit für Burbot sind 15 Fische täglich!
Nördlich des Denali Highways und südlich des Tanana Rivers R1/LT/G1/A3/4.

Beaufortsea zw. Point Barrow und Point Demarcation A1/4/S1/P2.

Chena River und sein Einzugsgebiet; stromab der Markierung, ca. 100 m unterhalb des Wasserstandanzeigers G1/S2/P1/A4/*; restliches Gebiet K2/L2/G1/S2/P1/A4.
☆ *Alle Lachsarten sind geschützt.

Fielding Lake LT/G1/A4.

Goodpaster River und sein Einzugsgebiet G1/S2/P1/A4.
☆ Alle Lachsarten sind geschützt!

Nome River K1/L2/A2/4.
☆ Das Fang- und Besitzlimit für Lachse (außer King) beträgt 15 Fische, davon allerdings nur 5 Coho oder 5 Chum oder 5 in Kombination von Coho und Chum!

Salcha River, stromab des Zusammenflusses mit dem Redmond Creek K2/L2/G1/S2/P1/A4; stromauf der Mündung des Redmond Creeks G1/S2/P1/A4/*.
☆ *Alle Lachsarten sind geschützt!

Salmon Lake und seine Zu- und Abflüsse A 2/4.
☆ Alle Lachsarten sind geschützt!

Snake River K1/L1/A2/4 ⇨ Nome River.

Tanana River und sein Einzugsgebiet, außer den Gewässern zwischen Paxton und Cantwell K2/L2/R1/LT/G1/A3/4/S2/P1.

Trans Alaska Pipeline, alle Gewässer 5 Meilen rechts und links der Pipeline. Vom Yukon River bis zur Brooks Range Wasserscheide A2/4/R2;
Von der Brooks Range Wasserscheide bis zur Prudhoe Bay A1/4/P2.
☆ Alle Lachsarten sind geschützt! Sheefisch ist geschützt!

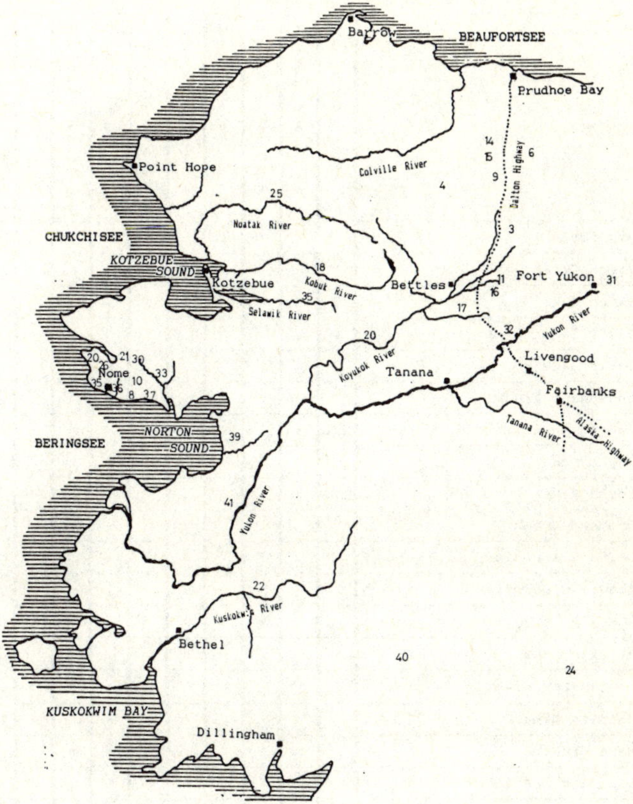

ARKTIS - YUKON - KUSKOKWIM

8. TANANA

(Karte 9)

Dieses Gebiet gehört eigentlich noch zu dem vorausgegangenen Abschnitt und wurde nur deshalb gesondert aufgeführt, weil alle Straßen von Kanada nach Alaska (außer SO - Alaska) hier durch führen.

Bäche, Flüsse, Seen	UNTERKUNFT	KING SALMON	COHO SALMON	RAINBOW	LAKETROUT	BURBOT	GRAYLING	SHEEFISH	PIKE
01 Big Swede					+	+	+		+
02 Birch Creek						+	+		+
03 Birch Lake	Z		+	+					
04 Bluff Cabin Lake	C			+					
05 Bolio Lake							+		
06 Brushkana Creek							+		
07 Chatanika River	Z/L	+					+	+	+
08 Chena Lake			+	+					
09 Chena River	Z/L	+	+			+	+	+	+
10 Crooked Creek							+		
11 Delta Clearwater	Z		*				+		
12 Denali Clearwater							+		
13 Donelly Lake			+						
14 Glacier Lake					+		+		
15 Goodpaster River						+	+		+
16 Harding Lake					+	+	+		+
17 Hess Creek						+	+	+	+
18 Landmark Gap Lake					+		+		
19 Little Harding Lake		+	+						
20 Lisa Lake			+	+					
21 Lost Lake			+						
22 Mark Lake		+		*					
23 Minto Flats						+	+	*	*
24 Nickel Lake							+		

25 Rock Creek							+		
26 Salcha River	Z	+	+			+	+		+
27 Seven Mile Lake					+				
28 Tangle Lakes	Z/L				+		+	+	+
29 Twin Lakes		+		+					
30 Weazel Lake		+		+					

Fangzeiten	Jan	Feb	Mär	Apr	Mai	Jun	Jul	Aug	Sep	Okt	Nov	Dez
King Salmon						+	*					
Coho Salmon									*	*	+	
Red Salmon												
Pink Salmon												
Chum Salmon							*	+	+	+	*	
Dolly Varden	+	+	+	+	+	*	*	*	*	+	+	+
Steelhead												
Rainbow	+	+	+	+	+	+	*	*	*	+	+	+
Cutthroat												
Kokanee					*	*	+	*	*	+		
Laketrout	+	+	+	+	+	+	+	+	+	+	+	+
Grayling	+	+	+	+	*	*	*	*	*	+	+	+
Burbot	*	+	+	+	+	+	+	+	+	+	+	*
Sheefish	+	+	+	+	+	*	*	*	*	+	+	+

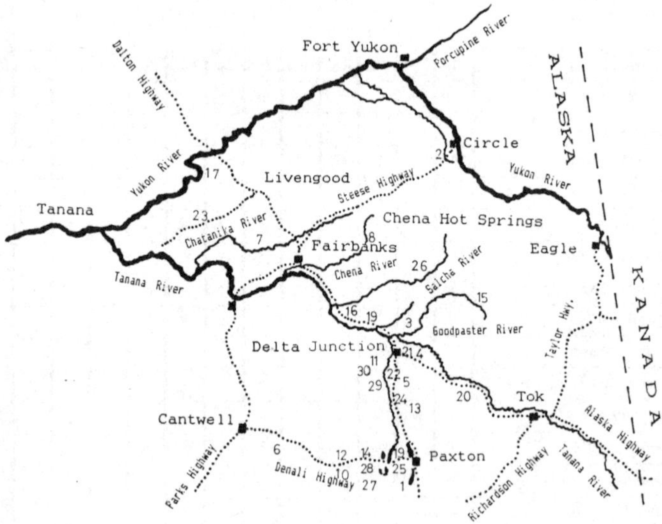

Fort Yukon
Porcupine River
Dalton Highway
ALASKA
Circle
Yukon River
17
Livengood
Steese Highway
Yukon River
Tanana
23
Chatanika River
7
Chena Hot Springs
8
Fairbanks
Eagle
Chena River
26
Salcha River
Tanana River
15
16
19
3
Goodpaster River
Delta Junction
21
4
11
30
22
5
29
24
13
20
Tok
Taylor Hwy.
KANADA
Cantwell
Alaska Highway
6
12
14
19
Paxton
10
28
25
Denali Highway
27
1
Parks Highway
Richardson Highway
Tanana River
2

TANANA

Angelbestimmungen für Kanada

Alle Personen über 16 Jahre benötigen in BC zum Angeln eine **Lizenz,** jüngere dürfen nur in Begleitung eines Erwachsenen, der eine Lizenz besitzt, angeln.

Die Jahreslizenz für **Süßwasser** kostete 1986 $ 25, eine 6 Tage-Erlaubnis $ 15. Für das Angeln von Steelhead ist eine Sonderlizenz für $ 15 nötig.

Einige Gewässer sind als **"Special Waters"** ausgewiesen; auch hierfür ist eine besondere Lizenz nötig, die nur für das eine Gewässer gilt. Es wird jeweils nur eine begrenzte Anzahl an Lizenzen ausgegeben, wovon der überwiegende Teil an berufsmäßige Führer geht, die sie an ihre Kunden weitergeben. Danach haben Kanadier den Vortritt und falls dann noch Erlaubsnisscheine zu haben sind, kommen die Ausländer an die Reihe. Als Ausländer darf man nur einmal pro Jahr für maximal 7 Tage an einem solchen Gewässer fischen. Der Spaß kostet die Kleinigkeit von $ 150.

Die **Fischereibescheinigungen sind immer mitzuführen** und den Bediensteten der Fischereibehörde oder der RCMP bei Kontrollen vorzulegen.

Auf der Rückseite aller Berechtigungsscheine ist die Fangliste zu führen und jede der aufgeführten Fischarten unverzüglich nach dem Fang eines Exemplars einzutragen.

Erhältlich sind die Erlaubnisscheine bei Büros der Fischereibehörde und Angelgerätehändlern. Eine verlorene Lizenz kann für $ 4 ersetzt werden.

Salz- und Brackwasser: Für das Angeln in den unzähligen Fjorden und auf dem Meer ist eine **"Tidal Water Sport Fishing Licence"** nötig. Dieser Berechtigungsschein kostete 1986 für 1 Tag $ 3.50, für 3 Tage $ 10 und ganzjährig $ 20.

Verbote

☆ die Verwendung eines Gaffs;
☆ die Benutzung von mehr als 1 Angelrute (Ausnahme: beim Schleppfischen sind zwei Ruten erlaubt);
☆ 25 m ober- und unterhalb einer Fischtreppe zu Angeln;
☆ die Verwendung von Lockstoffen; die Verwendung von Salmoniden oder Teile von diesen (außer Rogen) als Köder; die Verwendung von Insekten in allen Entwicklungsstadien als Köder; der Fang bzw. die Entnahme von Chum-, Sockeye- und Pink Salmon; der Verkauf geangelter Fische.

Salzwasser

Die Meeresfischerei vor der Küste British Columbias gehört zu den touristischen Attraktionen und hat sich in den letzten Jahren stark entwickelt. Die Strait of Georgia dürfte eines der am meisten beangelten Meeresgebiete Nordamerikas sein. In der Umgebung Vancouvers und entlang der Ostküste der Vancouver Island findet man unzählige Bootsverleiher, bei denen vom Dingi bis zum Küstenkreuzer alles gechartert werden kann.

Die **Fangaussichten** auf alle Lachsarten sind nicht schlecht, doch die Zeiten, in denen man irgendeinen verbogenen Löffel in die Fluten beförderte und nach spätestens fünf Minuten seinen King am Haken hatte, sind vorbei. Allerdings besteht die Möglichkeit Red und Pink Salmon zu fischen, was im Süßwasser derzeit nicht erlaubt ist.

Der überwiegende Teil der Küste ist in anglerischer Hinsicht unberührt, da er nur **per Schiff oder Flugzeug zugänglich** ist. Nur Stewart, Prince Rupert, Kitimat und Bella Coola sind über die Straße zu erreichen. Diese Umgebung bietet allerdings in atemberaubernder Fjordlandschaft exzellente Angelmöglichkeiten.

Über ausgezeichnete Gewässer verfügen auch die Queen Charlotte Islands, wobei auch hier die Anreise nur über Luft oder Wasser möglich ist. Der Besucher sollte sich außerdem auf wochenlangen Dauerregen einstellen.

Fangzeiten	Jan	Feb	Mär	Apr	Mai	Jun	Jul	Aug	Sep	Okt	Nov	Dez
King Salmon	+	+	+	+	*	*	*	+	+	+	+	+
Coho Salmon					+	+	+	*	*	+		
Red Salmon						+	+	+	+			
Pink Salmon						+	*	+	+			
Chum Salmon						+	*	+	+			
Dolly Varden				+	+	*	+	+	+			
Heilbutt	+	+	+	+	+	*	*	*	*	+	+	+

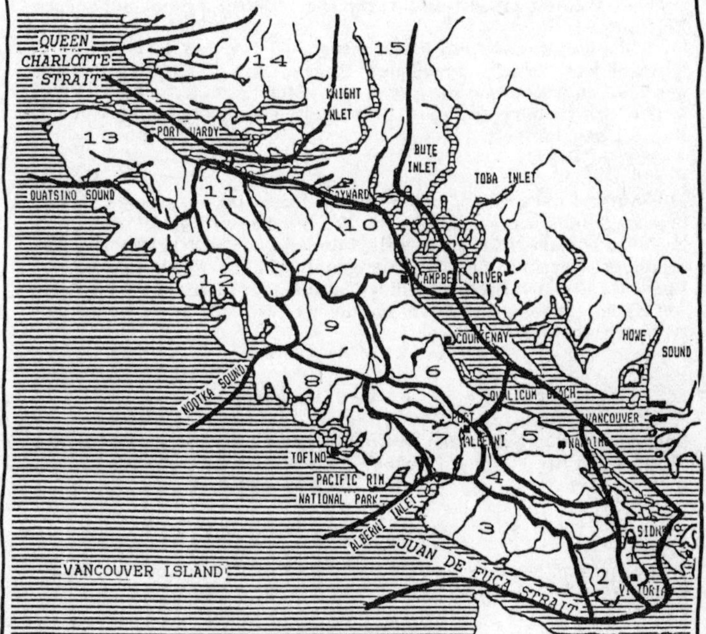

VANCOUVER ISLAND

Fang- und Besitzlimit

Die **Fangquoten** beziehen sich auf einen Tag.

Das **Besitzlimit** ist prinzipiell das Doppelte der Tagesfangquote.

Bei Datumsangaben bezieht sich die Limitierung nur auf diesen Zeitraum.

"0" bedeutet, daß kein Fisch entnommen werden darf.

Steelhead "wild" bezeichnet Fische, deren Fettflosse nicht beschnitten wurde und die somit unmarkiert sind.

Die Bestimmungen zum **Lachsfang** sind in einem eigenen Kapitel abgehandelt.

Um nicht ganz die Übersicht zu verlieren, ist das riesige Gebiet British Columbias (4fache Fläche der Bundesrepublik Deutschland) in **7 Fischereibezirke** aufgeteilt. Für jede dieser Regionen gelten besondere Bestimmungen und Fangquoten, die zu Beginn des jeweiligen Kapitels aufgeführt sind. Darauf folgen in alphabetischer Aufstellung solche Gewässer, für die weitere Sonderbestimmungen zu beachten sind.

Region 1 Vancouver Island

Fangquoten und besondere Bestimmungen

Trout und Char	30 cm -	- alle Fließgewässer	0
Brown Trout	40 cm -	- alle Fließgewässer	0
Cutthroat vom 1. Okt. - 31. Mai		- alle Fließgewässer	0
Trout	50 cm +	- alle Seen	1
Trout und Char und kombiniert		- alle Fließgewässer	2
		- alle Seen	4
		- alle Gewässer	4
Steelhead wild		- alle Gewässer	0
Steelhead markiert		- alle Gewässer	2
Kokanee		- alle Fließgewässer	0
		- alle Seen	25
Smallmouth Bass vom 1. - 31.5.		- alle Gewässer	0
vom 1.6-30.4		- alle Gewässer	4

In der ganzen Region sind ausschließlich **Einfachhaken ohne Widerhaken** erlaubt!

Vom 1. Mai bis 30. November ist die Verwendung tierischer und pflanzlicher Köder verboten!

Die **Jahresfangquote für Steelhead** in allen Gewässern BCs beläuft sich auf 10 Fische!

Sonderbestimmungen für bestimmte Gewässer

Amor De Cosmos Creek (1-10) ⇨ Bear River

Anderson Lake (1-6) Angelverbot vom Motorboot!

Ash River (1-7) Angelverbot vom Elsie Lake bis zur Markierung 200 m unterhalb der Lanternman Fälle vom 1.-30. April!

Bainbridge Lake (1-7) Angelverbot!

Bear River (1-10) Angelverbot von den oberen Fällen bis zu der Holzfällerbrücke (ca. 1 km)!

Big Qualicum River (1-6) ⇨ Qualicum River.

Bings Creek (1-4) Angelverbot!

Blue Grouse Lake (1-6) Angelverbot vom Motorboot!

Buttle Lake Einzugsgebiet (1-9) Angelverbot!

(Lower) Campbell Lake Einzugsgebiet und der Fjord unterhalb des Strathcona Damms (1-6) Angelverbot vom 15. April bis zum 15. Juli!

Campbell River (1-10) Angelverbot zwischen den Markierungen 100 m ober- und unterhalb des Kraftwerks! Cutthroat geschützt! Von den Elk Falls bis zu der Stromleitung nur Fliegenfischen erlaubt!

Carnation Creek und seine Zuflüsse (1-3) Angelverbot!

Catherine Creek (1-10) Angelverbot!

Caycuse River (1-3) stromauf und inklusive des Hatton Creeks vom 1. Oktober bis 30. April Angelverbot!

Auf der gleichen Strecke ist in der übrigen Zeit des Jahres nur Fliegenfischen erlaubt!

Chase River (1-5) Angelverbot!

Chemainus River (1-5) Angelverbot von den Copper Canyon Fällen bis zu der Markierung 100 m stromab!

Claude Elliot Creek (1-10) Angelverbot!

Colquitz River und seine Zuflüsse (1) Angelverbot!

Consort Creek und seine Zuflüsse (1-10) Angelverbot!

Cougar Lake (1-6) Angelverbot vom Motorboot!

Council Lake (1) Nur künstliche Fliegen erlaubt!

Cowichan River (1-4) Angelverbot vom Wehr am Abfluß des Sees bis zur CNR-Brücke (6 km) vom 15. November bis 15. April. Das gleiche gilt für seine Zuflüsse einschließlich des Holt Creeks. Brown Trout sind vom 1. Juli bis 15. April geschützt!

Von den Schildern 300 m unterhalb der E & N Eisenbahnbrücke bis zur CNR-Brücke (5 km stromab) zwischen dem 16. April und dem 14. November nur Fliegenfischen erlaubt! Sonst alle Köder! Fanglimit für Brown Trout sind 2 Fische

Craigflower Creek (1) und seine Zuflüsse Angelverbot!

Echo Lake Abfluß (1-6) Angelverbot!

Englishman River (1-5) Angelverbot von den unteren Fällen bis zur Markierung 100 m stromab! Cutthroat geschützt!

Von den Fällen bis zur Morrison Creek ist nur Fliegenfischen erlaubt!

Fairy Lake (1-3) 1. Oktober bis 30. April Angelverbot!

Finckle Lake (1-10) Nur künstliche Fliegen erlaubt!

Gold River und seine Zuflüsse (1-9). Angelverbot oberhalb und einschließlich des Muchalat Rivers. **"Special Waters"** Lizenz erforderlich!

Gordon River und seine Zuflüsse (1-3). Angelverbot oberhalb Bugaboo Creek (8 km von der Mündung)!

Harris Creek und seine Zuflüsse (1-3). Angelverbot oberhalb und einschließlich des Hemmingsen Creeks. **"Special Waters"** Lizenz erforderlich!

Haslam Creek (1-5) Vom 1. Dezember bis 15. Juni Angelverbot!

Healy (Panther) Lake (1-5) Angelverbot für den Abfluß! Nur künstliche Fliegen erlaubt!

Heber River (1-9) oberhalb des Canyonausgangs vom 1. November bis 30. April Angelverbot! **"Special Waters"** Lizenz erforderlich!

Helldiver Lake (1-6) Angelverbot vom Motorboot!

Hemmingsen Creek und seine Zuflüsse (1-3) Angelverbot!

John Hart Lake Zuflüsse einschließlich des Kanals unterhalb des Damms (1-10). Vom 15. April bis 15. Juni Angelverbot!

June Lake (1-7) Nur künstliche Fliegen erlaubt!

Keogh River (1-13) Angelverbot unterhalb des Fischzauns nahe der Mündung! Alle Köder erlaubt!

Langley Lake (1-6) Angelverbot vom Motorboot!

Little Qualicum River (1-6) Von den Fällen bis zum Kinkade Creek Angelverbot! Vom 1. September bis 30. November nur Fliegenfischen erlaubt! Sonst alle Köder erlaubt!

Loon Lake (1-7) Angelverbot vom Motorboot!

Lost Lakes (1-6) Angelverbot vom Motorboot!

Maple Lake (1-6) Angelverbot vom Motorboot!

Marble (Amazon, Link) River und seine Zuflüsse (1-13). Oberhalb des Alice Lakes Angelverbot!

Mayo Lake (1-4) Angelverbot!

Millstone River (1-5) Angelverbot zwischen Brannan Lake und der Pearson Brücke. Alle Köder erlaubt!

Nanaimo River (1-5) Von der Hochspannungsleitung stromauf bis zum und einschließlich des North Nanaimo Rivers (Deadwood Creek) Angelverbot! Cutthroat geschützt!

Nitinat River und Zuflüsse. Oberhalb Parker Creek Angelverbot!

Northy Lake (1-6) Angelverbot vom Motorboot!

Puntledge River (1-6) Angelverbot vom Einlauf des Kraftwerks bis 200 m unterhalb des Auslaufs, an dem Lachstunnel und von der Comox Logging Bridge bis zu den Wasserfällen! Cutthroat sind geschützt!

Qualicum River (1-6) Vom 1. Mai bis 15. Juni Angelverbot stromab der E & N Eisenbahnbrücke! Zwischen dem 15. September und 31. Oktober nur Fliegenfischen erlaubt! Alle Köder erlaubt!

Quinsam River und seine Zuflüsse (1-6). Angelverbot 25 m oberhalb und 300 m unterhalb des Quinsam Hatchery Weirs. Alle Köder erlaubt!

Regan Lake (1-6) Angelverbot vom Motorboot!

Rogers Creek (1-7) Angelverbot!

Rossiter Lake (1-6) Angelverbot vom Motorboot!

Salmon River und seine Zuflüsse (1-10) Angelverbot unterhalb des Big Tree Creeks!

San Juan River und seine Zuflüsse (1-3). Angelverbot unterhalb des Fleet Rivers! **"Special Waters"** Lizenz erforderlich!

Somass River (1-7) Alle Köder erlaubt.

Sooke River (1-2) Unterhalb der Fälle vom 1. September bis 30. Oktober nur Fliegenfischen erlaubt!

Sproat River (1-7) Vom Sproat Lake bis zu dem Schild 300 m unterhalb des Highways 4 herrscht vom 15. Juni bis 30. November Angelverbot!

Stamp River (1-7) Alle Köder erlaubt.

Taylor River (1-7) Vom 1. März bis 30. Juni Angelverbot!

Toy Lake (1-7) Nur künstliche Fliegen erlaubt!

Tsitika River (1-10) Ganzjähriges Angelverbot unterhalb des Catherine Creeks. Oberhalb des Bachs Angelverbot vom 1. November bis 30. April!

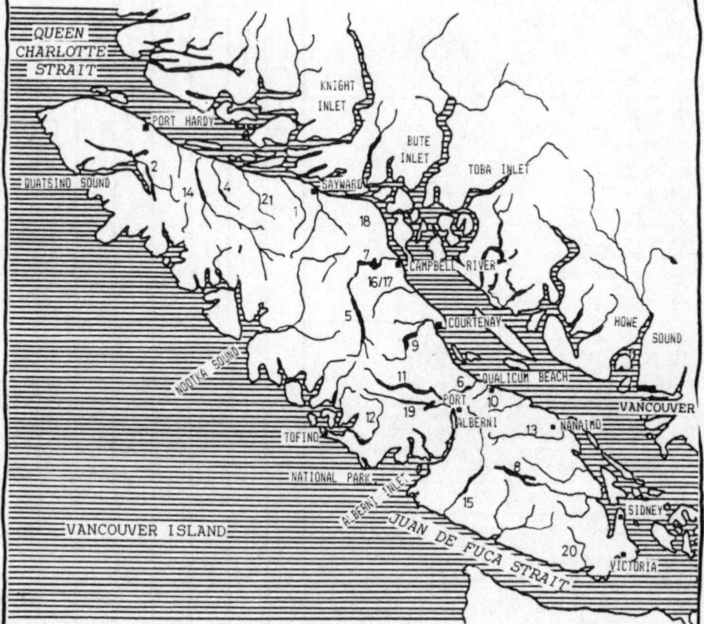

VANCOUVER ISLAND

II. SUßWASSER

1. VANCOUVER ISLAND

Bäche, Flüsse, Seen	KING SALMON	COHO SALMON	KOKANEE	STEELHEAD	RAINBOW	DOLLY+CHAR	LAKETROUT
01 Adam River	+	+		+	+	+	
02 Alice Lake	+	+		+	+	+	
03 Bear River	+	+		+	+	+	
04 Bonanza Lake					*	*	
05 Buttle Lake					*	*	
06 Cameron Lake			*		*		
07 Campbell River	*	*		+	+	+	
08 Cowichan Lake & River	*	*		*	*	*	
09 Comox Lake					+	+	
10 Englishman River	*	*		*	*	*	
11 Great Central Lake	+	+		+	+	+	
12 Kennedy Lake & River	+	+		+	+	+	
13 Nanaimo Lake & River	+	+		+	+	+	
14 Nimpkish Lake & River	+	+		+	+	+	
15 Nitinat Lake & River	+	+		+	+	+	
16 Qualicum River	*	*			*		
17 Quinsam River	+	+		*	+	+	
18 Roberts Lake					*		
19 Sproat Lake	+	+			+	+	
20 Sooke River					*	*	
21 Tsitika River	+	+			+	+	

Alle aufgeführten Gewässer auf Vancouver Island sind über die Straße zu erreichen und haben Campingplätze und Lodges (Motels) in der Nähe.

Tsolum River (1-6) Cutthroat geschützt!

Upper Campbell Lake Zuflüsse (1-6/9/10) Angelverbot!

White River und seine Zuflüsse (1-10). Angelverbot zwischen den Markierungen an der Besichtigungsstelle für Lachse!

Wild Deer Lake (1-4) Angelverbot vom Motorboot!

Willow Creek (1-6) Angelverbot!

Wowo Lake (1-6) Nur künstliche Fliegen erlaubt!

Woss River (1-11) Rainbow geschützt!

Region 2 Lower Mainland

Fangquoten und besondere Bestimmungen

Trout 30 cm -	- alle Fließgewässer	0
Steelhead wild	- alle Gewässer	0
Trout 50 cm +	- alle Fließgewässer	2
	- alle Seen	4
	- alle Gewässer	4
Kokanee	- alle Fließgewässer	0
	- alle Seen	8
Whitefish	- alle Gewässer	25
Sturgeon 100 cm - u. 200 cm +	- alle Gewässer	0
100 - 200 cm	- alle Gewässer	1

In allen Fließgewässern der Region sind ausschließlich **Einfachhaken ohne Widerhaken** erlaubt!

Zum **Störfischen** ist eine Sondererlaubnis (kostenlos) der Fischereibehörde erforderlich!

Das Angeln in den Seen des "University of British Columbia Forest Reserve" nahe Haney ist verboten!

Die **Jahresfangquote für Steelhead** in allen Gewässern BCs beläuft sich auf 10 Fische!

Sonderbestimmungen für einzelne Gewässer

Alice Lake (2-7) Fanglimit für Trout sind 2 Fische!

Alouette River und seine Zuflüsse (2-8). Unterhalb des Schilds nahe der Straße und unterhalb der 216. Str. ist vom 1. Mai bis 30. Juni das Angeln verboten!

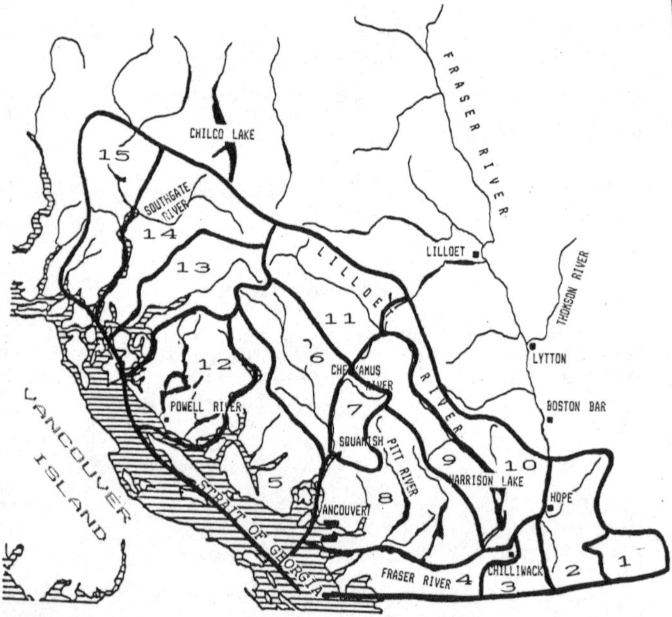

LOWER MAINLAND

Anderson Creek und seine Zuflüsse (2-8) Angelverbot!

Bear (Mahood) Creek und seine Zuflüsse. Unterhalb der Johnson Road Angelverbot!

Big Silver River (2-10) Vom 1. Mai bis 30. Juni Angelverbot!

Birkenhead River und seine Zuflüsse (2-11). Alle pflanzlichen und tierischen Köder sind verboten!

Brem River (2-13). Stromab der Markierung oberhalb der Fälle bis zu der Markierung 100 m unterhalb Angelverbot! Vom 1. Mai bis 31. Oktober nur künstliche Köder erlaubt!

Brohm Lake (2-7) Trout Limit sind 2 Fische.

Browning Lake (2-8) Trout Limit sind 2 Fische.

Brunette River und seine Zuflüsse (2-13). Zwischen Caribou Dam und Caribou Road Angelverbot!

Campbell River und seine Zuflüsse (2-4). Angelverbot unterhalb der 12. Str.! Vom 1. April bis 30. Juni auch oberhalb der Straße! Die Grenze des Süßwassergebietes ist die BCR-Brücke!

Capillano River und seine Zuflüsse (2-8). Angelverbot stromab des Schildes 100 m unterhalb der Fußgängerbrücke! Die Grenze des Süßwassergebiets ist die BCR-Brücke!

Cheakamus River (2-7) Vom 1. April bis 30. Juni Angelverbot zwischen der BCR-Brücke und der BC Hydro Bridge! Nur künstliche Köder erlaubt!

Chekye River (2-7) Angelverbot!

Chehalis River und seine Zuflüsse. Von dem Schild am Abfluß des Sees bis zur Brücke ganzjährig, unterhalb der Brücke vom 1. Mai bis 30. Juni Angelverbot!

Chilliwack/Vedder Rivers und ihre Zuflüsse 2-3/4). Angelverbot: unterhalb und einschließlich Slesse Creek; oberhalb Slesse Creek 1. Mai - 30. April. Steelhead wild vom 1. Juli bis 30. April stromab des Slesse Creeks geschützt! Mindestmaß für alle Trout ist 20 cm! Fanglimit sind 4 Trout über 20 cm, davon allerdings nur 2 Cutthroat über 30 cm!

Cogburn Creek und seine Zuflüsse (2-10). Angelverbot 1. Mai - 30. Juni!

Como Lake (2-8) Angelverbot!

Coquihalla River und seine Zuflüsse (2-2). Angelverbot oberhalb des unteren Tunnels 1. Oktober - 31. Juli; unterhalb des unteren Tunnels 1. Mai - 30. September. Steelhead unterhalb des Tunnels vom 1. August - 30. September geschützt! Nur Fliegenfischen erlaubt 1. August - 30. September!

Coquitlam Pitt (2-8). Fanglimit Trout - 2 Fische!

Coquitlam River (2-8). Angelverbot 1. Mai - 30. Juni unterhalb der Pitt River Road!

Deer Lake. Fanglimit Trout - 2 Fische!

Edith Lake (2-7). Fanglimit Trout - 2 Fische!

Elgin Lake und seine Zuflüsse (2-4). Angelverbot!

Erroch Lake (2-8). Fanglimit Trout - 2 Fische!

Fawn Lake (2-7). Fanglimit Trout - 2 Fische!

Fergus Creek und seine Zuflüsse (2-4). Angelverbot!

Foley Lake (2-3). Fanglimit Trout - 2 Fische!

Fraser River, Angelverbot von den Schildern 6 km südlich von Boston Bar bis Williams Creek, 3 km südlich des Hells Gate.
Die Grenze des Süßwassergebiets ist die CPR Brücke bei Mission. Drillinge und Doppelhaken erlaubt! Das Limit für Steelhead wild ist 1 Fisch täglich, doch nicht mehr als 2 pro Monat, vom 1. Mai - 30. November!

Frost Creek (2-3) Angelverbot 15. Oktober bis 15. April!

Gray Creek und seine Zuflüsse (2-5). Kein Schonmaß für Trout!

Hastings Creek und seine Zuflüsse (2-8). Angelverbot!

Hyland Creek und seine Zuflüsse (2-4). Angelverbot unterhalb der Johnson Road!

Indian River (2-8) 1. Mai - 31. Oktober nur künstliche Köder erlaubt!

Ivey (Horseshoe) Lake und seine Zuflüsse (2-11). 1. Dezember bis 31. März Angelverbot! Nur Einfachhaken ohne Widerhaken erlaubt! Nur künstliche Köder erlaubt! Rainbow geschützt!

Jones Lake Zuflüsse (2-3) Angelverbot!

Kanaka Creek (2-8) Angelverbot unterhalb der Fälle 1. Mai - 30. Juni!

Lightning Creek und seine Zuflüsse (2-1). Kein Schonmaß für Trout!

Little Muddy Creek (2-1). Angelverbot!

Little Stavamus Creek und seine Zuflüsse (2-8). Angelverbot!

Liumchen Creek (2-3). Unterhalb der untersten Fälle Angelverbot!

Lonzo (Marshall) Creek und seine Zuflüsse (2-4). Angelverbot!

Lynn Creek (2-8) Nur künstliche Köder erlaubt!

Mashiter Creek (2-7). Angelverbot!

Mike Lake (2-8). Fanglimit Trout - 2 Fische!

Mill Lake (2-4). Fanglimit Trout - 2 Fische!

Nahatlach River ⇨ Region 3, Thomson-Nicola.

Nathan (Beaver) Creek und seine Zuflüsse (2-4). Angelverbot unterhalb der Jackman Road.

Nicomekl River und seine Zuflüsse (2-4). Angelverbot oberhalb der Berry Road ganzjährig; unterhalb der Berry Road 1. April - 30. Juni. Angelverbot vom Motorboot! Die Grenze des Süßwassergebiets ist die BNR-Brücke!

North Alouette River (2-8). Angelverbot unterhalb der 5th Ave. vom 1. Mai - 30. Juni!

One Mile Lake (2-9) Angelverbot!

Phelix Creek und seine Zuflüsse (2-11) Angelverbot!

Pitt River und seine Zuflüsse (2-8). Angelverbot innerhalb des Garibaldi Parks! Die Grenze des Süßwassergebiets ist die CPR-Brücke!

Rolley Lake (2-8) Fanglimit für Trout - 2 Fische!

Ross Reservoir (2-2). Angelverbot 1. April - 14. Juni!

Ruby Creek und seine Zuflüsse (2-5). Angelverbot vom Abfluß bis zu den Schildern 100 m stromab!

Ruby Lake (2-5). Fanglimit Trout - 2 Fische!

Salmon River und seine Zuflüsse (2-4). Angelverbot unterhalb der Livingston Road!

Salsbury Lake (2-8). Nur künstliche Köder erlaubt! Kein Schonmaß für Trout! Fanglimit Trout - 2 Fische! Kokanee geschützt!

Sardis Park Pond (2-4). Angelverbot!

Scottia Creek und seine Zuflüsse (2-11). Angelverbot!

Serpentine River und seine Zuflüsse (2-4). Angelverbot oberhalb der 168. St. ganzjährig; unterhalb der 168 St. 1. April - 30. Juni; Angelverbot vom Motorboot oberhalb "dyke gates".

Seymour River und seine Zuflüsse (2-8). Angelverbot zwischen den Schildern an der Pipeline Brücke! Die Grenze des Süßwassergebiets ist die BNR-Brücke!

Shovelnose Creek und seine Zuflüsse (2-6). Angelverbot!

Silver (Silverhope) Lake (2-2). Angelverbot oberhalb Sowerby Creek ganzjährig; unterhalb Sowerby Creek 1. - 31. Mai und 1. August - 31. November; Steelhead geschützt 1. Juni - 31. Juli; nur künstliche Köder unterhalb Sowerby Creek 1. Juni - 31. Juli!

Similkameen River und seine Zuflüsse (2-1). Kein Schonmaß für Trout!

Skagit River und seine Zuflüsse (2-2). Unterhalb Skaist River kein Schonmaß für Trout! Angelverbot 1. April - 14. Juni! Nur künstliche

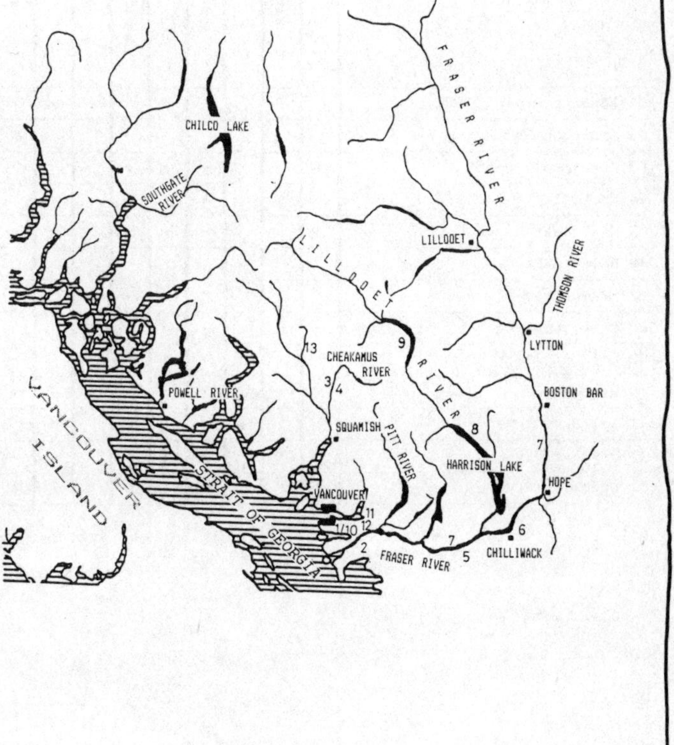

LOWER MAINLAND

2. LOWER MAINLAND

Bäche, Flüsse, Seen	KING SALMON	COHO SALMON	KOKANEE	STEELHEAD	RAINBOW	DOLLY+CHAR	LAKETROUT	BURBOT	STURGEON
01 Aluette River	+	+		+	+	+		+	+
02 Anderson Lake					+				
03 Checamus River	+	+		+	+	+			
04 Chehalis River		*		*	+	+			
05 Chilliwak River	+	+		+	+	+		+	+
06 Foley Lake					+	+			
07 Fraser River	*	*		*	+	+		*	*
08 Harrison Lake	+	+		+	+	+		+	+
09 Lilloet River	+	+		+	+	+		+	+
10 Pitt River	+	+		+	+				+
11 Salsbury Lake			+		+	+		+	
12 Seymour River	*	*		+	+			+	+
13 Squamish River	*	*		*	+				+

Alle aufgeführten Gewässer sind über die Straße zu erreichen und haben Campingplätze und Lodges (Motels) in der Nähe.

Köder erlaubt! Oberhalb und inklusive Skaist River kein Schonmaß für Trout!

Squamish River Zuflüsse (2-6/7). Angelverbot für Ashlu Creek, Elaho River, Mamquam River und Pillchuk Creek! Nur künstliche Köder erlaubt!

Stanley Lake (2-6) Fanglimit Trout - 2 Fische!

Statlu River und seine Zuflüsse (2-9). Angelverbot!

Surrey Pit (2-4). Fanglimit Trout - 2 Fische!

Sweltzer Creek und seine Zuflüsse (2-3). Angelverbot!

Taillifer Creek (2-11). Angelverbot 1. Mai - 30. Juni.

Tamihi Creek (2-3). Angelverbot unterhalb der letzten Fälle!

Trout Lake in Vancouver. Fanglimit Trout - 2 Fische!

Twin Lakes und ihre Zuflüsse (2-8). Angelverbot!

Vedder River (2-3) ⇨ Chilliwack River.

Weaver Lake und Creek und seine Zuflüsse (2-9). Angelverbot von dem Schild am Weaver Lake bis zum Sakwi Creek!

Whonock Lake (2-8). Fanglimit Trout - 2 Fische!

Region 3 Thompson - Nicola

Fangquoten und besondere Bestimmungen

Steelhead	alle Gewässer	1
Trout (inkl. Steelhead) 50 cm +	alle Gewässer	1
Trout (alle Arten, alle Größen)	alle Fließgewässer	4
	alle Seen	6
	alle Gewässer	6
Kokanee	alle Fließgewässer	0
	alle Seen	15
Whitefish	alle Gewässer	15
Burbot	alle Gewässer	10
Sturgeon 100 cm -	alle Gewässer	0
100 cm +	alle Gewässer	1

THOMPSON - NICOLA

Generelles Angelverbot für alle Fließgewässer zwischen dem 1. Januar und dem 30. Juni!

Die Jahresfangquote für Stör beträgt 3 Fische! Die Jahresfangquote für Steelhead beträgt 10 Fische, jedoch nicht mehr als 2 Fische pro Monat!

Sonderbestimmungen für einzelne Gewässer

Adams Lake (3-37). Angelverbot nördlich der Mündung des Momich Rivers!

Adams River (3-37/42). Nur Einfachhaken ohne Widerhaken erlaubt! Nur künstliche Köder erlaubt! Mindestmaß für Trout 30 cm! Fanglimit Trout - 2 Fische!

Albreda River (3-43). Angelverbot!

Amphitheatre Lake (3-27). Angelverbot 1. Dezember - 30. April! Nur Einfachhaken ohne Widerhaken erlaubt! Nur künstliche Köder erlaubt!

Andy Lake (3-27). Angelverbot 1. Dezember - 30. April!

Antler Lake (3-19). Fangquote für Trout - 8 Fische!

Aylmer (Star) Lake (3-27). Angelverbot!

Badger Lake (3-27). Angelverbot 1. Dez. - 30. April! Nur Einfachhaken ohne Widerhaken erlaubt! Nur künstliche Köder erlaubt!

Big Bar Creek unterhalb des Sees (3-31). Saison ganzjährig!

Big Divide Lake (3-18). Angelverbot!

Blackwater Creek (3-33). Angelverbot!

Blackwell Lake (3-20). Angelverbot 1. Dezember - 30. April!

Blue Lake (3-20). Angelverbot 1. Dezember - 30. April! Nur künstliche Fliegen erlaubt! Fangquote Trout - 2 Fische!

Bolean Lake (3-26). Fangquote Trout - 8 Fische!

Bonaparte River (3-30). Angelverbot unterhalb der Fälle! Mindestmaß Trout 25 cm!

Bridge River (3-33). Angelverbot oberhalb des Yalakom Rivers! Nur Einfachhaken ohne Widerhaken erlaubt! Mindestmaß Trout - 25 cm!

Bulman Lake (3-20). Angelverbot 1. Dezember - 30. April! Nur künstliche Köder erlaubt. Nur Einfachhaken ohne Widerhaken erlaubt!

Campbell Lake (3-20). Fanglimit Trout - 2 Fische!

Caverhill Lake (3-20). Fanglimit Trout - 2 Fische!

Cayoosh Creek (3-26). Steelhead vom 1. Januar - 30. Juni unterhalb der Fälle geschützt! Mindestmaß Trout - 25 cm! Fangquote Trout - 8 Fische!

Chase Creek (3-26). Fangquote Trout - 8 Fische!

Clearwater River (3-46). Angelverbot von den Fällen 1,5 km stromauf zwischen dem 1. Dezember und dem 15. Juli! Angelverbot vom Motorboot unterhalb des Clearwater Lakes!

Nur Einfachhaken ohne Widerhaken erlaubt! Mindestmaß Trout - 30 cm!

Clinton Creek (3-30/31). Saison ganzjährig. Fangquote Trout - 8 Fische.

Coldwater River (3-13). Angelverbot 1. Januar - 31. Mai! Mindestmaß Trout 25 cm!

Community Lake (3-27). Angelverbot 1. Dezember - 30. April! Nur künstliche Köder erlaubt! Nur Einfachhaken ohne Widerhaken erlaubt! Fanglimit Trout - 2 Fische!

Corbett Lake (3-12). Angelverbot 1. Dezember - 30. April! Nur künstliche Fliegen erlaubt! Fanglimit Trout - 2 Fische!

Crazy Creek (3-35). Angelverbot unterhalb der Fälle 1. Juli - 30. September!

Cutoff Valley Creek (3-30/31). Saison ganzjährig! Fanglimit Trout - 8 Fische!

Deadman River unterhalb Mowich Lake (3-29). Mindestmaß Trout - 25 cm!

Dixon Lake (3-38). Alle Köder erlaubt! Fanglimit Trout - 16 Fische!

Dominic Lake (3-19) Angelverbot 1. Dezember - 30. April!

Eagle River (3-34). Angelverbot unterhalb Griffin Lake 1. Januar - 31. Mai! Nur Einfachhaken ohne Widerhaken erlaubt! Mindestmaß Trout - 30 cm! Fangquote Trout - 2 Fische!

Ellen Lake (3-12). Fanglimit Trout - 8 Fische!

Emar Lake (3-39). Nur Einfachhaken ohne Widerhaken erlaubt! Nur künstliche Köder erlaubt! Fanglimit Trout - 8 Fische!

Ernet Lake (3-20). Angelverbot 1. Dezember - 30. April! Nur künstliche Fliegen erlaubt! Fanglimit Trout - 2 Fische!

Fiftynine Creek (3-30/31). Saison ganzjährig! Fanglimit Trout - 2 Fische!

Fiftyseven Creek (3-30-31). Saison ganzjährig! Fanglimit Trout - 2 Fische!

Fraser River (3-14/17/31) ⇨ Thompson River.
Oberhalb des Thompson River: Steelhead vom 1. Januar - 30. Juni geschützt! Unterhalb des Thompson River: Angelverbot 1. Januar - 30. Juni. Zwischen den Schildern 6 km südlich von Boston Bar und dem Williams Creek 3 km südlich des Hells Gate ganzjähriges Angelverbot!
Vom Thompson River bis zur CNR-Brücke unterhalb Lytton **"Special Waters"** Lizenz erforderlich!

Friendly Lake (3-39). Fanglimit Trout - 8 Fische!

Garcia Lake (3-13). Angelverbot!

Gem Lake Fanglimit Trout - 2 Fische!

Goose Lake (3-39). Fanglimit Trout - 16 Fische!

Grant Lake (3-30). Fanglimit Trout - 2 Fische!

Guichon Lake (3-18). Angelverbot 1. Januar - 31. Mai! Mindestmaß Trout unterhalb Mamit Lake - 25 cm!

Hadlow Lake (3-27). Angelverbot 1. Dezember - 30. April!

Halamore Lake (3-38). Fang- und Besitzlimit - 16 Fische!

Harper Creek (3-38). Angelverbot 1. Juli - 30. September.

Harper Lake (3-26). Angelverbot 1. Dezember - 30. April! Nur Einfachhaken ohne Widerhaken erlaubt! Nur künstliche Köder erlaubt! Fanglimit Trout - 2 Fische!

Hat Creek (3-17). Saison ganzjährig! Fanglimit für Trout - 2 Fische!

Hatheume Lake (3-12). Angelverbot 1. Dezember - 31. Mai! Nur Einfachhaken ohne Widerhaken erlaubt! Nur künstliche Köder erlaubt! Fanglimit Trout - 2 Fische!

Hemp Creek (3-45). Saison ganzjährig! Fanglimit Trout - 2 Fische!

Hihium Lake (3-30). Angelverbot 1. Dezember - 30. April! Nur Einfachhaken ohne Widerhaken erlaubt! Nur künstliche Köder erlaubt!

Hosli Lake (3-20). Angelverbot 1. Dezember - 30. April! Nur künstliche Köder erlaubt! Nur Einfachhaken ohne Widerhaken erlaubt! Fanglimit Trout - 2 Fische!

Hudson Bay Lake (3-30). Nur Einfachhaken ohne Widerhaken erlaubt! Nur künstliche Köder erlaubt! Fanglimit Trout - 2 Fische!

Hyas Lake (3-27). Angelverbot 1. Dezember - 30. April!

Island Lake (3-18). Angelverbot 1. Dezember - 30. April! Nur künstliche Fliegen erlaubt! Fanglimit Trout - 2 Fische!

Island Lake (3-28). Fanglimit Trout - 8 Fische!

Italia Lake (3-39). Fang- und Besitzlimit Trout - 16 Fische!

Jacko Lake (3-19). Angelverbot 1. Dezember - 30. April!

Janice (Long Island) Lake Angelverbot 1. Dezember - 30. April! Nur künstliche Köder erlaubt! Nur Einfachhaken ohne Widerhaken erlaubt! Fanglimit Trout - 8 Fische!

Jimmy Lake (3-20). Angelverbot 1. Dezember - 30. April! Nur künstliche Köder erlaubt! Nur Einfachhaken ohne Widerhaken erlaubt! Fanglimit Trout - 2 Fische!

John Frank Lake (3-20). Angelverbot 1. Dezember - 30. April! Nur künstliche Köder erlaubt! Nur Einfachhaken ohne Widerhaken erlaubt!

Johnny Lake (3-39). Fanglimit Trout - 8 Fische!

Keith Lake (3-30). Fanglimit Trout - 8 Fische!

Latremouille Lake (3-39). Fanglimit Trout - 8 Fische!

Laurel Lake (3-39). Fanglimit Trout - 8 Fische!

Leighton Lake (3-18). Angelverbot 1. Dezember - 30. April! Nur künstliche Köder erlaubt! Nur Einfachhaken ohne Widerhaken erlaubt!

Little McGillivray Lake (3-27). Fang- und Besitzlimit Trout - 16 Fische!

Loon Lake (3-30). Angelverbot nordöstlich des Zeichens nahe der Mündung des Thunder Creek!

Angelverbot 1. Dezember - 30. April innerhalb der Markierungen am Abfluß!

Lorna Lake (3-39). Fanglimit Trout - 8 Fische!

Lynn Lake (3-39). Angelverbot 1. Dezember - 30. April!

Mahood River (3-46). Mindestmaß Trout - 30 cm! Fanglimit Trout - 2 Fische!

Maka Creek (3-13). Mindestmaß Trout - 25 cm!

McGillivray Lake (3-27). Nur künstliche Köder erlaubt! Nur Einfachhaken ohne Widerhaken erlaubt!

Meadow Creek (3-19). Fanglimit Trout - 8 Fische!

Meadow Lake (3-39). Fanglimit Trout - 8 Fische!

Monte Creek (3-20). Saison ganzjährig! Fanglimit Trout - 8 Fische!

Moore Creek (3-19). Saison ganzjährig! Fanglimit Trout - 8 Fische!

Moose Lake (3-39). Fang- und Besitzlimit Trout - 16 Fische!

Morrisey Lake (3-27). Nur künstliche Köder erlaubt! Nur Einfachhaken ohne Widerhaken erlaubt!

Murtle River (3-15). Saison ganzjährig! Fanglimit Trout - 8 Fische!

Nahatlach River (3-15). Angelverbot stromab des Sees bis zum Schild. Steelhead wild geschützt! Nur Einfachhaken ohne Widerhaken erlaubt! Mindestmaß Trout - 30 cm. Fanglimit Trout - 2 Fische!

Nicola River unterhalb des Nicola Lake (3-12/13). Angelverbot 1. Januar - 31. Mai! Mindestmaß Trout - 25 cm!

North Thompson River Saison ganzjährig! Mindestmaß Trout - 30 cm!

Nugget Lake (3-20). Angelverbot 1. Dezember - 30. April! Nur Einfachhaken ohne Widerhaken erlaubt! Nur künstliche Köder erlaubt!

Paradise Lake (3-12). Fanglimit Trout - 8 Fische!

Pass Lake (3-29). Angelverbot 1. Dezember - 30. April! Nur künstliche Fliegen erlaubt! Fanglimit Trout - 2 Fische!

Paul Creek unterhalb des Paul Lake (3-27). Angelverbot!

Pennask Creek und Lake (3-12). Angelverbot oberhalb des Sees! Angelverbot 1. Dezember - 30. April im restlichen Gebiet! Nur künstliche Fliegen erlaubt!

Peterhope Lake (3-26). Angelverbot 1. Dez. - 30. April! Nur Einfachhaken ohne Widerhaken erlaubt! Nur künstliche Köder erlaubt!

Pillar Lake (3-26). Angelverbot 1. Dezember - 30. April!

Pimainus Lake (3-18). Fanglimit Trout - 8 Fische!

Pinnacle Lake (3-12). Angelverbot 1. Dezember - 30. April!

Pioneer Lake (3-30). Nur künstliche Köder erlaubt! Nur Einfachhaken ohne Widerhaken erlaubt!

Pringle Creek (3-20). Saison ganzjährig!

Prospect Creek (3-13). Mindestmaß Trout - 25 cm!

Quiltanton Lake (3-18). Fang- und Besitzlimit Trout - 16 Fische!

Randy Lake (3-28). Fanglimit Trout - 8 Fische!

Roche Lake (3-20). Angelverbot 1. Dezember - 30. April!

Rock Island Lake (3-39). Nur Einfachhaken ohne Widerhaken erlaubt! Nur künstliche Köder erlaubt! Angelverbot 1. Dezember - 30. April! Fanglimit Trout - 8 Fische!

Roscoe Lake (3-18). Fanglimit Trout - 8 Fische.

Rossmore Lake (3-19). Angelverbot 1. Dezember - 30. April! Nur künstliche Köder erlaubt! Nur Einfachhaken ohne Widerhaken erlaubt!

Rouse Lake (3-12). Fanglimit Trout - 8 Fische!

Salmon Lake (3-12). Angelverbot 1. Dezember - 30. April! Nur künstliche Fliegen erlaubt!

Schneider Lake (3-30). Fanglimit Trout - 8 Fische!

Saul Lake (3-29). Fanglimit Trout - 8 Fische!

Secret Lake (3-30). Fanglimit Trout - 8 Fische!

Seton River (3-16). Saison ganzjährig! Mindestmaß Trout - 25 cm! Steelhead vom 1. Januar bis 30. Juni geschützt!

Seymour River (3-36). Angelverbot 1. Januar - 31. Mai!

Shuswap Lake (3-26/36/37).
Östlich einer Linie zwischen den Markierungen bei Murdock- und Semaphore Point - Angelverbot 15. März - 31. Mai. Das ganze Gebiet nördlich von Albas - Angelverbot - 15. März - 31. Mai. Westlich einer Linie von Cruikshank Point nach Lee Creek: Angelverbot 15. März - 31. Mai! Nur künstliche Köder erlaubt! Mindestmaß Trout - 30 cm! Fanglimit Trout - 2 Fische!

Sicily Lake (3-19). Angelverbot 1. Dezember - 31. März.

Six Mile Lake (3-19). Angelverbot 1.Dezember - 31. März.

Skinny Lake (3-30). Fanglimit Trout - 8 Fische!

South Barriere Lake (3-38). Fang- und Besitzlimit Trout - 16 Fische!

South Thompson River (3-20/26). Nur Einfachhaken ohne Widerhaken erlaubt! Saison ganzjährig!

Spius Creek (3-13). Mindestmaß Trout - 25 cm!

Spooney Lake (3-27). Angelverbot 1. Dezember - 30. April! Nur künstliche Köder erlaubt! Nur Einfachhaken ohne Widerhaken erlaubt!

Spruce Lake (3-32). Nur künstliche Fliegen erlaubt! Angelverbot 1. Dezember - 30. April!

Stein River (3-16). Mindestmaß Trout - 25 cm! Steelhead geschützt 1. Januar - 30. Juni!

Surrey Lake (3-19). Fanglimit Trout - 8 Fische!

Sussex Lake (3-19). Fanglimit Trout - 8 Fische!

Taweel Lake (3-39). Fanglimit Trout - 8 Fische!

Texas Creek (3-16). Saison ganzjährig! Fanglimit Trout - 8 Fische!

Thelma Lake (3-39). Fanglimit Trout - 8 Fische!

Thompson River (3-13/18). Angelverbot 1. Januar - 31. Mai! Mindestmaß Trout 30 cm!
Unterhalb des Kamloops Lake Angelverbot vom Motorboot und **"Special Waters"**-Lizenz erforderlich!

Thuya Lake (3-28). Fanglimit Trout - 8 Fische!

Tintlhohtan (Tuloon) Lake (3-39). Fanglimit Trout - 8 Fische!

Trails End Lake (3-28). Fanglimit Trout - 8 Fische!

Tranquille Creek (3-29). Saison ganzjährig! Fanglimit Trout - 8 Fische!

Heilbuttfang am Homer Spit

3. THOMSON - NICOLA

Bäche, Flüsse, Seen	KING SALMON	COHO SALMON	KOKANEE	STEELHEAD	RAINBOW	DOLLY+CHAR	LAKETROUT	BURBOT	STURGEON
01 Adams Lake & River				*	*	+		+	
02 Bonaparte Lake & River	+	+		+	+	+		+	
03 Bridge Lake & River	+	+		+	+	+	*	+	+
04 Canim Lake					+		+	+	
05 Fraser River	+	+		+	+	+		+	
06 Green Lake			*		+	+		+	
07 Horse Lake			*		+	+		+	
08 Hudson Bay Lake			+		+			+	
09 Janice Lake					*	*		+	
10 Loon Lake			*		*	+		+	
11 Mahood River	+	+		+	+	+	+	+	
12 Nicola River	+	+		+	+	+		+	+
13 North Thomson River	*	*		*	*	*		+	
14 Salmon River	+	+		+	+	+		+	
15 Shuswap Lake	+	+		+	+	+		+	
16 South Thomson River	*	*		+	+	+		+	+
17 Stein River		+		*	*				
18 Thomson River	+	+		+	+	+		+	+

Alle aufgeführten Gewässer sind über die Straße zu erreichen und haben Campingplätze und Lodges (Motels) in der Nähe.

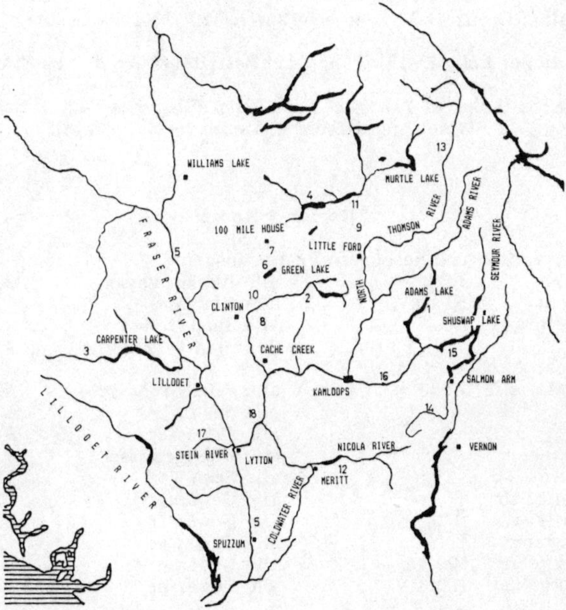

THOMPSON - NICOLA

Tranquille Lake (3-29). Fanglimit Trout - 8 Fische!

Trout Creek (3-46). Angelverbot 1. Juli - 30. September!

Tunkawa Lake (3-18). Angelverbot 1. Dezember - 30. April!

Walter Creek (3-32). Angelverbot 1. Juli - 30. September!

Walloper Lake (3-19). Fang- und Besitzlimit Trout - 16 Fische!

Warren Lake (3-27). Nur künstliche Fliegen erlaubt! Fanglimit Trout - 2 Fische! Angelverbot 1. Dezember - 30. April!

Region 4 Kootenay

Fangquoten und besondere Bestimmungen

Trout	30 cm +	alle Fließgewässer	2
Trout	50 cm +	alle Gewässer	1
Cutthroat		alle Seen in den Gebieten 4-22/23/24	4
Trout kombiniert, alle Arten, alle Größen		alle Fließgewässer	4
		alle Seen	6
		alle Gewässer	6
Kokanee		alle Fließgewässer	0
		alle Seen	15
Whitefish		alle Gewässer	25
Walleye		alle Gewässer	8
Burbot		alle Gewässer	15
Sturgeon	100 cm -	alle Gewässer	0
Sturgeon	100 cm +	alle Gewässer	1

Die **Jahresfangquote für Stör** ist 1 Fisch!
Schonzeit für Trout in allen Fließgewässern: vom 4. November - 14. Juni!

Sonderbestimmungen für einzelne Gewässer

Alces Lake (4-24). Angelverbot 1. Dezember - 30. April! Nur künstliche Fliegen erlaubt!

Akolkolex Lake (4-33). Nur künstliche Köder erlaubt - 15. Juni - 31. Oktober! Mindestmaß Trout 30 cm!

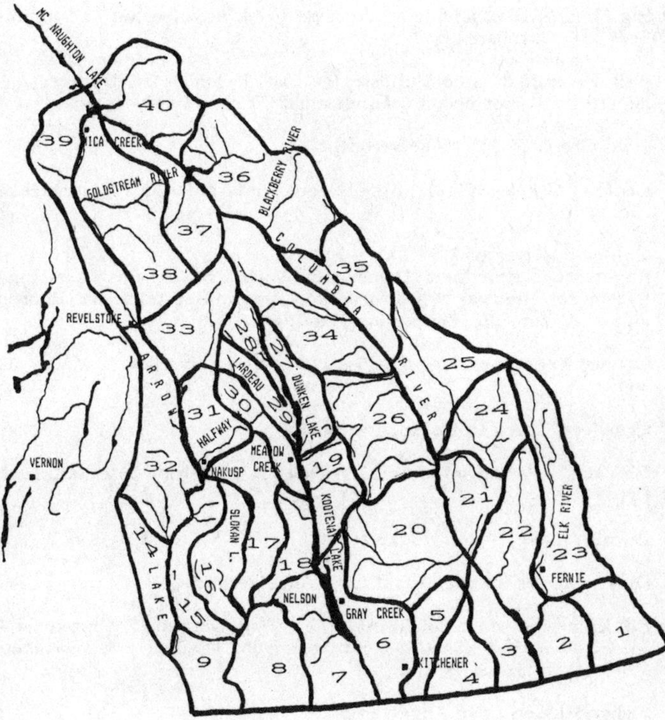
MC NAUGHTON LAKE
MICA CREEK
GOLDSTREAM RIVER
BLACKBERRY RIVER
COLUMBIA RIVER
REVELSTOKE
ARROW LAKE
LARDEAU
DUNKEN LAKE
HALFWAY
NAKUSP
MEADOW CREEK
VERNON
SLOKAN L.
KOOTENAY LAKE
NELSON
GRAY CREEK
KITCHENER
ELK RIVER
FERNIE
1
2
3
4
5
6
7
8
9
14
15
16
17
18
19
20
21
22
23
24
25
26
27
28
29
30
31
32
33
34
35
36
37
38
39
40

KOOTENAY

Arrow Park Creek (4-32). Angelverbot!

Beaver Creek (4-8). Angelverbot 1. September - 30. Oktober!

Big Sheep Creek und seine Zuflüsse (4-9). Angelverbot 1. September - 31. Oktober!

Bull River und seine Zuflüsse (4-22). 15. Juni - 31. Oktober nur künstliche Köder erlaubt! Mindestmaß Trout 30 cm!

Coal Creek (4-23). Angelverbot!

Coffee Creek (4-18). Angelverbot unterhalb des Wasserfalls (Zeichen)!

Columbia River (4-8/9/38).
Angelverbot vom Mica Damm zum Mica Creek; vom Revelstoke Damm zur Highway 1 - Brücke von der Anlegestelle der Robson Fähre bis zur CPR-Brücke bei Castlegar.

Connor Lake und seine Zuflüsse (4-23). Angelverbot 1. Mai - 30. Juni!

Crawford Creek (4-6). Angelverbot!

Cultus Creek und seine Zuflüsse (4-7). Angelverbot unterhalb Laib Creek!

Dorothy Lake (4-26). Angelverbot!

Duncan River und seine Zuflüsse. Angelverbot!

Elk River und seine Zuflüsse (4-2/23). Angelverbot 15. September - 31. Oktober! Nur künstliche Köder erlaubt 15. Juni - 31. Oktober! Mindestmaß Trout 30 cm!

Fisher Maiden Lake Angelverbot!

Flathead River (4-1). Mindestmaß Trout 30 cm! Fanglimit Dolly Varden - 1 Fisch! Nur künstliche Köder erlaubt 15. Juni - 30. Oktober!

Flathead River Zuflüsse (4-1). Angelverbot 15. September - 31. Oktober! Dolly Varden geschützt! Mindestmaß Trout - 30 cm! Nur künstliche Köder erlaubt 15. Juni - 31. Oktober!

Forsyth Creek (4-23). Angelverbot stromab des Connor Lakes!

Goat River und seine Zuflüsse (4-6). Nur künstliche Köder erlaubt 15. Juni - 31. Oktober! Mindestmaß Trout - 30 cm!

Halfway River (4-31). Angelverbot unterhalb der Schilder am Wasserfall, 11 km vom Arrow Lake!

Hill Creek (4-31). Angelverbot!

Idlewild Lake (4-3) Angelverbot!

Illecilleweat River (4-33). Angelverbot unterhalb des Greeley Creeks!

Jade Lake (4-34). Nur künstliche Fliegen erlaubt!

Jordan River (4-39). Angelverbot unterhalb des Copeland Creeks!

Kaslo River (4-18). Angelverbot unterhalb des Keen Creeks!

Keen Creek (4-18). Angelverbot unterhalb des Wasserfalls!

Kitchener Creek (4-6). Angelverbot 1. September - 31. Oktober!

Kootenay Lake
1. Hauptarm (östlich einer Linie zwischen den Ufern bei Balfour Point und Proctor Lighthouse): Angelverbot nördlich einer Linie zwischen den Zeichen bei Argenta und Mosquito Landing!
Angelverbot nördlich einer Linie zwischen Lost Ledge Creek und Salisbury Creek - 1. Februar - 10. Juni! Fanglimit Trout - 4 Fische! Fanglimit Kokanee 25 cm - 5 Fische! Jahresfangquote für Rainbow über 40 cm - 5 Fische!
2. Westarm (restlicher See): Rainbow vom 1. Januar - 31. Mai geschützt! Kokanee geschützt! Nur künstliche Fliegen erlaubt 1. Juni - 31. August! Fanglimit Trout - 4 Fische!

Kootenay River
1. Oberhalb und inklusive des White Rivers und seiner Zuflüsse: Nur künstliche Köder erlaubt 15. Juni - 31. Oktober! Mindestmaß Trout - 30 cm!
2. Von der CPR-Brücke nahe Creston bis zu einer Stelle 2 km stromab herrscht Angelverbot!
3. Unterhalb des Corra Linn Damms - Angelverbot 1. Januar - 30. April!

Kuskanax Creek (4-31). Unterhalb des Wasserfalls, 6 km vom Arrow Lake - Angelverbot!

Lardeau River und seine Zuflüsse (4-29/30). Angelverbot für den Poplar Creek oberhalb der Schilder 5 km von der Mündung!

Lemon Creek (4-17) Angelverbot!

Line Creek und seine Zuflüsse (4-23). Angelverbot!

Little Sheep Creek Angelverbot 1. September - 31. Oktober.

Loon Lake (4-2). Angelverbot 1. Dezember - 30. April!

McKenzie Creek (4-31). Angelverbot!

Midge Creek (4-7). Angelverbot unterhalb des Seeman Creek!

Nobury Creek (4-22) Angelverbot!

Norns Creek (4-15). Angelverbot unterhalb des Wasserfalls, 2 km vom Columbia River!

Premier Lake (4-21). Fanglimit Trout - 4 Fische!

Rock Island Lake Angelverbot!

St. Mary River und seine Zuflüsse (4-20). Unterhalb des Sees nur Fliegenfischen erlaubt! Nur künstliche Köder erlaubt! Mindestmaß Trout - 30 cm!

Salmon River und seine Zuflüsse (4-8). Mindestmaß Trout - 30 cm! Nur künstliche Köder erlaubt!

Schroeder Creek (4-18) Angelverbot!

Silverton Creek (4-17). Angelverbot!

Skookumchuk River und seine Zuflüsse (4-20). Mindestmaß Trout - 30 cm! Nur künstliche Köder erlaubt 15. Juni - 31. Oktober!

Slewiskin Creek und seine Zuflüsse (4-15) Angelverbot!

Slocan River (4-17). Zwischen der Slocan Park Fußgängerbrücke und der Crescent Valley Brücke ist nur Fliegenfischen erlaubt!

Außerdem sind vom 15. Juni - 31. Oktober nur künstliche Köder erlaubt! Mindestmaß Trout - 30 cm!

Snow Creek (4-15). Angelverbot stromab des Hailcreeks bis zur Highway 6 Brücke!

Summit Creek und seine Zuflüsse (4-7). Angelverbot 15. Juni - 15. Juli!

Tamarack Lake (4-20). Nur künstliche Fliegen erlaubt!

Tonkawatla Creek (4-39). Angelverbot!

Trout Lake (4-29). Angelverbot nordwestlich einer Linie zwischen den Schildern an den gegenüberliegenden Ufern, etwa 1,5 km südöstlich von Trout Lake City - 1. Februar - 31. Mai!

Valenciennes River (4-36). Angelverbot!

Whatshan River und seine Zuflüsse (4-17). Angelverbot oberhalb des Sees!

White River ⇨ Kooteney River.

Whiteswan Lake (4-24). Fanglimit Trout - 4 Fische!

Whiteswan Lake Zu- und Abflüsse (4-24). Angelverbot!

Whitetail Lake (4-26). Angelverbot in allen Zu- und Abflüssen! Nur Einfachhaken ohne Widerhaken erlaubt! Nur künstliche Köder erlaubt! Mindestmaß Rainbow 40 cm! Fanglimit Rainbow - 1 Fisch!

Wigwam River und seine Zuflüsse (4-2). Nur Fliegenfischen oberhalb und einschließlich des Bighorn Creeks! Mindestmaß Trout 30 cm! Nur künstliche Köder erlaubt 15. Juni - 31. Oktober!

Wilkie Creek (4-30). Angelverbot!

Wilson Creek (4-17). Angelverbot unterhalb Burkitt Creek!

4. KOOTENAY

Bäche, Flüsse, Seen	WALLEYE	KOKANEE	RAINBOW	DOLLY + CHAR	LAKETROUT	BURBOT	STURGEON
01 Arrow Lakes	+	+	+	+	+	+	+
02 Bull River	+		*	+			+
03 Bush River			+	+			
04 Columbia River	+	+	+	+		+	*
05 Elk River	+		+	+		+	+
06 Kootenay Lake & River	+		*	+	+	+	
07 St. Mary River	+		+	+	+	+	
08 Trout Lake	+		+	+	+	+	

Alle aufgeführten Gewässer sind über die Straße zu erreichen und fast überall befinden sich Campingplätze und Lodges (Motels) in der Nähe.

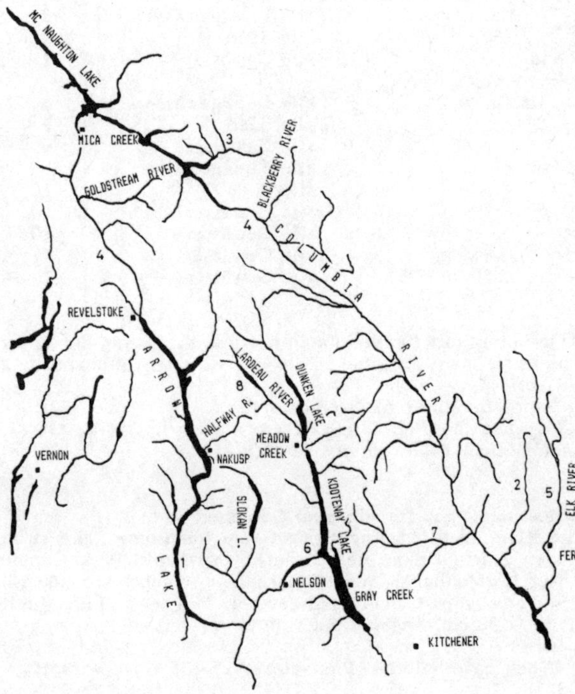
MC NAUGHTON LAKE
MICA CREEK
3
BLACKBERRY RIVER
GOLDSTREAM RIVER
4
COLUMBIA
4
REVELSTOKE
ARROW
RIVER
LARDEAU RIVER
DUNKEN LAKE
8
HALFWAY R.
MEADOW CREEK
C
VERNON
NAKUSP
SLOKAN L.
KOOTENAY LAKE
2
5
ELK RIVER
7
FERNIE
6
1
LAKE
NELSON
GRAY CREEK
KITCHENER

KOOTENAY

Region 5 Cariboo

Fangquoten und besondere Bestimmungen

Trout	30 cm +	alle Fließgewässer	2
Trout	50 cm +	alle Seen	2
Steelhead		alle Gewässer	1
Trout kombiniert, alle Arten, alle Größen		alle Fließgewässer	4
		alle Seen	6
		alle Gewässer	6
Kokanee		alle Fließgewässer	0
		alle Seen	10
Whitefish		alle Gewässer	25
Burbot		alle Gewässer	10
Sturgeon	100 cm -	alle Gewässer	0
Sturgeon	100 cm +	alle Gewässer	1

Das **Jahresfanglimit für Steelhead** beträgt 10 Fische, davon allerdings nicht mehr als 2 Fische pro Monat aus dem Chilco- und Chilcotin River!

Das **Jahresfanglimit für Stör** ist 1 Fisch!

Angelverbot in allen Fließgewässern vom 1. April - 30. Juni, ausgenommen sind die Gebiete 5-7/8/9/11!

Sonderbestimmungen für einzelne Gewässer

Atnarko River (5-6/11). Angelverbot vom Lonesome Lake stromab bis zu den Zeichen nahe dem Atnarko Provincial Park Campingplatz! Nur Einfachhaken ohne Widerhaken erlaubt! Nur künstliche Köder, stromab des Campingplatzes - 1. Mai - 15. Juli! Mindestmaß Trout - 30 cm! Angelverbot vom Motorboot!

Baker Creek unterhalb des Pinnacle PP (5-13). Angelverbot!

Bella Coola River (5-8). Angelverbot vom Motorboot! Mindestmaß Trout - 30 cm! Nur Einfachhaken ohne Widerhaken erlaubt! Nur künstliche Köder erlaubt 1. Mai - 15. Juli! **"Special Waters"** Lizenz erforderlich!

Blackwater River (5-13). Mindestmaß Trout - 30 cm!

Blue Lake (5-2). Angelverbot 1. Dezember - 31. März! Fanglimit Trout - 2 Fische! Kokanee Mindestmaß - 30 cm, Fanglimit - 2 Fische!

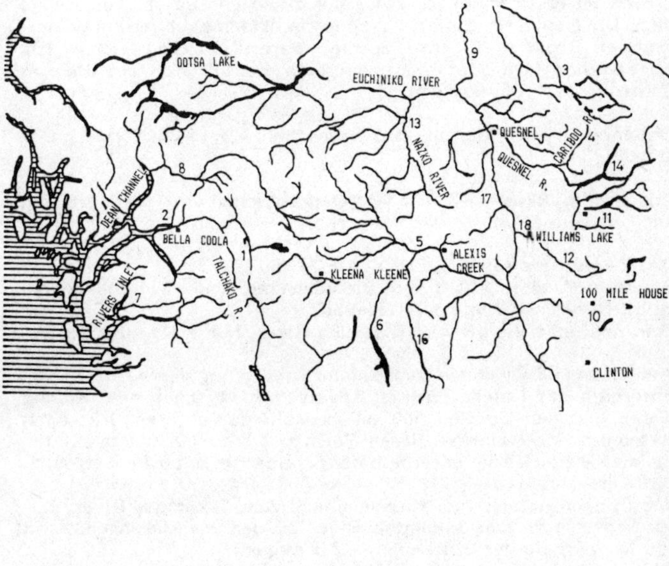

OOTSA LAKE
EUCHINIKO RIVER
9
3
13
NAZKO RIVER
QUESNEL
QUESNEL R.
CARIBOO R.
4
14
8
DEAN CHANNEL
2
BELLA COOLA
17
11
18
WILLIAMS LAKE
12
5
ALEXIS CREEK
1
TALCHAKO R.
KLEENA KLEENE
RIVERS INLET
7
100 MILE HOUSE
10
6
16
CLINTON

CARIBOO

Blue Lead Creek (5-15). Angelverbot unterhalb der Fälle 1. September - 31. Oktober!

Chilcotin River (5-12/13/14). Angelverbot unterhalb des Chilco Rivers nur vom 1. Januar bis 30. April! Steelhead wild geschützt vom 1. Mai - 15. Juni. Angelverbot vom Motorboot! Nur Einfachhaken ohne Widerhaken erlaubt! **"Special Waters"** Lizenz erforderlich! Mindestmaß Trout 30 cm !

Chilco River (5-5). Angelverbot nur zwischen dem 1. Januar und dem 10. Juni! Nur Einfachhaken ohne Widerhaken erlaubt! Mindestmaß Trout - 30 cm! **"Special Waters"** Lizenz erforderlich! Angelverbot vom Motorboot oberhalb der Brücke bei Henry's Crossing, 11. - 30. September!

Chimney Creek unterhalb des Brunson Lakes (5-2). Saison ganzjährig!

Chuckwalla River (5-7). Angelverbot zwischen den Markierungen am Ten Mile Pool!

Dean River und seine Zuflüsse (5-6/9/10k/12).
Oberhalb Anahim Lake: Nur Einfachhaken ohne Widerhaken erlaubt! Nur künstliche Köder erlaubt!
Vom Anahim Lake bis zum Iltasyuko River: Nur Fliegenfischen erlaubt.
Vom Iltasyuko River bis zum Kalone Creek: Angelverbot!
Unterhalb des Kalone Creeks: Angelverbot zwischen dem Kalone Creek und den Zeichen 500 m oberhalb der unteren Brücke, 1. Oktober - 31. Mai; von diesen Zeichen bis zu jenen, etwa 1 km stromab - ganzjährig; unterhalb der Schilder im unteren Canyon, 1. Oktober - 31. Mai!
Nur Fliegenfischen: vom Kalone Creek zum Sakumtha River, 1. - 30. September; vom Sakumtha River zu den Markierungen, etwa 500 m oberhalb der Brücke - 1. - 31. August!
Nur Einfachhaken ohne Widerhaken erlaubt! Nur künstliche Köder erlaubt! **"Special Waters"-Lizenz** erforderlich!

Dragon Lake (5-2). Fanglimit Trout - 2 Fische!

Elk Lake (5-2). Angelverbot 1. Dezember - 31. Mai! Nur künstliche Fliegen erlaubt!

Forest Lake (5-2). Angelverbot 1. Dezember - 31. März! Nur künstliche Fliegen erlaubt! Fanglimit Trout - 4 Fische!

Fraser River (5-2). Saison ganzjährig!

Gustafsen Lake (5-2). Angelverbot 1. Dezember - 30. April!

Horsefly River (5-2). Mindestmaß Trout - 30 cm !

Hotnarko Lake (5-6). Angelverbot 1. November - 31. Mai! Fanglimit Trout - 4 Fische!

Nur künstliche Köder erlaubt! Nur Einfachhaken ohne Widerhaken erlaubt!

Howard Lake (5-1). Angelverbot 1. Dezember - 31. März! Fanglimit Trout - 4 Fische!

Hunlen Creek (5-11). Angelverbot 1. April - 30. Juni!

Jackson Lake (5-2). Angelverbot 1. Dezember - 31. März! Fanglimit Trout - 4 Fische! Nur künstliche Fliegen erlaubt!

Kappan Lake (5-6). Angelverbot 1. Dezember - 30. April! Nur Einfachhaken ohne Widerhaken erlaubt!

Kline Lake (5-2). Nur künstliche Fliegen erlaubt!

Marmot Lake (5-13). Fanglimit Trout - 4 Fische!

Martin River (5-9). Nur Einfachhaken ohne Widerhaken erlaubt!

Mitchel River und seine Zuflüsse (5-15). Angelverbot unterhalb des Sees - 1. September - 31. Oktober!

Nolan Lake (5-1). Angelverbot 1. Dezember - 31. März!

Palmer Lake (5-13). Angelverbot 1. Dezember - 31. März! Fanglimit Trout - 4 Fische! Nur Einfachhaken ohne Widerhaken erlaubt! Nur künstliche Köder erlaubt!

Quesnel Lake (5-15). Angelverbot südwestlich einer Linie zwischen den Markierungen der gegenüberliegenden Ufer der Horseshoe Bay, 1. April - 31. Mai! Mindestmaß Trout - 30 cm! Fanglimit - 4 Fische!

Quesnel River (5-2). Angelverbot 50 m ober- und unterhalb der Likely Brücke! Unterhalb Quesnel Forks keine Schonzeit! Mindestmaß Trout - 30 cm!

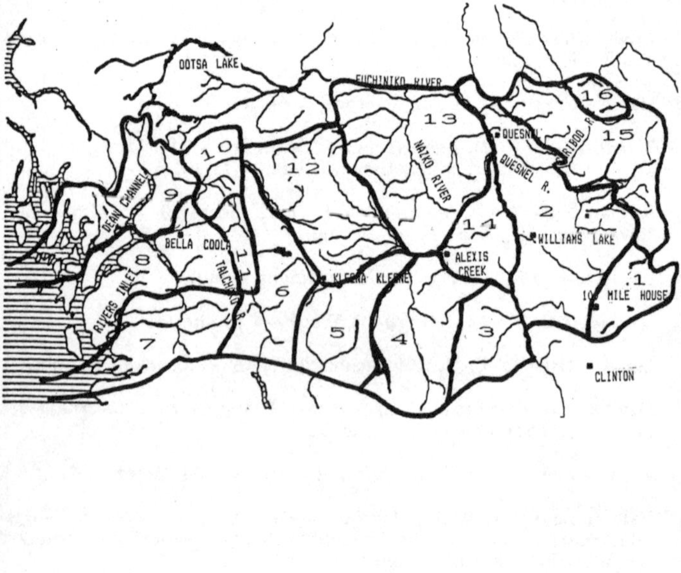
OOTSA LAKE
EUCHINIKO RIVER
QUESNEL
CARIBOO R.
QUESNEL R.
NAZKO RIVER
DEAN CHANNEL
BELLA COOLA
RIVERS INLET
TALCHAKO R.
KLEENA KLEENE
ALEXIS CREEK
WILLIAMS LAKE
100 MILE HOUSE
CLINTON
1
2
3
4
5
6
7
8
9
10
11
12
13
14
15
16

CARIBOO

5. CARIBOO

Bäche, Flüsse, Seen	KING SALMON	COHO SALMON	KOKANEE	STEELHEAD	RAINBOW	DOLLY+CHAR	LAKETROUT	BURBOT
01 Atnarko River	+	+		*	*	+		+
02 Bella Coola River	*	*		*	*	+		
03 Bowron Lakes & River			+	+	*	+	+	+
04 Cariboo River				+	+	+	+	+
05 Chilcotin River	*	+		*	*	*		+
06 Chilco Lake & River	+	+		*	*	+	+	+
07 Chuckwalla River	*	*		*	*	+		
08 Dean River	+	+		*	*	+		
09 Fraser River	+	+		+	+	+		+
10 Green Lake			*		*	*	+	+
11 Horsefly Lake & River					*	*	*	*
12 Lac La Hache			*		*	*	*	*
13 Nazko River	+			+	+	+		+
14 Quesnel Lake & River	+	+	+	+	+	+	+	+
15 Talchako River	+	+		+	+	+		
16 Taseko River	+		+	+	+	+		+
17 Till Lake	+	*		*	+	+		+
18 Williams Lake					+	+	+	+

Alle aufgeführten Gewässer sind über Straßen zu erreichen, wobei einige allerdings nur mit geländegängigen Fahrzeugen zu bewältigen sind. Campingplätze und Lodges sind im Chilkootin - Gebiet selten.

Stum Lake (5-13). Angelverbot 1. März - 31. August!

Takia River und seine Zuflüsse (5-10). Angelverbot!

Tanya Lake Zuflüsse (5-10). Angelverbot!

Till Lake (5-14). Angelverbot 1. Dezember - 31. März! Nur künstliche Köder erlaubt! Nur Einfachhaken ohne Widerhaken erlaubt! Mindestmaß Coho Salmon - 40 cm! Fanglimit Coho - 1 Fisch!

Valentine Lake (5-2). Angelverbot 1. Dezember - 31. März! Fanglimit Trout - 4 Fische! Nur künstliche Fliegen erlaubt!

Williams Lake River (5-2). Saison ganzjährig!

Young Creek (5-11). Angelverbot unterhalb des Highways 20! Mindestmaß Trout 30 cm! **"Special Waters"-Lizenz** erforderlich!

Region 6 Skeena

Fangquoten und besondere Bestimmungen

Trout	30 cm -	alle Fließgewässer	0
Trout	50 cm +	alle Gewässer in den	
(inkl. Steelheard)		Gebieten 6-25/26	2
		alle anderen Gewässer	1
Trout kombiniert, alle			
Arten, alle Größen		alle Fließgewässer	3
		alle Seen	5
		alle Gewässer	5
Kokanee		alle Fließgewässer	0
		alle Seen	15
Whitefish		alle Gewässer	25
Burbot		alle Gewässer	10
Grayling		alle Gewässer	8
Pike		alle Gewässer	8
Sturgeon	100 cm -	alle Gewässer	0
Sturgeon	100 cm +	alle Gewässer	1

Angelverbot in allen Fließgewässern der Gebiete 6-1/2/4/5/6/8/20/21 vom 1. April - 30. Juni! (Sonderbestimmung für den Babine River).

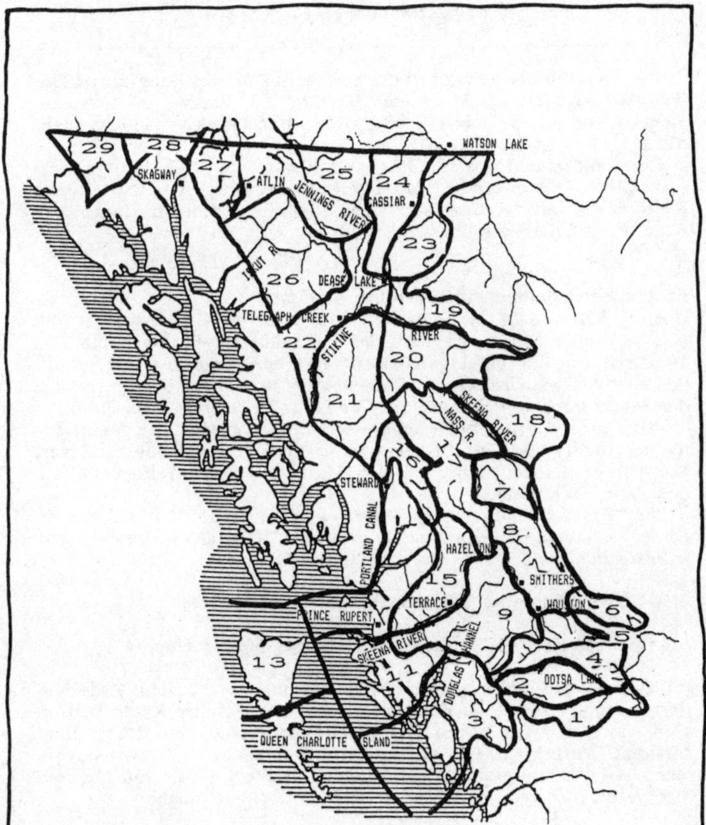
WATSON LAKE
SKAGWAY
ATLIN
JENNINGS RIVER
CASSIAR
DEASE LAKE
TELEGRAPH CREEK
STIKINE
RIVER
SKEENA RIVER
NASS R.
STEWARD
PORTLAND CANAL
HAZELTON
SMITHERS
HOUSTON
TERRACE
PRINCE RUPERT
SKEENA RIVER
DOUGLAS CHANNEL
DOTSA LAKE
QUEEN CHARLOTTE ISLAND
1
2
3
4
5
6
7
8
9
11
13
15
16
17
18
19
20
21
22
23
24
25
26
27
28
29

SKEENA

Das **Besitzlimit** beträgt die doppelte Anzahl des Fanglimits! Das **Jahresfanglimit** für Steelhead beträgt 10 Fische, für Babine, Kispiox und Kloiya River 2 Fische; in allen Gewässern nicht mehr als 2 Steelhead pro Monat!

Das **Jahresfanglimit für Stör** ist 1 Fisch!

In allen Flüssen der Einzugsgebiete von Nass River und Skeena River sowie auf der Queen Charlotte Island sind nur Einfachhaken ohne Widerhaken erlaubt.

Sonderbestimmungen für einzelne Gewässer

Babine River (6-8). Angelverbot: vom Boucher Creek bis zu den Markierungen 100 m oberhalb des Fischzählers - 1. Dezember bis 14. Juni; von der oben genannten Markierung zu jener unterhalb des Nichyeskwa Creeks, 1. Dezember - 30. September; unterhalb der Markierung am Nichyeskwa Creek, 1. Dezember - 30. Juni!

Mit Ausnahme des oben angegebenen Abschnittes gilt das allgemeine Angelverbot für Fließgewässer nicht für den Babine River! Nur Fliegenfischen zwischen den Markierungen bei Fort Babine und dem Fischzähler!

Nur Einfachhaken ohne Widerhaken erlaubt! Nur künstliche Köder erlaubt! Bootsangeln verboten! **"Special Waters"-Lizenz** erforderlich!

Bear River und seine Zuflüsse (6-18). Angelverbot!

Bigelow Lake (6-9). Angelverbot 1. April - 30. November!

Bulkley River (6-9). Angelverbot 1. Dezember - 30. Juni! Zwischen der Suskwa River Road Forstbrücke und der Bulkley River Station sind Steelhead geschützt! Nur künstliche Köder vom 1.8 - 30.6! **"Special Waters"-Lizenz** erforderlich! Bootsangeln verboten: vom Morice River bis zur CNR-Brücke bei Barret, 15.8 - 30.11; vom Moricetown Canyon bis zu einer Stelle 100 m stromab!

Cheslatta Lake & River und seine Zuflüsse (6-4). Angelverbot!

Clore River (6-9). Angelverbot 1. Januar - 30. Juni. Nur künstliche Köder erlaubt! **"Special Waters"-Lizenz** erforderlich!

Copper Creek (6-12). Angelverbot vom Skidegate Lake bis zur Markierung an der zweiten Brücke - 1. Februar - 30. April!

Cranberry River (6-15). Angelverbot 1. Dezember - 30. Juni sowie ganzjährig unterhalb des Canyons!

Dala River und seine Zuflüsse (6-3). Nur künstliche Köder erlaubt!

Damdochax Creek (6-17). Angelverbot 1. April - 15. Juni! Nur künstliche Köder erlaubt!

Deena River und seine Zuflüsse (6-12). Angelverbot oberhalb der zweiten Brücke, 5 km von der Mündung, 1. Februar - 31. Mai!

Deep Creek (6-15). Angelverbot!

Diana Creek (6-14). Angelverbot 1. August - 31. Oktober. Nur Einfachhaken ohne Widerhaken erlaubt! Nur künstliche Köder erlaubt!

Hays Creek (6-14). Angelverbot!

Helene Lake (6-6). Angelverbot nordwestlich einer Linie zwischen den Markierungen an den gegenüberliegenden Ufern der Mündungsbucht, 1. April - 30. Juni!

Johanson Lake (6-18). Angelverbot!

Kildala River und seine Zuflüsse (6-3). Nur künstliche Köder vom 1. Juni - 15. Oktober!

Kispiox River und seine Zuflüsse (6-16). Angelverbot 1. Dezember - 30. Juni! Steelhead Schonzeit 15. August - 30. September!

Bootsangeln verboten! Nur künstliche Köder erlaubt! **"Special Waters"-Lizenz** erforderlich!

Kitimat River und seine Zuflüsse (6-3). Steelhead Schonzeit 15. Mai - 15. Juni! Nur Einfachhaken ohne Widerhaken erlaubt! Nur künstliche Köder erlaubt!

Kitsumkalum River (6-15). Steelhead Schonzeit 1.1 - 15.6!

Kitwanga River (6-17). Angelverbot 1. Dezember - 30. Juni!

Kloiya River (6-14). Angelverbot 1. August - 31. Oktober! Steelhead Schonzeit 1. April - 31. Mai!

Nur Einfachhaken ohne Widerhaken erlaubt! Nur künstliche Köder erlaubt!

Kowatua Creek (6-26). Angelverbot 1. April - 30. Juni und 20. August - 15. September!

Lachmach River (6-14). Angelverbot 1. September - 31. Oktober! Nur künstliche Köder erlaubt! Nur Einfachhaken ohne Widerhaken erlaubt!

Lakelse River und seine Zuflüsse (6-9/10). Steelhead Schonzeit 1. Dezember - 15. Juni - oberhalb der CNR Brücke! Cutthroat Schonzeit 1. März - 30. April - oberhalb der CNR-Brücke!

Zwischen dem See und der CNR-Brücke vom 31. März bis 31. Mai nur Fliegenfischen erlaubt! Nur Einfachhaken ohne Widerhaken oberhalb der Brücke - 1. Dezember - 15. Juni! Nur künstliche Köder erlaubt!

Lean-To Creek (6-15). Angelverbot!

Mamin River und seine Zuflüsse (6-13). Angelverbot oberhalb der dritten Brücke, etwa 10 km von der Mündung, 1. Februar - 30. April!

McDonell Lake und seine Zuflüsse (6-9). Steelhead geschützt!

Morice River und seine Zuflüsse (6-9). Angelverbot 1. Dezember - 30. Juni! Zwischen den Markierungen auf den gegenüberliegenden Ufern des Morice Lakes und dem Lamprey Creek sind Steelhead vom 1. Juli bis 30. November geschützt!

15. August - 30. November Bootsangeln verboten! Nur künstliche Köder erlaubt! **"Special Waters"-Lizenz** erforderlich!

Murray Lake (6-4) und seine Zuflüsse (6-4). Angelverbot!

Nakina River (6-26). Angelverbot! 20. Juli - 15. August!

Nichyeskwa Creek (6-8). Angelverbot!

Nilkitkwa Lake (6-8). Nur Fliegenfischen erlaubt!

Pallant Creek (6-12). Angelverbot unterhalb der Markierung vom 1. August - 31. Oktober!

Skeena River von der Frühjahrsschonzeit ausgenommen!

Suskwa (Bear) River und seine Zuflüsse (6-8). Steelhead geschützt! Nur künstliche Köder erlaubt! **"Special Waters"-Lizenz** erforderlich!

Sustut Lakes (6-18). Angelverbot!

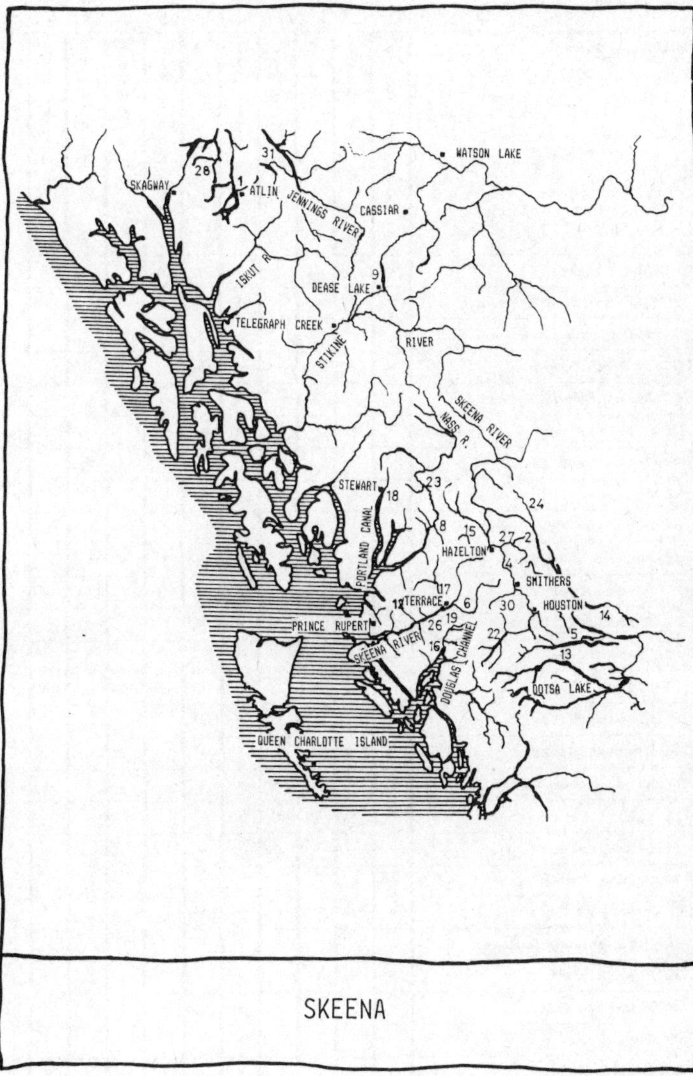

WATSON LAKE
31
28
1
SKAGWAY
ATLIN
JENNINGS RIVER
CASSIAR
ISKUT R
9
DEASE LAKE
TELEGRAPH CREEK
STIKINE
RIVER
SKEENA RIVER
NASS R.
STEWART
18
23
24
PORTLAND CANAL
8
15
27
2
HAZELTON
4
SMITHERS
17
TERRACE
12
6
30
HOUSTON
14
PRINCE RUPERT
26
19
5
22
13
SKEENA RIVER
16
DOUGLAS CHANNEL
OOTSA LAKE
QUEEN CHARLOTTE ISLAND

SKEENA

6. SKEENA

Bäche, Flüsse, Seen	KING SALMON	COHO SALMON	KOKANEE	STEELHEAD	RAINBOW	DOLLY+CHAR	LAKETROUT	BURBOT	STURGEON	GRAYLING
01 Atlin Lake					+	*	*	*		*
02 Babine Lake & River	*	*		*	*	*	*	+		+
02 Bob Quinn Lake					+	+	+	+		
04 Bulkley River	*	*		*	*	*		+		+
05 Burns Lake			*		*	*	*	*		
06 Copper River	*	*		+	+	+				+
07 Cottonwood River						*				*
08 Cranberry River	*	*		*	*	+				+
09 Dease Lake & River					+	+	*	*		*
10 Decker Lake			+		*	*	*	+		
11 Deena River	*	*		*	*					+
12 Exchamsiks River	*	*		*	*	*			*	
13 Francois Lake			*		*	*	*	*		+
14 Helene Lake			*		*	*	*	*		
15 Kispiox River	*	*		*	*	+				+
16 Kitimat River	*	*		*	*	+				
17 Kitsumkalum River	*	*		*	*	+				+
18 Kloiya River	*	*		*	*	+				
19 Lakeelse River	*	*		*	*	+				+
20 McDame Creek						*				*
21 McDonald Lake	+	+		*	*	*				
22 Morice Lake & River	*	*		*	*	*	*	*		
23 Nass River	*	*		*	*	*				+
24 Nikitkwa Lake			*		*	*	*	*		
25 Ross Lake					*					
26 Skeena River	*	*		*	*	*	*	+	*	+

27 Suskwa River		*		*	*	+				
28 Tagish Lake					+	*	*	*		*
29 Tatogga Lake					*	+	+	+		
30 Telkwa River	*	*		*	+	+				+
31 Teslin Lake					+	*	*	*		*
32 Tyhee Lake					+	+	+	+		

Sustut River und seine Zuflüsse (6-18). Angelverbot oberhalb und inkl. Bear River. Angelverbot 1. Dezember - 30. Juni unterhalb des Bear Rivers! **"Special Waters"-Lizenz** erforderlich!

Takysie Lake (6-4). Angelverbot nordwestlich einer Linie zwischen den Markierungen der gegenüberliegenden Ufer, unmittelbar nördlich der Siedlung, 1. März - 31. Mai!

Tatsamenie Lake Abfluß (6-26). Angelverbot zwischen dem Tatsamenie Lake und Tatsatua Creek, 1. April - 30. Juni!

Telkwa River (6-9). Angelverbot 1. Dezember - 30. Juni! Nur künstliche Köder erlaubt! **"Special Waters"-Lizenz** erforderlich!

Toboggan Creek (6-9). Angelverbot 1. Dezember - 30. Juni!

Yakoun River und seine Zuflüsse (6-13). Angelverbot vom See bis zu der Markierung, ca. 13 km stromab!

Zymoetz (Copper) River (6-9). Angelverbot: oberhalb des Zeichens am Ausgang des Canyon, 1. Januar bis 30. Juni; innerhalb des markierten Teils des Canyons; stromab vom McDonell Lake bis zur Markierung! Nur künstliche Köder erlaubt! **"Special Waters"-Lizenz** erforderlich!

Unterwegs im Yukon Territorium

Region 7 Omineca - Peace

Fangquoten und besondere Bestimmungen

Trout -30 cm	alle Gewässer des Peace River Systems unterhalb WAC Bennet Damm und Liard River Systems	0
Trout +50 cm	alle Gewässer	1
Lake Trout & Dolly Varden und in Kombination	alle Gewässer	3
Trout kombiniert - alle	alle Gewässer	3
Arten und Größen	alle Seen des Mc Leod River Systems oberhalb der War Fälle und des Tatlatui Parks	3
	alle anderen Seen	5
	alle Gewässer	5
Grayling	alle Gewässer	5
Kokanee	alle Fließgewässer	0
	alle Seen	8
Burbot	alle Gewässer	10
Whitefish	alle Gewässer	25
Yellow Perch	- alle Gewässer	20
Pike & Walleye komb.	alle Gewässer	8
Sturgeon -100 u. +200 cm	alle Gewässer	0
Sturgeon 100 bis 200 cm	alle Gewässer	1

Die **Jahresfangquote** für Stör ist 1 Fisch!

Angelverbot in allen Gewässern der Fraser- und Peace River Systeme sowie alle Fließgewässer innerhalb 2 km des Highways 97, nördlich von Sikianni Chief, 1. April - 30.- Juni!

Tote Salmoniden als Köderfische sind vom 1. November bis 30. April im Peace River System unterhalb des Bennett Damms erlaubt!

Sonderbestimmungen für einzelne Gewässer

Airline Lake (7-28). Angelverbot 15. September - 31. Oktober!

Arctic Lake (7-23). Angelverbot 15. September - 31. Oktober!

Bearhole Lake (7-20). Yellow Perch geschützt!

Beatton River (7-33/45). Von der Frühjahrsschonzeit ausgenommen!

OMINECA - PEACE

Beaverley Creek (7-10). Von der Frühjahrsschonzeit ausgenommen!

Belcourt Lake und seine Zuflüsse (7-19). Dolly Varden geschützt 15. August - 15. Oktober!

Bevel Creek (7-37). Angelverbot oberhalb der Markierung nahe der Mündung - 15. August - 15. Oktober!

Blueberry River (7-33/45). Von Frühjahrsschonzeit ausgenommen!

Bowron River (7-6/7). Von Frühjahrsschonzeit ausgenommen. Mindestmaß Trout - 30 cm!

Carbon Creek und seine Zuflüsse (7-31). Dolly Varden geschützt - 15. August - 15. Oktober!

Carina Lake (7-38). Angelverbot 15. September - 31. Oktober!

Carp Lake (7-24). Angelverbot nördlich einer Linie zwischen den Ufern nahe des Abflusses bis zum McLeod River - 1. April - 30. Juni! Nur künstliche Köder erlaubt! Fanglimit Trout - 3 Fische!

Charly Lake (7-33). Fanglimit Yellow Perch - 2 Fische!

Chowika Creek (7-37). Angelverbot oberhalb der Markierung nahe der Mündung 15. August - 15. Oktober! Nur künstliche Köder erlaubt!

Chuchi Lake (7-28). Lake Trout Schonzeit 15. September - 31. Oktober!

Clearwater Creek und seine Zuflüsse (7-31). Dolly Varden Schonzeit 15. August - 15. Oktober!

Crooked River (7-24). Keine Frühjahrsschonzeit!

Cunningham Lake (7-25). Angelverbot 15. September bis 31. Oktober!

Davis River (7-37). Angelverbot oberhalb der Markierung - 15. August - 15. Oktober! Nur künstliche Köder erlaubt!

Denetiah Creek (7-52). Angelverbot 1. Juni - 15. Juli!

Denetiah Lake (7-52). Nur künstliche Köder erlaubt!

Dinosaur Lake (7-31/35). Angelverbot vom Bennett Damm bis zur Markierung 100 m südlich des Gething Creeks - ganzjährig; von der Markierung am Gething Creek bis zum Peace Canyon Damm - 1. April - 30. Juni!

Schonzeit Dolly Varden 15. August - 15. Oktober! Nur Einfachhaken ohne Widerhaken erlaubt!

Fern Lake (7-42). Angelverbot 1. Juni - 15. Juli! Nur künstliche Köder erlaubt!

Fraser River Keine Schonzeit!

Gagnon Creek (7-30). Brown Trout keine Schonzeit!

Gething Creek und seine Zuflüsse (7-31). Angelverbot!

Graham River oberhalb Christina Falls (7-36). Keine Schonzeit!

Gwillim Lake (7-21). Lake Trout Schonzeit 1. September - 15. Oktober!

Haggen Lakes (7-6). Angelverbot 1. November - 30. April! Nur künstliche Köder erlaubt! Fanglimit Trout - 3 Fische!

Hallet Lake (7-12). Angelverbot 15. September - 31. Oktober!

Hart Lake (7-16). Angelverbot!

Hook Lake und seine Zuflüsse (7-21). Dolly Varden Schonzeit 15. August - 15. Oktober!

Indata Lake (7-28). Lake Trout Schonzeit 15. September - 31. Oktober!

Inzanna Lake (7-25). Angelverbot 15. September - 31. Oktober!

Johnson Creek und seine Zuflüsse (7-31). Angelverbot!

Kazchek Lake (7-26). Angelverbot 15. September - 31. Oktober!

Kelly Lake (7-20). Yellow Perch geschützt!

Kloch Lake (7-26). Angelverbot 15. September - 31. Oktober!

Kwitzil Lake (7-12). Angelverbot!

Lower Blue Lake und seine Zuflüsse (7-21). Dolly Varden Schonzeit 15. August - 15. Oktober!

McGregor River und seine Zuflüsse (7-17). Keine Schonzeit!

McLeod River (7-24). Nur Fliegenfischen vom Carp Lake bis zu den War Falls (ausgenommen War Lake)!

McMillan Creek (7-15). Angelverbot!

Middle River (7-26). Keine Schonzeit!

Moberly Lake (7-31). Lake Trout Schonzeit 1. September - 15. Oktober!

Monkman Lake (7-21). Dolly Varden Schonzeit 15. August - 15. Oktober!

Morkill River (7-3). Keine Schonzeit!

Muncho Lake (7-51). Lake Trout Schonzeit 1. September - 15. Oktober!

Narrow Lake (7-7). Angelverbot 15. September - 31. Oktober!

Nautley River (7-13). Keine Schonzeit!

Nechako River (7-12/13). Angelverbot zwischen dem Kenney Damm und der Hwy 27 Brücke! Keine Schonzeit im übrigen Gebiet!

Nulki Lake (7-12). Angelverbot westlich einer Linie zwischen den Markierungen nahe der Mündung des Corkscrew Creeks - 1. April bis 31. Mai!

Peace River (7-31). Angelverbot zwischen dem Peace Canyon Damm und der Highway 29 Brücke! Keine Schonzeit!

Pesika Creek (7-41). Angelverbot oberhalb der Markierung nahe der Mündung - 15.8 - 15.10! Nur künstliche Köder erlaubt!

Pinchi Lake (7-25). Die Fische aus diesem Gewässer sind wegen des hohen **Quecksilbergehaltes** nicht zum Verzehr geeignet!

Pinkerton Lake (7-7). Angelverbot 1. November - 30. April! Nur künstliche Köder erlaubt! Fanglimit Trout - 3 Fische!

Radar Lake (7-20). Yellow Perch geschützt!

Slim Creek (7-5). Angelverbot oberhalb des Highways 16, 1. August - 15. Oktober!

Stalk Lakes (7-39). Nur künstliche Köder erlaubt!

Stellako River (7-12). Nur Fliegenfischen zwischen den Markierungen, 500 und 2.500 m unterhalb des Francois Lakes! Nur künstliche Köder erlaubt! Mindestmaß Trout - 30 cm!

Stoddart Creek (7-33). Angelverbot unterhalb des Charly Lakes!

Stony Lake (7-20). Yellow Perch geschützt!

Stuart River (7-13/15). Keine Schonzeit!

Sukunka River (7-22). Grayling oberhalb der Fälle geschützt!

Swan Lake (7-20). Walleye geschützt!

Swift Creek (7-20). Angelverbot unterhalb der CNR-Brücke in Valemount - 1. August - 30. September!

Tachie River (7-25/26). Keine Schonzeit!

Takatoot Lake (7-26). Angelverbot 15. September - 31. Oktober!

Tchentlo Lake (7-28). Lake Trout Schonzeit 15. September - 31. Oktober!

Tomias Lake (7-38). Angelverbot 15. September - 31. Oktober!

Torpy River und seine Zuflüsse (7-17). Keine Schonzeit!

Triangle Lake (7-12). Angelverbot 15. September - 31. Oktober!

Tsayata Lake (7-28). Lake Trout Schonzeit 15. September - 31. Oktober!

Wapiti Lake und seine Zuflüsse (7-19). Dolly Varden Schonzeit 15. August - 15. Oktober!

War Lake (7-24). Nur künstliche Köder erlaubt! Fanglimit Trout 3 Fische!

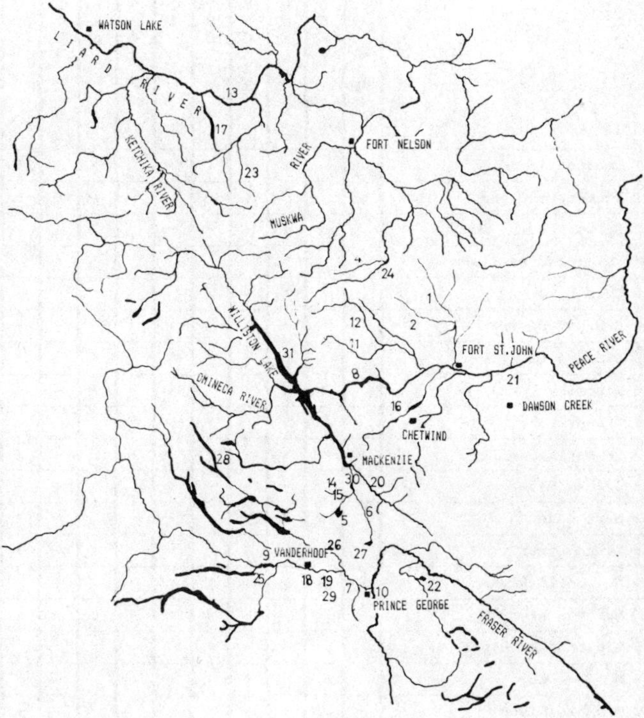

OMINECA - PEACE

7. OMINECA - PEACE

Bäche, Flüsse, Seen	KING + COHO	KOKANEE	RAINBOW	DOLLY+CHAR	LAKETROUT	BURBOT	STURGEON	WALLEYE	GRAYLING	PIKE
01 Beatton River				+		+		+	+	+
02 Blueberry River				+		+		+	+	*
03 Bowron River			+	+	+	+			+	+
04 Buckinghorse River				+					*	
05 Carp Lake			*	+						
06 Crooked River			+	+		+			+	+
07 Cluculz Lake		*	*	*	*	*			+	+
08 Dinosaur Lake		+	+	*	*	+		+	+	+
09 Fraser Lake			+	*	*	*				
10 Fraser River	+		+	+		+	+		+	+
11 Graham River			+	*	+	+		+	+	+
12 Hart Lake		+	+	*	+	+				+
13 Liard River				+		+		+	+	+
14 Mc Donald River				+					+	
15 Mc Leod River			+	+	+	+			+	+
16 Misinchinka River				*					*	
17 Muncho Lake			+	+	*	+			+	*
18 Nechako River	+		*	+		+			+	+
19 Nulki Lake		+	*	+	+	+			+	
20 Parsnip River			+	*					*	
21 Peace River			+	+		+		+	+	*
22 Purden Lake			*	+	+	+				
23 Racing River				+					+	
24 Sikanni Chief River			+	+					*	*
25 Stellako River		+	*	*	*	+			+	+
26 Stuart River			+	+		+			+	+

27 Summit Lake			+	+	+					
28 Tabor Lake		+	*	+	+	+			+	
29 Tachick Lake		+	*	+	*	*				
30 Tudyah Lake			+	+					+	
31 Williston Lake		*	*	*	*	*			+	*

Alle aufgeführten Gewässer sind über die Straße zu erreichen und fast überall befinden sich Campingplätze und Lodges (Motels) in der Nähe.

Fangzeiten	Jan	Feb	Mär	Apr	Mai	Jun	Jul	Aug	Sep	Okt	Nov	Dez
King Salmon					+	+	*	*				
Coho Salmon							*	*	*	+	+	
Dolly Varden	+	+	+	+	+	+	*	*	+	*	+	+
Steelhead	+	+	+	*	*		+	+	+	*	+	
Rainbow	+	+	+	+	+	+	+	+	+	+	+	+
Cutthroat	+	+	+	+	*	*	*	+	+	+	+	+
Kokanee					*	*	+	*	*	+		
Laketrout	+	+	+	+	*	+	+	+	+	+	+	+
Grayling	+	+	+	+	*	*	*	*	*	+	+	+
Burbot	*	+	+	+	+	+	+	+	+	+	+	*

Weedon Lake (7-24). Angelverbot 15. September - 31. Oktober!

West Nabesche River und seine Zuflüsse (7-36). Dolly Varden Schonzeit 15. August - 15. Oktober!

Wicheeda Lake (7-16). Angelverbot 1. November - 30. April! Fanglimit Trout 3 Fische! Nur künstliche Köder erlaubt!

Wicked River und seine Zuflüsse (7-37). Dolly Varden Schonzeit 15. August - 15. Oktober!

Williston Lake und seine Zuflüsse. Mindestmaß Trout 30 cm! Fanglimit Grayling - 3 Fische!

Willow River (7-8/9). Keine Schonzeit! Mindestmaß Trout 30 cm!

Region 8 Okanagan

Fangquoten und besondere Bestimmungen

Trout	30 cm +	alle Fließgewässer	2
Trout	50 cm +	alle Gewässer	1
Trout kombiniert - alle Arten, alle Größen		alle Fließgewässer	4
		alle Seen	6
		alle Gewässer	6
Kokanee		alle Fließgewässer	0
		alle Seen	10
Whitefish		alle Gewässer	25
Bass		alle Gewässer	6
Burbot		alle Gewässer	10

Angelverbot in allen Fließgewässern vom **1. April bis 30. Juni!**

Sonderbestimmungen für einzelne Gewässer

Alaric Lake (8-7). Angelverbot 1. Dezember bis 30. April!

Allison Creek unterhalb der Fischbarriere (8-6). Keine Schonzeit!

Ashnola River (8-3). Keine Schonzeit!

Asp Creek (8-5). Keine Schonzeit!

Chain Lake (8-6). Angelverbot 1. Dezember - 30. April!

Chute Lake (8-9). Fanglimit Trout - 12 Fische!

Copperkettle Lake (8-14). Angelverbot 1. Dezember - 30. April! Nur künstliche Fliegen erlaubt!

Crooked Lake (8-10). Angelverbot 1. Dezember - 30. April!

Dee Lake (8-10). Angelverbot 1. Dezember - 30. April!

Deer Lake (8-10). Angelverbot 1. Dezember - 30. April!

Dobbin Lake (8-11). Angelverbot 1. Oktober - 15. November!

Doreen Lake (8-23). Angelverbot 1. Dezember - 30. April!

Eholt Creek (8-14). Keine Schonzeit!

Eneas Creek (8-8). Keine Schonzeit!

Flyfish Lake (8-23). Nur künstliche Fliegen erlaubt!

Friday Lake (8-6). Angelverbot 1. Dezember - 30. März!

Garrison Lakes (8-5). Angelverbot 1. Dezember - 30. April! Nur künstliche Fliegen erlaubt! Fanglimit Trout - 2 Fische"

Granby River (8-15). Keine Schonzeit!

Hagsquith Lake (8-24). Angelverbot 1. Dezember - 30. April. Nur künstliche Fliegen erlaubt!

Hays Creek (8-7). Keine Schonzeit!

Headwater Lake (8-8). Angelverbot 1. Dezember - 30. April!

Idleback Lake (8-9). Nur künstliche Fliegen erlaubt! Angelverbot 1. Dezember - 30. April!

Island Lake (8-10). Angelverbot 1. Dezember - 30. April!

Trapper Lake (8-10). Fang- und Besitzlimit Trout - 12 Fische!

Jameson Lake (8-4). Fang- und Besitzlimit Trout - 12 Fische!

Jewel Creek (8-14). Angelverbot stromab des Sees bis zur Markierung!

Keefer Lake (8-13). Fang- und Besitzlimit Trout - 12 Fische!

Keremeos Creek (8-2). Keine Schonzeit!

Kettle River (8-14). Keine Schonzeit!

McRea Creek (8-15). Angelverbot unterhalb der Fälle!

Meadow Lake (8-10). Nur künstliche Fliegen erlaubt! Angelverbot 1. Dezember - 30. April!

Mill Creek (8-10). Keine Schonzeit!

Mission Creek (8-10). Name 1 unterhalb des Gallagher Canyons!

Okanagan Lake (8-8/9/10/11/22). Kokanee am Einlauf geschützt - 1. Oktober - 15. November!

Okanagan River (8-1/9). Angelverbot zwischen dem Okanagan Lake und dem Skaha Lake - 15. September - 15. November! Angelverbot vom Vaseux Lake bis zur Fußgängerbrücke 1 km oberhalb des Osoyoos Lake!

Otter Creek (8-5). Keine Schonzeit!

Powers Creek 8-11). Angelverbot unterhalb des Highways 97!

Rampart Lake (8-6). Angelverbot südlich einer Linie zwischen den Markierungen auf den gegenüberliegenden Ufern 50 m vom Abfluß, 15. März - 30. Juni!

Round Lake (8-6). Angelverbot südlich einer Linie zwischen den Markierungen auf den gegenüberliegenden Ufern, 50 m vom Abfluß, 15. März - 30. Juni.

Sandner Creek (8-15). Angelverbot!

Saturday Lake (8-6). Nur künstliche Fliegen erlaubt! Angelverbot 1. Dezember - 30. April!

Shuswap River (8-23/25/26). Nur Einfachhaken ohne Widerhaken erlaubt!

Siglet Lake (8-24). Angelverbot 1. Dezember - 30. April! Nur künstliche Fliegen erlaubt!

Sitkum Creek (8-23). Angelverbot 1. September - 15. Oktober!

Solco Lake (8-1). Fang- und Besitzlimit für Trout - 12 Fische!

South Lake (8-10). Nur künstliche Fliegen erlaubt! Angelverbot 1. Dezember - 30. April!

State Lake (8-14). Nur künstliche Fliegen erlaubt! Angelverbot 1. Dezember - 30. April!

Summers Creek (8-6). Keine Schonzeit!

Sunday Lake (8-6). Angelverbot 1. Dezember - 30. April!

Trout Creek (8-8). Keine Schonzeit!

Tulameen River (8-5). Keine Schonzeit!

Vernon Creek (8-10). Angelverbot vom Swalwell Lake zu der Markierung 800 m stromab, 1. Dezember - 30. April!

Wap Creek (8-24). Angelverbot unterhalb der Frog Falls, 1. September - 30 Juni! Keine Schonzeit!

West Kettle River (8-12). Keine Schonzeit!

Der Fang von Lachsen im Süßwasser

Fangquoten

King Salmon und Coco Salmon 30 cm -		0
King Salmon 50 cm +	Fraser River System	0
	Atnarko River, Bella Coola River, Nass River u. Zuflüsse, Skeena Riv. u. Zuflüsse, Taku River Sys.	1
Coco Salmon 50 cm + aus Atnarko River, Bella Coola River und Kwatna River		1
King und Coho 50 cm -alle Gewässer		2
King und Coho	alle Gewässer, alle Größen	4

Die **jährliche Fangquote** für King Salmon 50 cm + im Süßwasser beträgt 10 Fische, bei einer 6-Tage-Lizenz jedoch nur 4 Fische! Ein Fang muß unverzüglich auf der Rückseite der Lizenz eingetragen werden!
Pink-, **Sockeye- und Chum Salmon sind geschützt!**

Die Bestimmungen für den **Lachsfang** können kurzfristig geändert werden; es empfiehlt sich daher, vorsorglich die aktuellsten Unterlagen bei einem der Büros der Fischereibehörde oder einem Angelgerätehändler zu besorgen und mit den hier veröffentlichten Angaben zu vergleichen!

Es besteht auch die Aussicht, daß in den nächsten Jahren einige Gewässer zum Fang von Pink-, Sockeye- und Chum Salmon freigegeben werden

Sonderbestimmungen für einzelne Gewässer

Nachfolgend werden die Gewässer, für welche Sonderbestimmungen gelten, in alphabetischer Reihenfolge aufgeführt. Nach der Zahlenkombination in der Klammer kann das **Gebiet** ausfindig gemacht werden. Darauf folgt die geschützte **Art,** das **Schonmaß** (falls ein solches besteht) und am Ende die **Schonzeit.**

Adams Lake und seine Zuflüsse (3-37). King und Coho ganzjährig.

Amai Creek (1-12). King Salmon 1. August - 30. September.

Apple River und seine Zuflüsse (1-15). King Salmon ganzjährig.

Artis River (1-12). King Salmon 1. August - 30. November.

Asklu Creek (2-6). King und Coho 16. August - 30. September.

Atnarko River (5-6/11). King und Coho 1. Juli - 15. Oktober.

Babine River und seine Zuflüsse (6-7). King und Coho 1. Juli - 30. September.

Barriere River und seine Zuflüsse (3-38). King und Coho ganzjährig.

Big Falls Creek unterhalb Ecstall River (6-11). King Salmon 1. August - 31. Dezember.

Bulkley River und seine Zuflüsse unterhalb des Zeichens am Morice River (6-9). King und Coho 15. Juli - 31. Oktober.

Burman River (1-9). King Salmon 1. August - 30. November.

Campbell River (1-10). King Salmon 1. August - 30. November.

Canton River (1-12). King Salmon 1. August - 30. November.

Capilano River und seine Zuflüsse, unterhalb der BCR Brücke (2-8). King und Coho 1. August - 31. Oktober.

Chamiss Bay Creek (1-12). King Salmon 1. August - 30. November.

Cheakamus River unterhalb der BCR Brücke bei Meile 56,6 (2-7). 16. August -30. September.

Chehalis River unterhalb der Morris Valley Road - King Salmon ganzjährig.

Chemainus River (1-5). King und Coho 1. August - 30. September.

Chilko River und seine Zuflüsse oberhalb des Taseko Rivers (5-4/5). King und Coho ganzjährig.

Chilliwack River unterhalb des Slesse Creeks (2-3). King Salmon 50 cm + ganzjährig

Chuckwalla River (5-7). King Salmon 50 cm + 1. Juni - 15. November.

Clanninnick (1-12). King Salmon 1. August - 30. November.

Cowichan River (1-4). King Salmon 50 cm + ganzjährig.

Cranberry River oberhalb des Kiteen Rivers (6-15). King Salmon 1. August - 31. Dezember.

Cypre River (1-8). King Salmon 1. August - 30. November.

Deadman Creek und seine Zuflüsse (3-29). King und Coho ganzjährig.

Deserted River (1-12). King Salmon 1. August - 30. November. (2-5) King Salmon 8. August - 7. Oktober.

Docee River (5-7). King und Coho 20. Juli - 30. November.

Eagle River und seine Zuflüsse (3-34). King und Coho ganzjährig.

Easy Creek (1-12). King Salmon 1. August - 30. November.

Ecstall River und seine Zuflüsse (6-11). King Salmon 1. August - 31. Dezember, Coho Salmon 15. August - 31. Dezember oberhalb der Markierung am Johnston Creek.

Englishman River (1-5). King und Coho 1. September - 31. Dezember.

Exchamsiks River oberhalb der Highway 16 Brücke (6-15). King Salmon ganzjährig.

Exstew River oberhalb der Highway 16 Brücke (6-16). King Salmon ganzjährig.

Franklin River (1-7). King und Coho 1. August - 15. November.

Fraser River und seine Zuflüsse. Oberhalb der Brücke über den Highway 97 in der Nähe von Prince George: King und Coho ganzjährig.

Von der Highway 97 Brücke bis zur Highwaykreuzung bei Boston Bar King und Coho 50 cm + ganzjährig.

French Creek (1-5). King und Coho 1. September - 31. Dezember.

Gitnadoix River und seine Zuflüsse oberhalb der Markierung bei der Mündung (6-10). King Salmon ganzjährig.

Gold River (1-9). King Salmon 1. August -30. November.

Goldstream River und seine Zuflüsse (1-1/2). King und Coho 1. Oktober - 31. Dezember.

Gordon River und seine Zuflüsse (1-3). King und Coho 15. August - 31. Dezember.

Harrison River (2-10). King Salmon 21. September - 14. November.

Heber River (1-9). King Salmon 1. August - 30. November.

Henderson River (1-7). King Salmon 1. August - 15. November.

Homathko River (2-15). King Salmon ganzjährig.

Illiance River und seine Zuflüsse oberhalb der Markierung bei der Mündung (6-14). Coho Salmon 21. September - 30. November.

Indian River und seine Zuflüsse (2-8). King Salmon 1. September - 30. November, Coho Salmon 15. Oktober - 15. Dezember.

Ishkheenickh River (6-14). King und Coho 15. Juni - 15. September.

Kakweiken River und seine Zuflüsse (1-15). King Salmon ganzjährig.

Kaouk River (1-12). King Salmon 1. August - 30. November.

Kashutl River (1-12). King Salmon 1. August - 30. November.

Kasiks River und seine Zuflüsse oberhalb der Highway 16 Brücke (6-15). King Salmon ganzjährig.

Kauwinch River (1-12). King Salmon 1. August - 30. November.

Kennedy River (1-8). King Salmon 1. August - 30. November.

Khyex River oberhalb der Highway 16 Brücke (6-15). King Salmon ganzjährig.

Kilbella River (5-7). King Salmon 1. Juni - 15. November.

Kingcome River (5-7). King Salmon 1. Juni - 15. November.

Kirby Creek (1-3). King und Coho ganzjährig.

Kispiox River und seine Zuflüsse (6-17). King Salmon ganzjährig.

Kitimat River und seine Zuflüsse oberhalb der Highway 25 Brücke (6-3). King und Coho ganzjährig.

Kitsault River und seine Zuflüsse. King Salmon 1. Juni - 31. August; Coho Salmon 21. September - 30. November, oberhalb der Markierung nahe der Mündung.

Kitsumkalum River und seine Zuflüsse unterhalb des unteren Canyon (6-15). King Salmon 1. August - 30. September.

Kitsumkalum Lake und River oberhalb des unteren Canyon (6-15). King Salmon 21. Mai - 30. September.

Kitwanga River und seine Zuflüsse (6-17). King Salmon ganzjährig.

Klinaklini River und seine Zuflüsse (1-15). King Salmon ganzjährig.

Koksilak River (1-4). King Salmon 50 cm + ganzjährig.

Kwinimass River oberhalb der unteren Brücke (6-14). King Salmon 1. Mai - 15. August.

Lakelse River und seine Zuflüsse (6-9/10). Oberhalb der Brücke nahe der Mündung - King Salmon ganzjährig. Oberhalb der CNR-Brücke - Coho Salmon 1. Oktober - 31. Dezember.

Leiner River (1-12). King Salmon 1. August - 30. November.

Little Qualicum River (1-6). King und Coho 1. September - 31. Dezember.

Little Zaballos River (1-12). King Salmon 1. August - 30. November.

Long Lake (5-7). King und Coho 20. Juli - 30. November.

Louis Creek und seine Zuflüsse (3-27). King und Coho ganzjährig.

Lynn Creek und seine Zuflüsse zwischen den Markierungen bei den Twin Falls - King und Coho 1. September - 31. Dezember.

Malksope River (1-12). King Salmon 1. August - 30. November.

Mamquam River (2-7). King und Coho 16. August - 30. September.

Marble River und seine Zuflüsse unterhalb der Port Alice Brücke (1-13). King und Coho 15. August - 31. Dezember.

Maria Slough (2-10). King und Coho 15.9.- 14.11.

Megin River (1-8). King Salmon 1. August - 30. November.

Meziadin Lake & River und seine Zuflüsse (6-16). King und Coho 15. Juni - 15. Oktober.

Morice Lake und seine Zuflüsse (6-9). King und Coho 15. Juli - 30. September.

Morice River und seine Zuflüsse oberhalb der Markierung am Lamprey Creek (6-9). King und Coho 15. Juli - 30. September.

Moyeha River (1-8). King Salmon 1. August - 30. November.

Muir Creek (1-2). King und Coho ganzjährig.

Mahmit River (1-7). King und Coho 1. August - 31. Oktober.

Nanaimo River (1-5). King und Coho 1. April - 30. September.

Nasparti River (1-12). King Salmon 1. August - 30. November.

Nesook River (1-12). King Salmon 1. August - 30. November.

Nicola River und seine Zuflüsse oberhalb Dot Station (3-12/13). King und Coho ganzjährig.

Nilkitkwa Lake (6-8). King und Coho 15. August - 20. September.

Nimpkish River und seine Zuflüsse (1-11). King Salmon ganzjährig.

Nitinat River (1-4). King und Coho 1. August - 31. Oktober.

North Thompson River und seine Zuflüsse oberhalb der Highway 5 Brücke nahe Barriere - King und Coho ganzjährig.

Orford River (2-15). King Salmon ganzjährig.

Ououkinsh River (1-12). King Salmon 1. August - 30. November.

Oweegee Lake & Creek (6-17). King und Coho ganzjährig.

Perry River (1-12). King Salmon 1. August - 30. November.

Phillips River (2-15). King Salmon ganzjährig.

Power River (1-12). King Salmon 1. August - 30. November.

Puntledge River (1-6). King Salmon 1. Mai - 15. November.

Quesnel Lake (5-15). King und Coho ganzjährig.

Quesnel River und seine Zuflüsse oberhalb der CNR Brücke in Quesnel (5-2). King und Coho ganzjährig.

Quinsam River und seine Zuflüsse (1-6). King Salmon ganzjährig - Coho Salmon 1. - 30. September.

Rainy Creek (6-14). King und Coho 15. August - 15. November.

Redsand Lake und seine Zuflüsse (6-15). King Salmon 21.5-30.9.

Salmon River und seine Zuflüsse oberhalb der CNR Brücke (3-12/20/26). King und Coho ganzjährig.

Sarita River (1-3). King und Coho 1. August - 30. November.

Scotia River und seine Zuflüsse (6-10). King Salmon ganzjährig.

Seymour River und seine Zuflüsse oberhalb der CNR-Brücke (2-8). King und Coho 25. September - 31. Oktober.

Skeena River von der Markierung 1,5 km oberhalb des Kitsumkalum River bis zum Lakelse River (6-9). King Salmon 1. August -30. September.

Shuswap River vom Damm bis zur Enderby Bridge (8-23/25/26). King und Coho 25. September - 31. Oktober.

Sooke River und seine Zuflüsse (1-2). King und Coho ganzjährig.

Southgate River (2-14). King Salmon ganzjährig.

South Thompson River oberhalb der Highway 5 Brücke bei Kamloops (3-10/26). King und Coho 25. September - 31. Oktober.

Stamp River 1 km ober- und unterhalb des Robertson Creek - King und Coho 1. September - 31. Oktober, zwischen den Markierungen an den Wasserfällen - King und Coho ganzjährig.

Sucwoa River (1-12). King Salmon 1. August - 30. November.

Tasish River (1-12). King Salmon 1. August - 30. November.

Taseko River und seine Zuflüsse (5-4). King und Coho ganzjährig.

Tlupana River (1-12). King Salmon 1. August - 30. November.

Rast am Yukon

Toquart River (1-8). King und Coho 1. August - 30. November.

Tranquil Creek (1-8). King Salmon 1. August - 30. November.

Treston Lake und seine Zuflüsse (6-15). King Salmon 1. Mai - 30. September.

Texas River oberhalb der Markierung nahe der Nass Road Brücke (6-14/15). King und Coho 1. August - 31. Dezember.

Tugwell Creek (1-2). King und Coho ganzjährig.

Vedder River oberhalb des Sumas Rivers (2-4). King Salmon 50 cm + ganzjährig.

Wilauks Creek und seine Zuflüsse oberhalb der Markierung bei der Mündung (6-14). Coco Salmon 21. September - 30. November.

Yakoun River (6-13). King Salmon 15. Mai - 31. Oktober.

Zeballos River (1-12). King Salmon 1. August - 30. November.

Zymagotitz River oberhalb der Highway 16 Brücke (6-15). King Salmon ganzjährig.

Zymoetz River oberhalb der Highway 16 Brücke (6-9). King Salmon ganzjährig.

Das Angeln im Meer und den Fjorden

Saisonale Angelverbote und Sonderbestimmungen

☆ Campbell River und Discovery Passage: 15. August - 31. Oktober im gesamten Gebiet zwischen den Markierungen an der Mündung des Campbell Rivers, Orange Point und Tyee Spit.
☆ Fraser River Mündungsgebiet: ganzjährig ⇨ Karte.
☆ Hakai Passage: Fanglimit 2 King Salmon, 15. Juli - 15. September, ⇨ Karte.
☆ Howe Sound: 15. Juli - 15. September, ⇨ Karte.
☆ Kildidt Sound: Fanglimit 2 King Salmon - 15. Juli - 15. September, ⇨ Karte.
☆ Marble River (Vancouver Island): ganzjährig von der Markierung am Marble River zu jener am Eingang der Varney Bay.
☆ Rivers Inlet: Fanglimit 2 King Salmon - 15. Juli - 15. September, ⇨ Karte.

☆ Salmon River: 1. Juni - 1. Dezember stromab der ersten Brücke bis zu einer Linie zwischen Graveyard Landing und der gegenüberliegenden Anlegestelle der Fähre
☆ Smith Inlet: 20. Juni - 30. November
☆ Wyclees Lagoon Gewässer: südlich der Markierung Toba Inlet ganzjährig, bis zu einer Linie zwischen Brettell Point und der gegenüberliegenden Markierung.

Mindestmaße

King Salmon	45 cm	Trout	30 cm
Coho Salmon	30 cm	Heilbutt	-
Pink Salmon	30 cm	Plattfische	30 cm
Red Salmon	30 cm	Stör	100 cm
Keta Salmon	30 cm		

Fang- und Besitzlimit

Alle Lachse,	auch in Kombination	4
King Salmon	1. Dezember - 31. März	2
King Salmon	in der Georgia Strait **Nordgrenze:** von Moriaty Point nach Vancouver Island **Südgrenze:** von Sheringham Point - Vanc. Island bis zur US-Grenze	2
King Salmon	Hakai Pass - Rivers Inlet - Kildit Sound (15.7.-15.9.)	2
King Salmon	75 cm + Nintinat Lake Gebiet	2
King Salmon	50 cm - Fraser River/ Pitt River Mündungsgebiet	2
	50 cm +	0
Coho Salmon	50 cm +	2
Trout	50 cm - kombiniert	8
	50 cm + kombiniert	2
	nördlich von Cape Caution	4
	südlich von Cape Caution	2
Heilbutt		2
Stör		1

Das Besitzlimit entspricht dem jeweils doppelten Fanglimit! Das Jahresfanglimit für King beträgt 30 Fische, davon allerdings nur 20 aus der Georgia Strait!

YUKON - TERRITORIUM

Die Gewässer des Territoriums sind zum überwiegenden Teil anglerisches Neuland. Nur wenige sind über die Straße zu erreichen und auch das Flugzeug hat der Unberührtheit keinen Abbruch getan.
Entsprechend gut sind die Fangaussichten auf alle Fischarten, ausgenommen die Lachsarten, die nur im äußersten SO, im Tatshenshini - Gebiet, exzellenten Sport bieten. In den großen Nebenflüssen des Yukon sind gute Fangplätze schwierig zu erreichen. Dafür ist überall die Chance auf kapitale Laker, Pike und Grayling gegeben.

Bäche, Flüsse, Seen	KING SALMON	COHO SALMON	CHUM SALMON	RED SALMON	LAKETROUT	DOLLY+CHAR	SHEEFISH	BURBOT	GRAYLING	PIKE
01 Aishihik Lake					*	+			*	+
02 Atlin Lake					*	+		+	+	*
03 Blackstone River	+		+			*	+	+	*	+
04 Big Salmon River	*		*			*	+	*	*	*
05 Dezadeash Lake					*	+		+	*	*
06 Fox Lake					*	+		*	*	+
07 Frances Lake					*	+		+	+	+
08 Frenchman's Lake					*			+	*	+
09 Kathleen Lake					*	+		+	*	+
10 Kluane Lake					*	*		*	*	*
11 Kusawa Lake					*	*		*	*	*
12 Lake Bennett					+	+		+	+	+
13 Lake Laberge					*	*		*	+	*
14 Little Salmon River	*		*			*		*	*	*
15 Mayo Lake					*			*	*	*
16 Marsh Lake					*	+		+	+	*
17 Morley Lake					*	*		+	*	+
18 Nisutlin River						+		+	*	+
19 Ogilvie River	+		+			*	+	+	*	*
20 Peel River			*			+		*	*	*

21 Pelly River	+		+			+		+	*	*
22 Pine Lake					*	+		+	+	*
23 Porcupine River	+		+			+	*	*	*	*
24 Quiet Lake					*			*	*	*
25 Ross River						*		+	*	*
26 Simpson Lake					*			*	+	*
27 Sixty Mile River	*				*	*		*	*	*
28 Steward River	+		+			+		+	*	*
29 Tagish Lake					*	+		+	+	+
30 Takhanne River	*	*	*	*		*			+	
31 Tatshenshini River	*	*	*	*		*				
32 Teslin Lake & River	+		+		*	*	+	*	*	*
33 Village Creek	*	*	*	*		*				
34 Yukon River	*		*		+	*	*	*	+	*

Fangzeiten	Jan	Feb	Mär	Apr	Mai	Jun	Jul	Aug	Sep	Okt	Nov	Dez
King Salmon						+	*	*				
Coho Salmon									*	*	+	
Red Salmon							*	*	+			
Pink Salmon							+	*	+			
Chum Salmon						+	*	+	+	+	*	
Dolly Varden	+	+	+	+	+	*	*	*	*	+	+	+
Steelhead	*	*	*	*	*	*			+	*	+	+
Rainbow	+	+	+	+	+	+	*	*	*	+	+	+
Kokanee					*	*	+	*	*	+		
Laketrout	+	+	+	+	*	+	+	+	+	+	+	+
Grayling	+	+	+	+	*	*	*	*	*	+	+	+
Burbot	*	+	+	+	+	+	+	+	+	+	+	*
Sheefish	+	+	+	+	+	*	*	*	*	+	+	+

Nur ein kleiner Teil der Gewässer im Yukon ist über die Straße zu erreichen. Dort wo dies möglich ist findet man praktisch immer einen Campground, jedoch nur selten Motels oder Lodges.

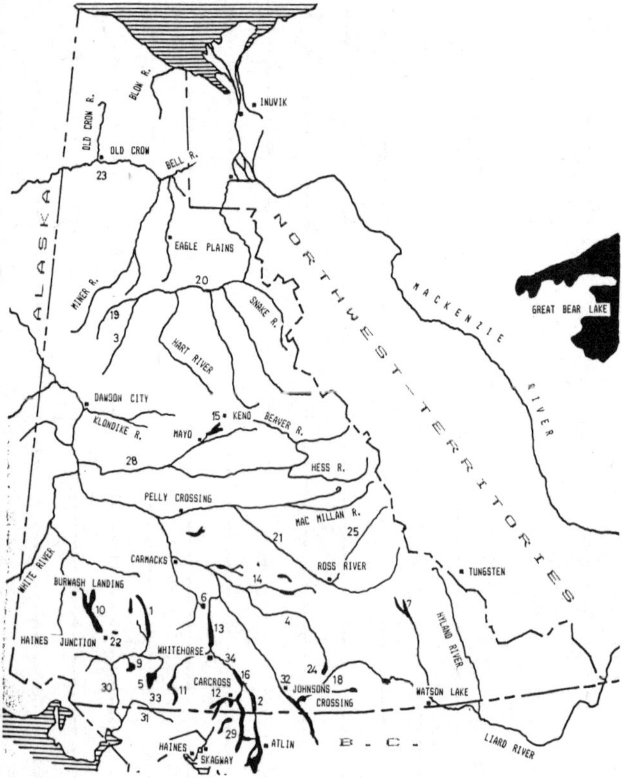

YUKON TERRITORY

Routen

Der Vielzahl verlockender Gewässer steht man bei der Reiseplanung erst einmal ziemlich hilflos gegenüber. Wer mit dem Auto oder dem Camper reisen möchte, findet in den folgenden Kapiteln eine ausführliche Beschreibung anglerisch interessanter Reiserouten.

Die beschriebenen Strecken führen durch einige der schönsten Gegenden des nordamerikanischen Kontinents.

Ideal die Zusammenstellung eines **Rundkurses,** wobei zur Überbrückung von Teilstrecken auch die Benutzung einer der vielen Fährverbindungen in Betracht gezogen werden kann.

Die geplanten Tagesstrecken sollten nicht zu groß sein. Planen Sie längere Aufenthalte an interessanten Gewässern und Orten ein.

Es wird wohl kaum einen Angler geben, der nach zwei erfolgreichen Angeltagen am Skeena gleich wieder weiterhetzen möchte. Weniger ist auch hier oft mehr!

Zeichenerklärungen für die folgenden Touren

A Angeltip
B Bootsverleih
C Campingplatz

! Sehenswürdigkeiten

S Alle Serviceleistungen (Tankstelle, Werkstatt, Supermarkt, Arzt, Polizei)
T Tankstelle

W Werkstatt
I Touristeninformation oder Büro der Fischereibehörde

F Flugplatz, Wasserflugzeuge oder Fly-In Fishing
M Motel

Die Kilometer- bzw. Meilenangaben der einzelnen Etappen entsprechen denen der jeweiligen Straße, d.h. sie geben nicht immer die fortlaufenden Entfernungen an. Eine Orientierung ist jedoch anhand der Kilometerschilder möglich, die in relativ kurzen Abständen an den Straßenrändern angebracht sind.

Route 1: Vancouver - Prince George
(750 km/472 M)

Diese Strecke ist eine der Hauptverkehrsverbindungen in den Norden und **relativ stark befahren.** Ab Vancouver verläuft der Highway 8 und dann der Highway 1 parallel zum Fraser River, folgt fortan ein gutes Stück dem Thomson River und stößt bei McLeese Lake wieder auf den Fraser, den er bis Prince George nicht mehr verläßt (abgesehen von einem kurzen Stück hinter Quesnel).

Der Straßenzustand dieses Abschnittes ist sehr gut und Versorgungsschwierigkeiten sind in dem - für kanadische Verhältnisse dicht besiedelten Gebiet - nicht zu befürchten.

☆ **0/0 Vancouver** gilt zu Recht als schönste Stadt Kanadas. Umgeben von den Bergen der **Coast Mountains** und an der Mündung des Fraser Rivers gelegen, wird sie nach Westen durch Vancouver Island gegen die sonst an dieser Küste häufigen Regenfälle abgeschirmt. Das ganze Jahr über herrscht hier ein **angenehmes Klima.** Die Stadt und ihre nähere Umgebung haben sehr viel an Sehenswertem zu bieten.

A Viele gute Angelmöglichkeiten in Süß- und Salzwasser. King und Coho in der Strait of Georgia und im Fraser River System. Steelhead und Rainbow im ganzen Gebiet.

! Das kulturelle Angebot ist groß. Interessant ist die **Gastown,** ein Teil der Altstadt, in dem unter anderem viele deutsche Restaurants und Läden zu finden sind. Auch **Chinatown** ist einen Besuch wert.

Im **Stanley Park** sind die riesigen Totempfähle der Haida zu bewundern. Gleich nebenan zeigt das Aquarium die Wasserbewohner des Nordpazifiks. Eine Fahrt mit der Seilbahn auf den **Grouse Mountain** ermöglicht einen schönen Rundblick auf die Stadt und die Strait of Georgia und nicht zuletzt ist das Expo-Gelände der Weltausstellung 1986 erwähnenswert.

Fraser River: Auf dem überwiegenden Teil folgt die Strecke dem Lauf des gewaltigen Flusses, der an unzähligen Stellen leicht zugänglich ist und gute Angelmöglichkeiten bietet. **King Salmon** steigen in zwei Wellen auf; einmal von Mitte Juli bis Mitte August und dann Ende August bis Mitte September. **Coho Salmon** ab Ende August, **Steelhead** Februar - Mai.

Kurz hinter Hope stößt der Highway 7 auf den Highway 1, auf dem die Fahrt in nördlicher Richtung fortgesetzt wird.

☆ **(80/50) Hope,** 4.000 Ew., **S, I, M, A.**

☆ **(104/65) Yale, A, C, M.**

☆ **(135/84) Hells Gate. !** Hier werden die Wassermassen des Frasers durch einen schmalen Canyon gepreßt. Von einer **Schwebebahn** ist das tosende Szenarium zu beobachten. Über die Fischtreppe ziehen alljährlich 2.000.000 Red Salmon zu ihren Laichflüssen.

☆ **(147/92) Boston Bar, M, T,** Laden.

☆ **(190/118)** Kreuzung mit dem Highway 12, der ab hier dem Lauf des Frasers folgt und nach Lytton und Lillooet führt. Bei **Clinton** trifft die Straße wieder auf die Hauptstrecke in Richtung Prince George.

☆ **(217/135)** Der Highway folgt nun bis Cache Creek dem **Thompson River. A** auf King, Coho, Steelhead, Dolly Varden, Rainbow und Whitefish, **C** nahe Spence Bridge.

☆ **(237/170) Cache Creek,** 1.300 Ew., **S, M, C.** Hier verlassen Sie den Highway 1 und fahren auf dem Highway 97 weiter in nördlicher Richtung.

☆ **(11/7)** Kreuzung mit dem Highway 12.
30 km in westlicher Richtung liegt der Pavillion Lake. **A** auf Rainbow, **C** im benachbarten Marble Canyon Provincial Park.

☆ **(22/14)** Nebenstrecke in östlicher Richtung 18 km zum Loon Lake, **A, C.**

☆ **(50/31)** Nebenstrecke 35 km zum **Big Bear Lake Provincial Park, A, C.**

☆ **(72/45) 70 Mile House,** Laden. 8 km zum Green Lake, **A** auf Rainbow und Kokanee. Zubringer zum Highway 24 und Fawn-, Sheridan- und Bridge Lake (50 km), **A, C.** 60 km zu Bonaparte Lake und River; **A** sehr gut auf King, Coho und Steelhead.

☆ **(116/72) 100 Mile House,** 2.000 Ew., **S, I, M.**

Der Ort ist ein bekannter Treffpunkt für Angler, die zu den Seen in der Umgebung wollen. Der Highway 24 führt südlich des Ortes in Richtung Horse Lake und Bridge Lakes, **A.**

Nördlich des Ortes führen Zufahrtsstraßen zum Canim Lake und zum Mahood Lake. **A** auf Lake Trout, Rainbow, Pike; **C,** Laden.

☆ **(142/88) Lac la Hache, C, M, T,** Bootsvermietung, Laden; **A,** gute Fangaussichten auf Rainbow, Lake Trout und Kokanee.

☆ **(192/120)** Nebenstrecke zum Horsefly Lake und weiter zum Quesnel Lake (70 km). A auf Rainbow, Pike, Lake Trout und Char.

☆ **(206/128) Williams Lake,** 20.000 Ew., **S, M, I, F.**

Die Stadt ist das Zentrum des **Chilcotin Countrys** mit vielen Angelmöglichkeiten in der Umgebung. Von hier führt der Highway 20 durch 500 km menschenleeren Gebiets nach **Bella Coola** an der Küste.

Auf dieser Strecke, die größtenteils unbefestigt ist, gibt es nahezu **keine Versorgungsmöglichkeiten.** Wer sich in diese Gegend vorwagt, sollte auf alle Fälle über ein geländegängiges Fahrzeug verfügen und **ausreichend Kraftstoff** und Lebensmittel mitführen. A Die Angelmöglichkeiten in den vielen, fast unberührten Gewässern sind teilweise excellent!

☆ **(250/156) McLeese Lake,** Laden, **T, M, C,** A auf Rainbow.

☆ **(327/203) Quesnel,** 10.000 Ew., **S, M, F, I, !,** Museum, **C,** A am Dragon Lake, 5 km südlich der Stadt.

☆ **(332/206)** Nebenstrecke auf dem Highway 26 nach Barkerville und den Bowron Lakes (80 km). **Barkerville** ist ein Freilichtmuseum aus der Goldgräberzeit mit historischen Gebäuden und Utensilien aus der Zeit um 1850. Eine Theatervorstellung und Leute in Kostümen aus dieser Zeit vermitteln einen Eindruck über das damalige Leben.

Die **Bowron Lakes** sind eine rautenförmig angeordnete Seenkette, ideal für eine leicht zu bewältigende **Kanutour von 120 km** (⇨ Kanutouren, Route 5). **A, C, T,** Laden, Bootsverleih.

☆ **(361/224)** Nebenstrecke zum **Cottonwood River Provincial Park. C, A auf** Rainbow.

☆ **(388/241) Hixon,** 1.500 Ew., **S, M, C, A** im Canyon Creek.

☆ **(445/277) Prince George,** 75.000 Ew., **S, M, C, I; !** Fort George Park, Museum, Golfplatz, Schwimmbad, Wettfahrt mit Flößen (Mitte Aug.), Feier zum BC - Day (1. Mo. im Aug.), Oktoberfest; **A,** sehr gute Angelmöglichkeiten in der näheren Umgebung.

Ausführliche Information vom Rod & Gun Club, PO Box 924, Prince George.

Route 2: Prince George - Prince Rupert
(734 km/456 M)

Der Yellowhead Highway 16 bringt Sie zu den berühmtesten Lachsflüssen Kanadas, dem Skeena- und dem Bulkley River. Die erste Hälfte der gut ausgebauten Strecke führt über das **Interior Hochplateau,** das in vielen großen Seen ausgezeichnete Angelmöglichkeiten bietet; Lake Trout, Artic Char und Rainbow. Daneben finden Sie einige Seen mit guten Beständen an Kokanee.

Etwa ab Topley folgt folgt der Highway dem Lauf des Bulkley Rivers, der bei Hazelton in den Skeena mündet. Die restlichen 280 km verlaufen parallel zu dem Traumfluß der Lachsangler bis zu denn Mündung nahe Prince Rupert.

Diese Route bietet neben der Aussicht auf den ganz großen Fang in einer wunderbaren Landschaft einen Einblick in die **indianische Kultur** und Vergangenheit. Besonders im Bereich des Skeena Rivers liegen viele alte und neue **Ansiedlungen** der Ureinwohner, die es wert sind, sich dort ein wenig umzusehen.

☆ **(0/0) Prince George** (⇨ Route 1)

☆ **(50/32) Bednesti Lake, C, A** auf Rainbow und Kokanee.

☆ **(62/39) Cluculz Lake, C; A,** hervorragende Fangaussichten auf Rainbow, Kokanee, Burbot, Whitefish, Arctic Char. Aus diesem See wurde schon ein Char von mehr als 50 Pfund auf die Schuppen gelegt.

☆ **(97/60) Vanderhoof,** 2.500 Ew., **S, M, F,** Fly-In Fishing zu vielen Seen der Umgebung.

Nebenstrecke: Der Hwy 27 führt hier in nördlicher Richtung nach **Fort St James** am Stuart Lake (60 km), **S, M, C;** A in Nescosli River, Stuart River und Stuart Lake auf Rainbow, Lake Trout, Arctic Char, Pike und Grayling.

Nebenstrecke: Eine unbefestigte Gravelroad nach **Quesnel** überquert den Chilako- und Euchiniko River (ca. 80 u. 100 km). **A** auf King Salmon, Coho Salmon, Rainbow, Steelhead, Cutthroat und Grayling.

Nebenstrecke: Eine etwa 100 km lange Gravelroad führt in südwestlicher Richtung zum **Kenney Damm,** um in einer Schleife bei Fraser Lake wieder auf den Hwy 16 zurückzukehren.

A, Nulki- und Tachick Lake liegen nur wenige Kilometer vom Hwy 16 entfernt und sind die besten Rainbow Gewässer des Gebietes, doch auch die vielen kleineren Seen in der Umgebung bieten hervorragende Fangmöglichkeiten für Rainbow und Kokanee.

☆ **(136/84) Fort Fraser,** 600 Ew., **M, T, W,** Laden; **C** im Beaumont mit dem alten Fort; **A** im Nechako River und Fraser Lake auf Char bis 25 Pfund, Rainbow, Dolly Varden und Grayling.

☆ **(140/87) Fraser Lake,** 1.400 Ew., **C, M, T, A.**

☆ **(161/100)** Nebenstrecke zum **Francois Lake** mit einigen Lodges, Bootsverleih, Camping und Golfplatz. **A** auf Rainbow, Kokanee und Arctic Char, Fliegenfischen im Stellako River.

Fährverbindung nach dem Ort Francois Lake. Von dort sind noch 25 km zurückzulegen, um bei **Burns Lake** den Hwy 16 zu ereichen. Alternative: die Francois Lake Road bietet Zufahrten zu zahlreichen Seen sowie zum **Morice River,** einem sehr guten Lachsfluß.

☆ **(171/106) Endako, S, M, C.**

☆ **(227/141) Burns Lake,** 2.000 Ew., **S, M, C, I; A** im gleichnamigen See auf Arctic Char bis 30 Pfund, Rainbow und Lake Trout.
Nebenstrecke zum 25 km entfernten **Ethel Wilson Provincial Park** am Pinkut Lake, **C, A.**

☆ **(241/150) Decker Lake, A** auf Rainbow, Lake Trout und Arctic Char.

☆ **(256/160) Rose Lake, A** auf Arctic Char und Rainbow.

☆ **(282/176) Tropley,** 300 Ew., **M, T,** Laden.
Nebenstrecke zum 45 km entfernten **Granisle** am Babine Lake, **S, M, C,** Bootsverleih; **A** auf Lake Trout bis 50 Pfund, Rainbow, Arctic Char und Pike.

☆ **(313/194) Houston,** 6.000 Ew., **S, M, C, I; A,** kurz hinter Houston mündet der Morice River in den Bulkley River. Beides hervorragende Lachsflüsse, über die Francois Lake Road und den Hwy 16 an vielen Stellen zugänglich. King Salmon bis 70 Pfund von Juli bis August. Coho Salmon bis 30 Pfund im August. Steelhead bis 30 Pfund von Juli bis September.

☆ **(364/226) Telkwa,** 1.000 Ew., **S, M, I, C** im Thyea Lake Provincial Park; **A** im Thyee Lake auf Rainbow, Lake Trout. In Tyhee- und Babine River - King Salmon, Coho Salmon, Steelhead.

☆ **(379/236) Smithers,** 5.000 Ew., **S, M, I, C, F.**

! Die Naturschönheiten **Twin Falls** und **Glacier Gulch** sollte man sich nicht entgehen lassen. **!** Kunstgalerie und Museum im Central

Park Building. A in den kleinen Seen der Umgebung sowie im Bulkley River; I zum Fly-In Fishing am Flugplatz.

☆ **(388/241) Adams Igloo Wildlife Museum,** Ausstellung mit präparierten Tieren der Gegend.

☆ **(415/258) Moricetown;** indianische Siedlung mit 800 Ew., **T, W.**

☆ **(437/272), A.** Abfahrt zum Suskwa River. King Salmon, Coho Salmon, Steelhead.

☆ **(446/276), C,** A im Ross Lake Provincial Park.

☆ **(450/280) Hazelton,** 1.000 Ew., **S, M, C, I, A.** Ehemals Handelsposten der Hudson's Bay Company, heute eine Basis für Angler.

Die Flüsse Skeena, Kispiox, Suskwa und Bulkley liegen alle in der unmittelbaren Nachbarschaft, dazu findet man hier eine Anzahl kleinerer Seen.

Ein idealer Platz zum längeren Verweilen mit etlichen Campingplätzen, Motels und speziellen Anglercamps. Eine asphaltierte Nebenstraße führt nach K'san und Kispiox und geht dann in eine Gravelroad entlang des Kispiox Rivers über.

K'san ist das rekonstruierte Indianerdorf Gitksan mit seinen historischen Gebäuden, Totempfählen und Kanus. Eine Attraktion, die man sich nicht entgehen lassen sollte, ist die Vorführung der alten Tänze, die jeden Freitagabend im Wolfhaus zu sehen ist.

Die Siedlung **Kispiox** liegt an der Mündung des gleichnamigen Flusses in den **Skeena.** Hier wurde der **Weltrekordsteelhead von 36 Pfund** geangelt!

Hervorragende Fangaussichten auf King Salmon (Schonbestimmungen beachten), Coho Salmon und Dolly Varden.

Der Highway folgt nun dem Lauf des Skeenas, zu dem es zahllose Zugangsmöglichkeiten gibt.

☆ **(458/284) Seeley Lake Provincial Park, C, A.**

☆ **(474/295) Skeena Crossing, T,** Laden, **A, ! Kitseguecla** - Indianerdorf, Totempfähle.

☆ **(493/307)** Kreuzung mit dem Cassiar Hwy.

☆ **(512/318) Cedarvale, T, A.**

☆ **(571/355) Kleanza Creek Provincial Park, C, A.**

☆ **(580/360)** Copper (Zymoetz) River, **A** auf Coho Salmon bis 20 Pfund, Steelhead bis 25 Pfund.
☆ **(588/365)** Nebenstrecke Hwy 37 zum Lakelse Lake (20 km) und nach **Kitimat** (62 km). Der Ort (20.000 Ew. **S, M, C, I, A**) liegt am Ende des 100 km langen Douglas Channels. Im Fjord Angeln auf alle Lachsarten und Steelhead.

☆ **(590/367) Terrace,** 12.000 Ew., **S, M, C, I, F, A,** Bootsverleih, Hallenbad, Golfkurs, Tennis, Ski, Fly-In-Fishing.

Die Stadt ist das Zentrum der Region und der große Anglertreffpunkt am **Skeena River.** Hier wurde der **Weltrekord King Salmon von 90 Pfund** geangelt.

Alljährlich findet in Terrace das co-op Fishderby statt, bei dem es für den größten, zwischen dem 15. Juli und 15. August geangelten King Salmon einen beachtlichen Preis gibt. Nähere Auskünfte sind im BC Goverment Building, 4506 Lakelse Ave erhältlich.

Die Nass- und Kitsumkalum Roads führen in nördlicher Richtung zum Cassiar Highway. **A** im Skeena River, Copper River, Kitsumkalum River, Kitimat und Lakelse River auf King Salmon, Coho Salmon, Steelhead. In den umliegenden Seen - Rainbow, Cutthroat, Lake Trout, Dolly Varden.

☆ **(645/401) Exchamsiks Provincial Park, C, A.**

☆ **(653/406)** Kasiks River, **A.**

☆ **(718/446) Diana Lake Provincial Park, C, A.**

☆ **(734/456) Prince Rupert,** 20.000 Ew., **S, M, C, I, F, A,** Hallenbad, Museum, Kunstgalerie.

Prince Rupert ist ein wichtiger Verkehrsknotenpunkt und eine Anlaufstation der Fährsysteme British Columbias und Südost-Alaskas. **!** Der Mount Hays Gondola Lift ermöglicht einen schönen Rundblick vom Gipfel des Mount Hays auf Stadt und Küste sowie die **Queen Charlotte Islands.**

! North Coast Fishing Exhibit and Aquarium gibt einen Überblick über Methoden und Gerät der Fischerei, wie sie in der Vergangenheit und Gegenwart an dieser Küste angwandt wurden. Im **Aquarium** sind die Meeresbewohner der Region zu sehen.

A Viele kleinere Flüsse mit sehr guten Angelmöglichkeiten auf King, Coho und Steelhead. Sehr gute Meeresfischerei auf alle Lachsarten und Steelhead!

Route 3: Prince George - Dawson Creek
(402 km/250 M)

Der John Hart - Peace River Highway (Hwy 97) ist der Zubringer zum Alaska Highway, der in Dawson Creek beginnt. Die gut ausgebaute Straße durchquert eine ansprechende Landschaft mit einigen anglerisch interessanten Gewässern.

☆ **(0/0) Prince George** (⇨ Route 2)

☆ **(24/15)** Salmon River, **A** auf Coho Salmon und Steelhead.

☆ **(45/28)** Summit Lake, **A** auf Lake Trout und Rainbow.

☆ **(59/37)** Cottonwood Creek, **A.**

☆ **(70/43) Crocked River Provincial Park, C, A** auf Grayling, Dolly Varden und Whitefish.

☆ **(72/44)** Bear Lake, **T, M, A,** Laden.

☆ **(125/78) Whiskers Point Provincial Park, C, A** im McLeod Lake auf Rainbow, Dolly Varden und Lake Trout.

☆ **(136/84) Fort McLeod,** älteste Ansiedlung (ausgenommen die der Indianer) westlich der Rocky Mountains, 1805 als Handelsposten der North West Trading Co. gegründet, **M, T,** Laden

☆ **(137/85)** Nebenstrecke zum 32 km entfernten Carp Lake, **C, A,** Fliegenfischen auf Rainbow.

☆ **(145/90) Tudyah Provincial Park, C, A** auf Rainbow, Dolly Varden und Grayling.

☆ **(152/95)** Parsnip River, verläuft an den westlichen Ausläufern der Rocky Mountains, **A** auf Rainbow, Grayling, Dolly Varden.

☆ **(153/96)** Nebenstrecke nach **Mackenzie** (30 km) am Williston Lake, 6.000 Ew., **S, M, C, I, A,** Bootsverleih, **A** auf Lake Trout, Arctic Char, Dolly Varden, Rainbow und Grayling.

☆ **(191/119) Pine Pass** - mit knapp 900 m der höchste Punkt des Highways. **!** Schöner Ausblick auf die hohen Gipfel der Rockies im Nordwesten. Der Highway verläuft nun parallel zum Pine River, **A** auf Rainbow, Dolly Varden und Grayling.

Beginn des Alaska-Highway in Dawson Creek

ALBERTA
POOL
ELEVATORS
DAWSON CREEK
You are now Entering
WORLD FAMOUS
ALASKA HIGHWAY

☆ **(302/188) Chetwynd,** 3.500 Ew., **S, M, I.** Wenn Sie auf den Alaska Hwy möchten, können Sie hier die Abkürzung über den Hwy 29 nach Fort St. John nehmen und ca. 90 km sparen (gleiche Einkaufs- und Servicemöglichkeiten wie in Dawson Creek).

☆ **(402/250) Dawson Creek,** 12.000 Ew., **S, M, C, I, F.** Die Stadt liegt am Anfang des **Alaska Highway.**

Route 4: Dawson Creek - Fairbanks
(2.445 km/1.520 M)

Der **Alaska Highway** gehört zu den Traumstraßen der Welt, auch wenn sein Zustand manchmal alles andere als traumhaft ist. In nur 9 Monaten (1942 während des Zweiten Weltkrieges) wurde die Straße durch das US Army Corps of Engineers erstellt.

In den letzten Jahren wurden große Strecken der Straße asphaltiert, und auch der letzte Teil des ALCAN, wie der Alaska Highway genannt wird, zwischen dem Coal River und Teslin, wird in den nächsten Jahren asphaltiert.

Trotzdem hat die Straße ihre Tücken nicht ganz verloren. Der winterliche Frost bricht den Belag auf, so daß böse **Schlaglöcher** entstehen. Außerdem gibt es immer wieder kurze Schotterstrecken bzw. Kies auf der Fahrbahn.

Ihr Fahrzeug sollte in einwandfreiem Zustand und mit zwei **Reservereifen** sowie ausreichenden Mengen an Kraftstoff und Öl ausgerüstet sein. Unerläßlich sind **Drahtgitter über den Scheinwerfern,** die sonst die Reise garantiert nicht überstehen.

Nehmen Sie Geschwindigkeitsbegrenzungen und Hinweisschilder ernst. Fahren Sie bei schlechtem Wetter oder noch regennasser Fahrbahn langsam, denn Schlamm und Schotter wirken wie Glatteis. Halten Sie **Abstand!** Hochgeschleuderte Steine zertrümmern schnell die Windschutzscheibe.

Vorsicht im Bereich von **Baustellen:** Die Baustellenfahrzeuge haben immer Vorfahrt! Achten Sie auch auf Lastwagen, denn sie sind größer als bei uns. So gesittet der normale Autofahrer in Nordamerika sein Fahrzeug lenkt, so höllisch rasen die Trucker.

Im Frühjahr wird der Asphalt oft von Frostbeulen aufgeworfen, die unterspült sein können und bei Belastung einbrechen!

Zwischen Dawson Creek und Fort Nelson folgt der Alaska Highway den östlichen Ausläufern der **Rocky Mountains** und wendet sich dann nach Westen, um das gewaltige Gebirge zu durchqueren. Schon bald hinter Dawson Creek verläßt er die landwirtschaftlich geprägten Gegenden und führt durch waldreiches Land. Die **alpine Szenerie** des Abschnitts durch die Rockies ist beeindruckend und mit etwas Glück bekommen Sie etwas von der artenreichen Tierwelt zu Gesicht.

Nehmen Sie sich vor **Bären** in Acht, da sie sich im Bereich der Straße an Menschen gewöhnt haben und keinen Respekt zeigen!

Hinter Watson Lake sind die Rockies durchquert und der Highway nähert sich dem Quellgebiet des **Yukon River.** Von Whitehorse, der Hauptstadt des **Yukon Territoriums,** sind noch etwa 1.000 km bis Fairbanks zurückzulegen.

Die anglerisch interessantesten Gebiete liegen in der zweiten Hälfte der Strecke auf der Westseite der Rocky Mountains. Hier sind es in erster Linie die Seen im südlichen Yukon Territorium, die rekordverdächtige **Lake Trout** beherbergen. Aber auch das Einzugsgebiet des Tanana River hat Reviere der Sonderklasse.

Denken Sie daran, daß mit wachsender Kilometerzahl in Richtung Norden die Preise steigen. Machen Sie Ihren großen **Einkauf** zu Beginn der Tour **in Dawson Creek.** Ebenso sollte das Fahrzeug noch einmal durchgescheckt und kleine Mängel behoben werden.

☆ **(0/0) Dawson Creek** (⇨ Route 3)

☆ **(76/48) Fort St. John,** 14.000 Ew., **S, M, C, I, F.**

☆ **(257/160) Sikianni Chief, T, M, C,** Laden, A im gleichnamigen Fluß auf Pike, Grayling, Whitefish. Etwa 10 km weiter beginnt der lange Anstieg zu den Trutch Mountains.

☆ **(279/173) Buckinghorse River Provincial Park, C.** Vorsicht **Bären!** A auf Grayling.

☆ **(306/190) Trutch Mountain Pass.** Mit 1.260 m die zweithöchste Stelle des Alaska Hwy. Ein paar Kilometer weiter eine Fernfahrerraststätte, **T, M,** Laden.

☆ **(350/217) Prophet River Provincial Park, C.** Vorsicht **Bären!** A auf Grayling.

☆ **(365/227) Prophet River, T, W, M, C,** Laden.

☆ **(427/266) Andy Bailey Provincial Park, C,** A im Jackfish Creek.

☆ **(455/285) Fort Nelson,** 6.000 Ew., **S, M, C, I, F,** Hallenbad.

Die 1805 als Handelsposten gegründete Stadt lebt heute hauptsächlich von der Holzindustrie.

☆ **(495/308)** Abzweigung des Liard Highway.

☆ **(558/347) Tetsa River Provincial Park, C,** A auf Grayling, Dolly Varden und Whitefish. Hier beginnt das Gebiet der schneebedeckten Canadian Rockies.

☆ **(601/373) Summit Lake, T, M,** Laden. Höchster Punkt des Alaska Hwy (1.295 m).

☆ **(618/384) 115 Creek Provincial Park, C, A** im McDonald River auf Grayling und Dolly Varden.

☆ **(645/401)** Racing River, A auf Dolly Varden.

☆ **(656/408), C, T,** Laden, A im Toad River, sehr gut auf Dolly Varden, bester Köder Fliegen.

☆ **(703/437) Muncho Lake Provincial Park, T, W, M, C,** Laden. Ein wunderschöner See von seltsamer Farbe, die durch Kupfersalze hervorgerufen wird. A in See, Trout- und Toad River auf Dolly Varden, Rainbow und Grayling.

☆ **(768/477) Liard River Hot Springs Provincial Park, T, M, C,** Laden, A im mächtigen Liard River auf Pike, Lake Trout, Dolly Varden, Rainbow und Grayling.

☆ **(941/585) Hyland River Provincial Park, C,** A sehr gut auf Dolly Varden und Grayling.

☆ **(986/611) Watson Lake,** 1.500 Ew., **S, M, C, I, F.** Beginn des Yukon Territoriums. **!** Größte Attraktion des Ortes ist der Wald aus Hunderten von Schildern, die "Alaska Highway-Fahrer" hier angebracht haben. A im Watson Lake - Lake Trout, Pike und Grayling; im Wye Lake - Rainbow.

Yukon-Terr. **Angellizenz** nicht vergessen! **Fire Permit** besorgen!

☆ **(998/620) Upper Liard Village, T, M, A.**

☆ **(1048/651) Big Creek Yukon Goverment Campground, C, A.**

☆ **(1106/687)** Rancheria River, C, A auf Dolly Varden, Grayling und Pike.

☆ **(1125/699)** Wasserscheide zwischen den zum Pazifik und zum Polarmeer fließenden Strömen Yukon und MacKenzie.

☆ **(1158/720)** Swan Lake und Swift River, A auf Rainbow und Lake Trout.

☆ **(1250/776)** Morley Bay Yukon Government Campground, **C,** A in Morley River und Lake sowie im nahegelegenen Teslin Lake auf Pike, Lake Trout, Dolly Varden und Grayling.

☆ **(1263/785) Teslin,** 400 Ew., **T, W, M, C,** Laden, Bootsverleih.

Der **Teslin Lake** gehört wie alle Seen im Quellgebiet des Yukons zu den besseren Fanggründen für Lake Trout. Um an die großen Exemplare zu kommen, ist ein Boot unerläßlich, da die Fische am besten beim Schleppfischen in großen Tiefen erbeutet werden.

Achten Sie auf das **Wetter,** das sich an diesen Seen oft in kürzester Zeit ändert. Ein über die Küstenberge heranbrausender Sturm verwandelt das spiegelglatte Gewässer innerhalb von Minuten in einen wahren Hexenkessel mit mehr als zwei Meter hohen Wellen, die einem Kanu oder kleinen Boot leicht zum Verhängnis werden können.

Nirgends im Westen Kanadas sind so viele Ertrunkene zu verzeichnen, wie an diesen Seen (besonders am Tagish Lake). Fahren Sie bei einem Wettersturz sofort an Land. So plötzlich wie die Stürme auftreten sind sie zumeist auch wieder vorbei.

☆ **(1264/786)** Mukluk Annie's Campground, **C,** ist ein bekannter Anglertreff am Teslin Lake.

☆ **(1300/808) Johnson's Crossing.** Kreuzung mit der Canol Road, **T, C,** Laden, **A** in Teslin Lake und River, ein hervorragendes Angelgewässer auf Pike, Lake Trout, Grayling und Dolly Varden. Achtung freche **Schwarzbären!**

☆ **(1321/821)** Squanga Lake Yukon Government Campground, **C,** A auf Rainbow, Pike und Grayling.

☆ **(1367/839) Jake's Corner.** Kreuzung mit der Atlin Road und dem Hwy 8 zu den Seen Atlin, Tagish und Bennet mit guten Angelmöglichkeiten.

☆ **(1383/860), C,** Marsh Lake Yukon Government Campground, **A,** hervorragende Fangaussichten auf außergewöhnlich große Hechte!

☆ **(1396/867) Yukon River. !** Der gewaltige Strom ist hier noch ein bescheidenes Flüßchen, A auf Trout, Grayling und Pike.

☆**(1411/877)** Wolf Creek Yukon Government Campground, **C, A** auf Grayling.

☆**(1425/886) Whitehorse,** 17.000 Ew., **S, M, C, I, F, A,** Schwimmbad, Bootsverleih, Fly-In Fishing. Whitehorse ist die Hauptstadt des Yukon Territoriums und mit Abstand die größte Ansiedlung dieses riesigen Gebietes (doppelte Fläche der BRD!). In ihr leben 80% der Gesamtbevölkerung, der Rest verteilt sich auf eine fast unberührte Wildnis. Durch die günstigen Verkehrsverbindungen (täglich 2 Jets nach Vancouver) ist Whitehorse ein guter Ausgangspunkt für Fahrten im Territorium und nach Alaska.

Hier können Sie noch halbwegs preiswert ein Fahrzeug mieten. Es ist auch der letzte Ort, um **Vorräte** einigermaßen günstig zu **vervollständigen;** in Alaska wird es noch teurer. 2 km südlich der Stadt liegt der Robert Service Campground (nur für Zelte), ein Treffpunkt für Wildnisenthusiasten und Kanuten aus aller Herren Länder.

Von den gefürchteten Stromschnellen, die einst dem Ort seinen Namen gaben, sind seit Erbauung des Dammes nicht mehr viel übrig.

Auch der **Miles Canyon,** der oberhalb der einstigen Rapids liegt, ist durch die Aufstauung des Schwatka Lakes gezähmt. Fährt man am Robert Service Campground vorbei noch einen halben Kilometer in südlicher Richtung, gibt es links eine Abzweigung zum Miles Canyon (3 km). Vom Schwatka Lake können Sie auch mit einem Ausflugsboot durch den Canyon fahren.

! McBride Museum mit vielen Bilddokumenten und Gegenständen aus der Zeit des Goldrausches sowie Ausstellungsstücken zum Leben der Ureinwohner und einer Anzahl von präparierten Tieren des Territoriums. **!** Am Ufer des Yukons kann man die **SS Klondike,** einen der letzten erhaltenen **Schaufelraddamper,** bewundern.

! 20 km nördlich, zu erreichen über die Klondike Loop, liegen die **Takhini Hotsprings.** 38 Grad warmes Wasser lädt zum Baden ein. **!** Am Damm ermöglicht die größte Fischtreppe Kanadas Lachsen den Aufstieg zu ihren Laichgewässern.

A, in der Umgebung von Whitehorse gibt es eine ganze Anzahl von Angelmöglichkeiten in kleineren Flüssen und Seen. Die aktuellen Bestimmungen sind im Infocenter zu erfragen. Angelgerät und gute Tips sowie die Vermittlung von Fly-in Fishing sind bei Igloo Sports in der Main-Street erhältlich (der Besitzer ist übrigens Österreicher). Im August Angelverbot im Stadtgebiet (die King Salmon ziehen auf ihrer Laichwanderung hier durch).

☆ **(1431/890)** Nebenstrecke zum Fish Lake (20 km), A auf Rainbow.

☆ **(1472/915) Takhini River,** A auf Rainbow, Dolly Varden, Pike, Lake Trout und King Salmon (August).

☆ **(1492/927)** Nebenstrecke zum Kusawa Lake (25 km), **C; A,** hervorragendes Gewässer für Lake Trout, Arctic Char, Pike und Grayling, wunderschön gelegen.

☆ **(1518/943) Champagne,** Haltepunkt auf dem früheren Dalton Trail nach Dawson City, heute eine Indianersiedlung. Am westlichen Rand des Ortes liegen die Totenhäuschen eines indianischen Friedhofs.

☆ **(1552/964)** Nebenstrecke zum Aishihik Lake (30 km). **!** Die Straße führt zu den **Otter Falls,** die auf den kanadischen $ 50 Noten abgebildet sind; **C, A** auf Pike, Lake Trout, Dolly Varden, Grayling. Achtung **Grizzlygebiet!**

☆ **(1578/981)** Pine Lake, **C,** A auf Lake Trout, Pike und Grayling. **Moskitoplage!**

☆ **(1585/985) Haines Junction,** 400 Ew., **T, W, M,** Laden. Endpunkt des Haines Hwy mit großartigem Ausblick auf die St. Elias Mountains. Hier befindet sich das Informationszentrum des **Kluane Nationalparks.** Im Park, durch den kleine Straßen führen, der also nur zu Fuß erwandert werden kann, liegt der höchste Berg Kanadas. Der **Mount Logan** (5.950 m) ist Teil eines riesigen Gebiets von Fünftausendern und Gletschern mit einer reichen Fauna und Flora. Ein Paradies für Bergsteiger und Wanderer!

☆ **(1650/1025) Kluane Lake, M, W, T, C,** Laden, Bootsverleih, Fly-In Fishing; **A,** größter See des Yukon Territoriums und eines seiner besten Angelgewässer. **C,** entlang des Hwy finden sich mehrere Campingplätze, Motels und Versorgungsmöglichkeiten.

! Die "Geisterstadt" **Silver City** war einst Handels- und Polizeiposten. A auf Lake Trout bis 60 Pfund, Rainbow, Dolly Varden, Kokanee, Arctic Char, Grayling und Pike. Weitere Angelmöglichkeiten in den zahlreichen Zuflüssen, die leicht vom Highway zu erreichen sind.

☆ **(1811/1126)** Pickhandle Lake, **A** auf Pike und Grayling.

☆ **(1827/1135)** White River - die Farbe stammt vom hellen Sediment, das der Fluß mit sich führt. **Zum Angeln ungeeignet.**

☆ (1881/1169) **Beaver Creek,** 100 Ew., **T, W, M,** Laden.

☆ (1884/1170) Kanadische Zollstation.

☆ (1915/1190) **Grenze Kanada-Alaska,** Zeitzonengrenze!

☆ (1967/1222) Amerikanischer Zoll.

☆ (2011/1249) Deadman Lake State Campground, **C; A,** die Pike Population des Sees ist ungewöhnlich lang und schlank.

☆ (2023/1264) Yarger Lake State Campground, **C, A.**

☆ (2037/1265) **Northway,** 300 Ew., **T, W, M, F,** Laden.

☆ (2095/1302) **Tetlin Junction** - Kreuzung mit dem Highway nach Eagle und Valdez.

☆ (2115/1314) **Tok,** 1.000 Ew., **S, M, C, I, F,** Fly-in. "Hundehauptstadt" Alaskas. Hier werden Husky und Malamut gezüchtet und trainiert und jeden Winter **Hundeschlittenrennen** veranstaltet.

☆ (2191/1362) **Dot Lake,** 100 Ew., **T, C, Laden.**

Achten Sie während der folgenden 200 km auf **Büffel!** Die Herden dieser einstmals fast ausgerotteten Tiere bestehen heute aus etwa 500 Exemplaren.

☆ (2288/1422) **Delta Junction,** 1.000 Ew., **S, M, C, I, F, A.** Landwirtschaftliches Zentrum der Region, kurz vor dem Ort kreuzt die **Alaska Pipeline** den Highway. **A,** gutes Angelgebiet! In unmittelbarer Umgebung liegen mehrere Flüsse und Seen: Delta River - Grayling; Delta Clearwater und Tanana River - Coho Salmon, King Salmon, Rainbow und Grayling; Goodpaster River - Rainbow und Grayling. Beste Aussichten beim **Bootsangeln** (Ufer sind oft unterspült!).

☆ (2307/1433) Quarz Lake, **C, A,** hervorragende Fangaussichten auf Rainbow und Coho Salmon.

☆ (2377/1477) Harding Lake State Campground, **C, A.**

☆ (2445/1520) **Fairbanks,** 30.000 Ew., **S, M, C, I, F.** Endpunkt des Alaska Hwy. Neben dem letzten Meilenstein befindet sich das Infocenter. Fairbanks wurde am Anfang des Jahrhunderts als Goldgräbersiedlung gegründet. Nach und nach verlor sie an Bedeutung, und erst in den 60er Jahren erlebte sie einen neuen Boom als Versorgungszentrum für die Erschließung Nordalaskas durch Ölgesellschaften. Heute ist Fairbanks eine moderne Stadt, geprägt von Industrie, Handel und der Universität.

! **Alaska Public Lands Information Center.** Sehr gute Videos über Land, Leute, Geschichte, Kultur und Tierwelt.
! **Pionier Museum** - allerlei aus der Goldgräberzeit, der Raddampfer "Nenana" und ein Saloon mit **Can-Can Girls.**

Route 5: Kitwanga - Watson Lake
(730 km/450 M)

Der **Cassiar Highway** ist der Verbindungsweg zwischen British Columbia und dem Yukon Territorium. Im Vergleich zum Alaska Hwy ist diese Route landschaftlich interessanter und bedeutend weniger befahren.

Bis vor kurzem war der Highway die übelste Knüppelpiste des Nordens, doch seit etwa die Hälfte der Strecke asphaltiert ist, kann diese Verbindung ruhigen Gewissens empfohlen werden. Trotzdem ist äußerst **vorsichtige Fahrweise** angebracht. Die "Gravel Road" ist schon trocken nicht ungefährlich, doch bei Regen fahren Sie wie auf Schmierseife! Auch der asphaltierte Teil weist oftmals tückische Schlaglöcher auf.

Achtung: Die Lastwagenfahrer rasen wie von allen guten Geistern verlassen.

Und wundern Sie sich nicht, wenn ein Flugzeug direkt vor Ihnen auf dem Highway landet!

Entlang des Cassiar Highways gibt es nur **wenig Tank- und Einkaufsmöglichkeiten!** Nehmen Sie entsprechende Vorräte mit.

Landschaft und Natur sind fast unberührt und auch aus anglerischer Sicht kaum erschlossen.

Die Szenerie von schneebedeckten Gipfeln, Gletschern, wilden Flüssen und weiten Wäldern ist atemberaubend. Leider ist **Regen** im Bereich der Coast Mountains sehr häufig. Die geringsten Niederschläge sind im Juni und Juli zu erwarten, aber auch im August sind die Verhältnisse noch einigermaßen günstig.

☆ **(0/0) Kitwanga,** 1.200 Ew.,**C, A, T,** Laden.

☆ **(32/20)** Kitwanga Lake, **C, A** auf Rainbow, Lake Trout und Dolly Varden.

☆ **(76/47)** Treffpunkt mit der Nass Road (von Terrace). Der Highway folgt nun dem Nass River auf 70 km Länge, A hervorragendes Gewässer auf King Salmon, Coho Salmon, Steelhead.

☆ **(157/98)** Meziadin Lake, **T, W, M, C,** A in Nass- und Meziadin River und im See.

Nebenstrecke nach Steward und Hyder (70 km) am Ende des Portland Canals, eines mehr als 120 km langen Fjords, in dem die Grenze zwischen BC und SO-Alaska verläuft, **S, M, C, F, I.**

Hyder liegt auf alaskanischem Boden und ist berühmt für sein Nachtleben. Entlang der Straße eine herrliche Aussicht auf die Gletscher der Umgebung. Ein Abstecher, der sich lohnt!

A. Beim Angeln im Portland Canal ist auf den Verlauf der **Grenze** zu achten, da in den US-Gewässern eine Alaska Fishing Licence erforderlich ist. King Salmon, Coho Salmon, Keta Salmon, Dolly Varden und Steelhead.

☆ **(215/133)** Bell Irving River, A auf Steelhead, King Salmon, Dolly Varden und Grayling. Vorsicht **Bären!**

☆ **(310/193)** Bob Quinn Lake, A auf Rainbow.

☆ **(330/205), C,** A im Thomas Creek auf Grayling und Rainbow. Links vom Highway verläuft der Iskut River, A auf Coho Salmon, Rainbow und Grayling.

☆ **(380/236)** Kinaskan Lake, **C,** A auf Rainbow.

☆ **(405/252)** Tatogga Lake, **T, C,** A auf Rainbow.

☆ **(420/261) Iskut,** 300 Ew., **T,** Laden.

☆ **(502/312)** Dease Lake, **T, W, M, C, F,** Laden. Nebenstrecke entlang des Tanzilla- und Stikine Rivers nach **Telegraph Creek** (120 km).

A in der Umgebung: Stikine River, Tanzilla River, Tatso Creek und Dease Lake - Rainbow, Grayling, Dolly Varden und King Salmon.

☆ **(587/365)** Mighty Moe's Place, **C,** Bootsverleih; A im Cottonwood River, Joe Irwin Lake, Pine Tree Lake, Dease River und Cotton Lake auf Lake Trout, Rainbow, Pike und Dolly Varden.

☆ **(611/378) Cassiar,** 1.500 Ew., **S, M.**

☆ **(640/398)** Good Hope Lake, 100 Ew., Abfahrt zum Zusammenfluß von Dease River und McDame Creek, **A.**

☆ **(652/405) Boya Lake Provincial Park, C, A.**

☆ **(730/450)** Ende des Cassiar Highways. Zusammentreffen mit dem Alaska Hwy. 20 km nach Watson Lake (rechts), 440 km nach Whitehorse.

Route 6: Vancouver Island: Victoria - Port Hardy
(507 km/315M)

Die Strecke führt entlang der Ostküste und durchmißt die Insel fast in gesamter Länge. Bis **Campbell River** führt der Hwy durch viele Orte mit unzähligen Motels, Campingplätzen, Tankstellen und Einkaufsmöglichkeiten, so daß sich die Erwähnung der einzelnen Stationen erübrigt. Die weiteren 240 km bis **Port Hardy** sind dünner besiedelt.

Eine Anzahl von Fähren verbindet die Inseln mit dem Festland. Im Süden verkehren diese zwischen Nord-Vancouver und Nanaimo sowie zwischen Tsawwassen (Südvancouver) und Victoria, und im Norden besteht eine Verbindung von Port Hardy nach Prince Rupert und Südost-Alaska.

Die Straßen sind hervorragend, die Versorgung überall gewährleistet und die vielen **schönen Gewässer** oft stark von Anglern frequentiert. Es ist deshalb empfehlenswert, nicht gerade an einer bequem erreichbaren Stelle, 50 m neben der Straße, seinen Köder auszuwerfen. Sie sollten sich auf ein Stückchen Fußmarsch einrichten, falls der Angeltag erfolgreich sein soll. Wer allerdings solche Unbequemlichkeiten in Kauf nimmt und sich einen abgelegenen Pool sucht, wird sicher belohnt, denn die Gewässer der Insel sind überaus **fischreich.**

☆ **(0/0) Schwartz Bay,** Landepunkt der Fähre aus Vancouver.

☆ **(22/14) Victoria,** 80.000 Ew., die Hauptstadt BCs, ist **das Mallorca der Kanadier.** Das günstige Klima und eine wenig berührte Natur in nächster Nähe in Verbindung mit allen Annehmlichkeiten der Zivilisation, jedoch ohne die ihr eigene Hektik, geben der Stadt ein besonderes Gepräge.

☆ **(46/19)** Nebenstraße zum Sooke Lake- und River. **A,** gutes Fliegenfischen im Fluß auf Rainbow, Dolly Varden und Cutthroat.

☆ **(79/49) Duncan,** Nebenstrecke in westlicher Richtung zum Cowichan Lake und -River und weiter zum Nitinat Lake- und River, **A** auf King Salmon, Coho Salmon, Steelhead, Rainbow, Dolly Varden und Grayling.

☆ **(93/58)** Nebenstrecke entlang des Chemainus Rivers, **A** auf King Salmon, Coho Salmon und Steelhead.

☆ **(122/76) Nanaimo,** 20.000 Ew., Nebenstrecke zu den gleichnamigen Seen und dem Fluß, **A.**

☆ **(157/98) Parksville,** Nebenstrecke: Highway 4 zum Pazific Rim (124 km);
☆ km 4, Abfahrt zum Englishman River; **A** auf King Salmon, Coho Salmon, Steelhead, Dolly Varden und Grayling;
☆ km 16, Cameron Lake; **A** auf Kokanee und Rainbow;
☆ km 33, **Port Alberni, A** im Alberni Inlet - alle Lachsarten;
☆ km 40, Great Central Lake im Norden, Sproat Lake im Süden, **A** auf Rainbow, Dolly Varden, King Salmon und Coho Salmon;
☆ km 105, Kennedy Lake- und River, **A** auf King Salmon, Coho Salmon, Steelhead und Lake Trout.
☆ km 124, **Pazific Rim National Park,** durch den die Straße weiter bis Tofino führt (34 km). An dem langen Sandstrand sind oft Seelöwen zu sehen und vor der Küste tummeln sich **Grauwale.**

☆ **(168/104) Qualicum Beach, A** im Qualicum River auf King Salmon, Coho Salmon und Rainbow.

☆ **(189/117)** Abfahrt zum Horne Lake, **A** auf Rainbow.

☆ **(226/141)** Abfahrt zum Comox Lake, **A** auf Rainbow.

☆ **(270/168)** Campbell River.
Nebenstrecke in den **Strathcona Provincial Park** und zum Gold River, in deren Bereich ausgezeichnete Angelgewässer liegen: Campbell River- und Lake, Buttle Lake, Gold River.

☆ **(310/193)** Roberts Lake, **A** auf Rainbow.

☆ **(337/210) Seyward, A** im White River.

☆ **(354/220)** Adam River, **A** auf King Salmon, Coho Salmon und Steelhead.

☆ **(385/239)** Tsitika River, **A** auf Steelhead.

☆ **(399/248)** Nebenstrecke zum Woss Lake, **A.**

☆ **(403/251)** Nebenstrecke zum Nimpkish River- und Lake, sowie an die Westküste nach Zeballos (70 km), **A.**

☆ **(418/260)** Nebenstrecke zum Bonanza Lake, **A** auf Dolly Varden und Rainbow.

☆ **(507/315) Port Hardy,** 20.000 Ew., wichtiger Fährhafen nach Prince Rupert und Südost-Alaska. **A,** über Nebenstrecken sind Alice- und Victoria Lake sowie die Fjorde des Quatsino Sounds zu erreichen; alle Lachsarten, Rainbow, Dolly Varden und Cutthroat.

Route 7: Die Goldrausch Route: Skagway - Dawson City
(700 km/435 M)

Wer kennt nicht die Geschichten Jack Londons über den beschwerlichen Weg der Glücksritter zu den Goldfeldern am Klondike? Damals mußte jeder 1 Tonne Ausrüstung und Proviant über den **Chilkoot Pass** zum Lindemann See schleppen. Dort wurde ein Boot gebaut, und dann ging die Fahrt den gefährlichen Yukon hinunter. Viele Menschen ließen auf diesem Weg ihr Leben, und von denen, die bei den Goldfeldern ankamen, wurden nur wenige reich.

Die Highway-Route folgt größtenteils der, die 1887 - 1889 von Tausenden bewältigt wurde. Entlang der Strecke findet man viele Zeugnisse aus dieser Zeit, vom Raddampfer bis zur alten Mine. Wollen Sie sich eine Vorstellung von der Plackerei machen, erwandern Sie den **Chilkoot Trail** - ein unvergeßliches Erlebnis!

Neben dem historischen Aspekt bietet diese Route dem Angler gute Fangmöglichkeiten, besonders an den großen Seen im südlichen Yukon Territorium. Die Straßenverhältnisse sind überwiegend gut; zwei Drittel wurden bisher asphaltiert. Es gibt allerdings nur **wenig Einkaufsmöglichkeiten** und Tankstellen, so daß alle größeren Besorgungen in Whitehorse getätigt werden sollten.

☆ **(0/0) Skagway,** 800 Ew., **S, M, C, I, A, F.** Wichtiger Fährhafen, neben Haines die einzige Straßenverbindung zwischen SO-Alaska und dem Yukon Territorium. **! Klondike Goldrush Historical Park, !** Trail of '98 Museum; **A** im Hafengebiet und im Taiya Inlet auf King Salmon, Coho Salmon und Dolly Varden. Taiya River, Pullen Creek und Dewey Lake - Lachse, Dolly Varden und Brook Trout.

☆ **(10/6)** Amerikanische Zollstation

☆ **(24/15)** Kanadische Zollstation

☆ **(55/34)** Tutshi Lake- und River, **A,** hervorragendes Gewässer auf Lake Trout, Grayling und Rainbow. Die Gewässer liegen in BC - auf die richtige **Angellizenz** achten!

☆ **(96/59)** Windy Arm - ein Teil des Tagish Lake, **A** auf Lake Trout, Pike, Grayling und Whitefish. **Yukon-Territorium, Angellizenz** (in Carcross erhältlich) nicht vergessen!

☆ **(106/66) Carcross,** 200 Ew., **T, M, C,** Laden, Bootsverleih; **!** SS Tutshi, ein alter Raddampfer; A im Lake Bennet auf Lake Trout, Pike, Rainbow und Grayling.

Nebenstrecke: Hwy 8 (Tagish Road) **und 7** (Atlin Road).

☆ km 33, Tagish Yukon Goverment Campground; **C, A,** sehr gute Fangaussichten in Tagish River- und Lake (der Fluß verbindet Atlin- und Tagish Lake) sowie im Six Mile River auf Lake Trout, Pike, Dolly Varden, Arctic Char, Grayling und Whitefish.

☆ km 55, **Jacke's Corner, T,** Laden. Kreuzung mit der Atling Road und dem Alaska Highway.

☆ km 77, Lubbock River, verbindet den Little Atlin Lake mit dem Atlin Lake, **A,** hervorragend auf Grayling und Dolly Varden.

☆ km 81, **C,** Snafu Creek Yukon Goverment Campground, A in Snafu Creek- und Lake sowie im Lubbock River.

☆ km 88, Tarfu Lake Yukon Goverment Campground, **C, A.**

☆ km 96, **Grenze Yukon - BC;** ab hier in allen Gewässern BC Fishing Licence erforderlich!

☆ km 113, **Atlin,** 500 Ew., **S, M, C, F, I, A** im Atlin Lake und seinen Zuflüssen auf Lake Trout, Dolly Varden, Pike und Grayling. Fly-In Fishing zum Lachs- und Steelheadangeln.

☆ (116/72) Spirit Lake, **T, M, C; A** in Spirit Lake und Watson River auf Pike, Lake Trout, Dolly Varden und Grayling.

☆ **(130/81)** Lewes Lake- und Creek, **A** auf Dolly Varden, Grayling und Lake Trout.

☆ **(157/97)** Treffpunkt mit dem Alaska Hwy, der kurz hinter Whitehorse wieder verlassen wird.

☆ **(180/112) Whitehorse** ⇨ Alaska Highway.

☆ **(213/132)** Abfahrt zum Lake Laberge Yukon Goverment Campground, **C.** Der **Lake Laberge** ist wie der Tagish Lake äußerst gefährlich für kleinere Boote, da hier in Minutenschnelle heftige Stürme mit hohen Wellen aufziehen können. Kanus sollten in der

Nähe des Westufers bleiben und nicht über Richthofen Island - benannt nach dem bekannten deutschen Geographen, der dieses Gebiet kartographierte - auf den offenen See hinausfahren. A auf Lake Trout, Dolly Varden, Pike, Arctic Char und Grayling. Beste Fangaussichten im Bereich der Insel und am Nordende des Sees.

☆ **(235/146)** Fox Lake Yukon Goverment Campground, **C,** A auf Lake Trout, Grayling und Pike.

☆ **(249/155)** Little Fox Lake, A.

☆ **(295/183)** Twin Lakes Yukon Goverment Campground, **C,** A.

☆ **(342/213) Carmacks,** 400 Ew., **T, M, C, F,** Laden. Kurz hinter dem Ort führt eine Brücke über den Yukon River. Kreuzung mit dem Campbell Highway.

☆ **(367/228) !** Aussicht auf die **Five Finger Rapids,** die vorletzten Stromschnellen des Yukon Rivers.

☆ **(371/231)** Tatchun Lake Yukon Goverment Campground, **C,** A in Tatchun Lake- und Creek auf Lake Trout und Grayling.

☆ **(450/280) Pelly Crossing,** 150 Ew., Laden.

☆ **(510/317)** Ethel Lake Yukon Goverment Campground, **C,** A.

☆ **(521/324) Steward Crossing, T, M, C,** Laden. Nebenstrecke nach Mayo und Keno entlang des Steward Rivers, Mayo Rivers und Duncan Creeks (120 km bis Keno). A auf King Salmon (August, September); Coho Salmon (Ende August, September); Chum (Keta) Salmon, Sheefish, Arctic Char und Grayling.

☆ **(700/435) Dawson City,** 1.500 Ew., **S, M, C, I, F.**

Wer in den Yukon kommt, muß diese Stadt gesehen haben! Nach Abflauen des Goldrausches verringerte sich die Einwohnerzahl sehr, bis man in den 60er Jahren die historischen Gebäude aus der Zeit um die Jahrhundertwende renovierte und teilweise auch restaurierte. Die alten Saloons und Hotels wurden wieder in Betrieb genommen, die Stadt so zur **Touristenattraktion.**

Doch begegnet man hier nicht nur Touristen, sondern allen möglichen und unmöglichen Typen - Goldsuchern, Prospektoren und Trappern. Entsprechend geht es am Abend in den Saloons und an den Spieltischen auch zu. Lassen Sie sich einen nächtlichen **Kneipenbummel** in dieser Stadt nicht entgehen.

! Gaslight Follies - eine Show, wie um die Jahrhundertwende.
! Robert Service's Cabin - Jack London's Cabin - hier haben die beiden Dichter während ihres Aufenthaltes in Dawson gewohnt.
! Music Festival - findet jährlich im Juni oder Juli statt und ganz Dawson ist aus dem Häuschen. ! Vom **Midnight Dom** hat man einen guten Ausblick auf Stadt und Umgebung.

Wenn Sie weiter nach **Alaska** wollen, fahren Sie ab Dawson über den "Top of the World" Highway und den Taylor Highway nach Tok. Eine kostenlose Fähre bringt Personen und Fahrzeuge über den Yukon zum Anfang der Straße.
Den Namen Highway hat diese Knüppelpiste eigentlich nicht verdient und **vorsichtige Fahrweise** ist angesagt. Mehr als 50 km läßt die Gravel Road nicht zu. Der Grenzposten nach Alaska ist nur tagsüber zu bestimmten Zeiten besetzt. Wann dies der Fall ist, kann man bei der RCMP in Dawson erfahren.
In Chicken, 30 km hinter der Grenze und ca. 150 km von Dawson, gibt es eine Tankstelle und einen Laden. Bis Tok sind dann noch etwa 130 km zurückzulegen. Von dort aus geht es auf dem Alaska Hwy oder dem Glenn Hwy weiter.

Route 8: Kenai - Rundfahrt
(203 km/107 M)

Die Kenai Halbinsel südlich von Anchorage ist eines der beliebtesten Urlaubsgebiete Alaskas. Angesichts der wunderschönen Landschaft mit vergletscherten Gebirgen, dichten Wäldern und glasklaren Gewässern ist das nicht verwunderlich.
Neben Wandermöglichkeiten und Kanurouten sind es vor allen Dingen die ausgezeichneten **Angelmöglichkeiten**, die alljährlich die Besucher anlocken. Einige Gewässer sind stark besucht, doch nur an wenigen Stellen wie dem Russian River, kommt es zu Gedränge. Auch hier kann der Angler immer eine Flußstrecke finden, die er für sich alleine hat.
Drei voll asphaltierte Highways erschließen dem Autofahrer die Halbinsel. Auch hier ist, wie so oft im Norden, keine Rundfahrt im eigentlichen Sinne möglich. Jedoch bietet sich die Benutzung der Fähre zwischen Homer und Seward oder Valdez an. Seward und Homer sind auch die Fährhäfen nach Kodiak Island.

☆ **(0/0) Anchorage,** 250.000 Ew., größte Stadt Alaskas und einziger Flughafen des Staates, der von Deutschland aus direkt angeflogen wird. Hier liegen einige der besten Angelgebiete direkt vor der Haustür und können in kürzester Zeit erreicht werden. Es herrscht ein **angenehmes Klima** mit sehr wenig Niederschlägen und viel Sonne im Sommer.

Das kulturelle Angebot reicht vom Kammerkonzert bis zur Besichtigung des naturhistorischen Museums und bietet für jeden Geschmack etwas.

A, in der Umgebung befinden sich 15 Seen, die regelmäßig mit Rainbow, King Salmon und Coho Salmon besetzt werden und mit der normalen Angellizenz zu befischen sind: Beach Lake, Campbell Point Lake, Cheney Lake, Taku Lake, DeLong Lake, Jewel Lake, Lower Fire Lake, Mirror Lake, Sand Lake u.a. An Fließgewässern liegen Bird Creek, Campbell Creek, Indian Creek, Rabbit Creek und Ship Creek im Stadtgebiet.

Das Cook Inlet bietet hervorragende Möglichkeiten zum Salzwasserfischen auf alle Lachsarten. Dazu steht eine Vielzahl von Charterbooten zur Verfügung. Hüten Sie sich, ohne einschlägige seemännische Erfahrungen und in einem kleinen Boot hier herumzukurven. Der **Tidenhub** in der Umgebung von Anchorage beträgt bis zu 13 m und ist damit der größte Gezeitenunterschied auf der Erde!

Vor Spaziergängen auf dem von der Ebbe freigelegten Sand sei dringendst gewarnt! An vielen Stellen befindet sich **Treibsand,** in den Sie in Sekundenschnelle **einsinken** und sich ohne fremde Hilfe nicht mehr befreien können. Außerdem setzt die Flut so rasch ein, daß jede Beschreibung nur Unglauben hervorruft. Dieses Naturschauspiel sollten Sie gesehen haben.

☆ **(38/24)** Indian Creek, **A** auf Pink Salmon (Juli, August), Coho Salmon, Dolly Varden und Rainbow.

☆ **(42/26)** Bird Creek, **C, A** auf Dolly Varden, Rainbow, Pink Salmon und Coho Salmon.

☆ **(60/37)** Abfahrt zur Alyeska Recreation Area (5 km). Hier stand bis 1964 der Ort **Girdwood,** der von einer ungeheuren Flutwelle einfach weggespült wurde. Girdwood wurde später wieder aufgebaut.

Ein Stück weiter gelangen Sie an den Fluß des **Mt. Alyeska** (1.201 m), dem bedeutendsten Skigebiet Alaskas. Der Sessellift bringt Sie zu dem 600 m hoch gelegenen Skyride Restaurant, das bei schönem Wetter einen unvergleichlichen Ausblick auf den Turnagain Arm bietet.

☆ **(74/46)** Twenty Mile River, **A** auf King Salmon, Coho Salmon, Red Salmon und Pink Salmon (Juli/Aug.).

☆ **(79/49)** Placer River, **A** auf Coho Salmon (Aug./Sept.), Ingram Creek, **A** auf Pink Salmon.

☆ **(99/62)** Bertha Creek Campground, **C, A** in Bench Lake und Johnson Lake auf Grayling und Rainbow.

☆ **(113/70)** Treffpunkt mit dem **Hope Hwy;** Nebenstrecke nach Hope (30 km).

☆ **(130/81)** Colorado Creek Campground, **C, A** in den Summit Lakes auf Dolly Varden und Grayling.

☆ **(144/89) Tern Lake Junction,** Treffpunkt mit dem Sterling Hwy, Abfahrt zum Tern Lake Campground, **C, A.**

☆ **(157/98) Moose Pass,** 200 Ew., **T, M,** Laden.

☆ **(165/103)** Trail River Campground, **C, M,** Fly-In Fishing, **A** auf Dolly Varden, Rainbow und Lake Trout.

☆ **(191/119)** Grouse Creek- und Lake, **A** auf Dolly Varden, Grayling und Rainbow.

☆ **(203/127) Seward,** 2.000 Ew., **S, C, M, I, F,** Fähre, Bootsverleih; **! Kenai Fjords National Parks; A** in der Ressurection Bay auf King, Coho, Red, Pink Salmon und Heilbutt. Fähre nach Homer oder die gleiche Strecke zurück zum Sterlin Hwy.

☆ **Homer,** 3.500 Ew., **S, C, M, I, F, A,** Fähre, Bootsverleih. An der schönen Kachemak Bay gelegener **Hauptort der Heilbuttfischerei** auf der Halbinsel. Fänge zwischen 100 und 200 Pfund sind nicht ungewöhnlich, und auch etliche Exemplare über 350 Pfund kommen alljährlich auf die Waage.

Außerdem werden im Meer und den Flüssen der Umgebung King Salmon, Coho Salmon, Pink Salmon, Dolly Varden und Rainbow gefangen.

☆ **(221/137)** Anchor River Campground, **C, A** auf Steelhead bis 20 Pfund (Sept. - April), King Salmon (Mai - Juni), Coho Salmon (Juli - Sept.) auf Dolly Varden.

☆ **(229/142) Anchor Point,** 1.500 Ew., **T, W, M, C,** Laden.

☆ **(240/149)** Stariski Creek, **C, A** auf Steelhead, Dolly Varden, King Salmon, Coho Salmon und Pink Salmon.

☆ **(260/162)** Deep Creek, **C; A,** die Gewässer unmittelbar vor der Küste bieten einen der weltbesten Salzwasser-Fanggründe für **King Salmon!** Ebenso gehen Coho, Red, Pink Salmon und Dolly Varden an den Haken.

☆ **(264/164)** Ninilchik River, **C; A,** wie der Deep Creek ein hervorragendes Gewässer und gelegentlich stark frequentiert, da auch hier nur eine kurze Strecke zum Lachsangeln freigegeben ist.

☆ **(306/190) Kasilof,** 1.200 Ew., **T, M, C,** Laden; **A,** in nächster Umgebung hervorragende Angelgewässer in Kasilof River, Crooked Creek, Johnson Lake, Tustumena Lake auf Red Salmon, Pink Salmon, King Salmon, Coho Salmon, Steelhead, Rainbow und Dolly Varden.

☆ **(347/216) Soldotna,** 4.000 Ew., **S, M, C, I, F,** Bootsverleih. **A,** Anglerzentrum Alaskas. Es herrscht ein emsiger Betrieb an den Gewässern der Umgebung, also nichts für Leute, die ungestörte Ruhe und Natur suchen! Dafür kann sich der Kenai River, was die Kings angeht, mit dem Skeena messen, und der Russian River gilt als eines der besten Gewässer auf Red Salmon.

Der Run der Kings beginnt in der zweiten Juniwoche und erreicht gleich seinen Höhepunkt. Die Saison dauert bis zum 31. Juli. Der erste Run der Red Salmon findet Mitte Juni, der zweite Mitte Juli statt. Pink Salmon steigen Mitte August und Coho von Juli bis Oktober.

☆ **(350/218)** Isaak Walton Campground am Zusammenfluß von Kenai River und Moose River, **C,** Bootsverleih; **A,** Fliegenfischen vom 15. Mai bis 15. August!

☆ **(351/218) Sterling,** 2.000 Ew., **T, W, M, C,** Laden, Bootsverleih, **A** am Kenai River.

☆ **(360/224)** Nebenstrecke zum Hidden Lake (25 km) und einigen kleineren Seen, **A,** Kokanee und Rainbow, **C.**

☆ **(365/229) C, A** in Watson-, Egumen- und Peterson Lake auf Rainbow und Kokanee.

☆ **(396/246) Russian River** Campground, **C, M,** Laden. **A,** bester Fluß auf Red Salmon!, Coho Salmon, Dolly Varden und Rainbow.
☆ **(423/263)** Treffpunkt mit dem **Seward Highway.**

☆ **(567/352) Anchorage.**

Route 9: Anchorage - Fairbanks
(576 km/358 M)

Der **George Parks Highway** verläuft in nördlicher Richtung von Anchorage, parallel zu Susitna-, Chulitna- und Nenana River, nach Fairbanks. Die ausgezeichnete Straße überquert dabei die **Alaska Range** mit ihren schneebedeckten Gipfeln. Nach knapp der Hälfte der Strecke gelangen Sie zum Haupteingang des **Denali Nationalparks.** Die Straße in den Park ist für Privatfahrzeuge fast immer gesperrt, doch es verkehren regelmäßige Busse, die überall anhalten, wo es gewünscht wird.

Mit dem alles überragenden **Mt. McKinley** vor Augen können Sie im Denali wunderbar wandern und die artenreiche Tierwelt beobachten. Zum **Angeln** ist eine **besondere Lizenz** nötig, wie in allen National Parks. Diese erhält man ebenso wie Informationen über Wanderwege im Info-Center am Parkeingang.

Die Gewässer entlang des Hwy bieten hervorragende Angelmöglichkeiten; Lachs, Laketrout.

☆ **(0/0) Anchorage** ⇨ Route 8

☆ **(56/35)** Treffpunkt mit dem Glenn Highway.

☆ **(68/42) Wassilla,** 3.900 Ew., **S, M, C, I, F,** A in den Seen der Umgebung, Little Susitna River und Cottonwood Creek.

☆ **(84/52)** Nebenstrecke zum Big Lake, **C,** A auf Lachse, Lake Trout, Dolly Varden, Rainbow und Burbot.

☆ **(92/57) Houston,** 700 Ew., **S, M, C,** A im Little Susitna River und kleineren Seen in der Umgebung, **C, M, A.**

Zwischen Houston und Talkeetna liegen eine Reihe von Campingplätzen und Lodges. **A,** die **Angelmöglichkeiten** in diesem Gebiet sind umfangreich und ganz hervorragend.

Vom Coho (Juli/ Aug.) bis zum Grayling sind hier alle Arten vertreten. Zu den besonders guten Gewässern gehören: Chulitna River, Florence Lake, Casswell Creek, Montana Creek und Willow Creek.

☆ **(158/99)** Nebenstrecke nach **Talkeetna** (24 km) 450 Ew., **S, M, C, F,** Bootsverleih; **A** in Talkeetna- und Susitna River. King Salmon, Coho Salmon, Pink Salmon, Chum Salmon, Steelhead, Dolly Varden und Grayling.

☆ (185/115) **Trapper Creek Trading Post, T, W, M, C,** Laden, A im Moose Creek.

☆ **(221/137)** Troublesome Creek, A auf Lachse, Rainbow und Grayling.

☆ **(267/163)** Coal Creek, **A.**

☆ **(372/231)** Grizzly Bear Cabins, **M.**

☆ **(382/237) Denali National Park,** Haupteingang und Information.

☆ **(490/305) Nenana,** 550 Ew., A in Nenana- und Tanana River.

☆ **(576/358) Fairbanks** ⇨ Route 4

Route 10: Südost-Alaska - Die Inselhüpfer-Route

Prince Rupert - Haines Junction

Ein Großteil der Strecke wird mit Fähren zurückgelegt, der Kilometerzähler des Campmobils hat wenig Arbeit. Um zu den ausgezeichneten Angelgründen Südost-Alaskas zu gelangen, ist diese Beförderungsart unumgänglich. Ein ausgedehntes Straßensystem ist weder am Festland noch auf den Inseln zu finden, doch die vorhandenen Wege führen den Angler zu einer Reihe hervorragender Fanggebiete inmitten ursprünglicher Natur.

Das Vergnügen könnte allerdings durch die **häufigen Niederschläge** in dieser Region gemindert werden. Fahren Sie vorsichtig, denn die Straßen sind oft schlüpfrig oder ausgespült. Ein **geländegängiges Fahrzeug** ist unbedingt notwendig, will man die vorhandenen Möglichkeiten voll ausnutzen.

In und um die Ansiedlungen Südost-Alaskas findet der Angler eine Reihe von Fishing Guides, Bootsverleih und Fly-in-Unternehmen. Die **Salzwasserfischerei** in Fjorden und zwischen den unzähligen Inseln ist ebenso hervorragend wie das Angeln in Flüssen und Seen. Lachse stehen auch hier an erster Stelle.

Neben der hier beschriebenen Route gibt es eine Reihe von Alternativen, den Alexander Archipel kreuz und quer zu erforschen. In Haines Junction treffen Sie dann auf den Alaska Hwy.

Von **Prince Rupert** gelangt man mit der Fähre in ca. 6 Stunden nach:

☆ **Ketchikan,** 8.000 Ew., **S, M, C, I, F,** Bootsverleih. Zentrum des Tourismus und der gewerblichen Fischerei. Die alte Siedlung der Tlingit Indianer auf Revillagigedo Island wurde gegen Ende des vorigen Jahrhunderts von den ersten Weißen besiedelt. **! Tongass Historical Society Museum, A,** Informationen im Büro der Fischereibehörde - 415 Main Street.

Das Straßensystem ist etwa 70 km lang und führt zu einer Reihe guter Angelmöglichkeiten, wie z.B.: Mountain Point: Lachse vom Ufer aus (Juli, Aug.); Harriet Hunt Lake: Rainbow bis 60 cm; Perseverance Lake, Brook Trout.

☆ **Prince of Wales Island,** 3.000 Ew., **S, M, C, I, F,** Bootsverleih. Größte Insel des Alexander Archipels, zugleich drittgrößte Insel der USA. Ihre Länge beträgt mehr als 200 km, die größte Breite 50 km. Sie ist dicht bewaldet und von einer Reihe Straßen aller Kategorien durchzogen, die neun kleine Ortschaften miteinander verbinden.

Hollis ist der Fährhafen, den man in ca. 4 Stunden von Ketchikan aus erreicht. Es sind weder Läden noch sonstige Versorgungsmöglichkeiten vorhanden! Die findet man nur in **Craig, Klawock, Thorne Bay und Whale Pass. C,** Campingplätze sind in Thorne Bay, Klawock, an der North Island Road, südlich von Naukati und am Whale Pass vorhanden. Phantastische Angelmöglichkeiten! In Craig sind Chartermöglichkeiten zum Lachsfischen im Meer vorhanden.

In jedem Jahr werden viele King Salmon über 60 Pfund gefangen! Flüsse und Seen bieten Steelhead, Cutthroat, Dolly Varden und Rainbow. Coho, Chum, Red und Pink steigen von Juni bis September.

Die besten, an den Straßen liegenden Gewässer sind: Maybeso Creek, Harris River, Black Bear Creek, Steelhead Creek, Control Lake, Balls Lake, Rio Roberts, Goose Creek und Thorne River.

☆ **Wrangell,** 2.500 Ew., **S, M, C, I, F,** Bootsverleih. Der Ort auf der gleichnamigen Insel liegt 6 Fährstunden nördlich von Ketchikan, nahe der Mündung des Stikine Rivers.

A, die ausgezeichneten Angelmöglichkeiten in der näheren Umgebung sind nur per Boot oder Fly-In zu erreichen. Auskünfte beim Dep. of Fish and Game, 215 Front Street. Mit dem Auto zu erreichen, sind nur Thoms Lake und Pats Creek - Cutthroat, Dolly Varden, Punk Salmon und Coho Salmon.

☆ **Mitkof Island** unmittelbar nordwestlich von Wrangell, von dort in ca. 2 Stunden zu erreichen. Hauptort ist **Petersburg,** 3.000 Ew., **S,**

M, C, I, F, Bootsverleih. Das knapp 100 km lange Straßensystem führt zu ausgezeichneten Angelgründen in Süß- und Salzwasser: Blind River und Blind Slough - Steelhead (April/Mai), King (Juni/Juli), Coho (Aug./Okt.), Cutthroat und Dolly Varden. Sand-, Hill- und Crane Lake - Cutthroat und Rainbow; Scow Bay - Lachse.

☆ **Juneau,** 24.000 Ew., **S, M, C, I, F,** Bootsverleih. Hauptstadt Alaskas, von ihren Einwohnern liebevoll **"Klein San Francisco"** genannt, ca. 8 Fährstunden nördlich von Petersburg. Sie bietet alle Annehmlichkeiten und Abwechslungen, die man von einem solchen Ort erwartet. Daneben ermöglichen markierte Pfade Wanderungen in der wunderbaren Umgebung mit ihren Gletschern, Wasserfällen und Wäldern.

! Eine besondere Sehenswürdigkeit ist der nahegelegene **Glacier Bay National Park** mit seinen riesigen Gletscherfeldern. Angelmöglichkeiten bestehen fast nur im Salzwasser, wobei auch vom Ufer aus gute Aussichten auf Dolly Varden und Pink Salmon (Juli/Aug.) bestehen.

☆ **Haines,** 1.200 Ew., **S, M, C, I, F,** Bootsverleih. Nördlichster Punkt des BC/SO-Alaskas - Fährsystems, Beginn des 250 km langen **Haines Highways,** der bei Haines Junction auf den Alaska Highway trifft.

A, Lynn Canal und Chilkoot Inlet - King, Coho, Chum und Pink Salmon; Chilkoot- und Chilkat River - Pink Salmon (Juli/Aug.), Coho Salmon (Aug./Nov.), Chum Salmon (Sept./ Nov.)

Haines Highway

☆ **(44/27)** Mosquito Lake, **C, A.**

☆ **(66/41) Grenze USA - Kanada.**

☆ **(154/96)** Million Dollar Falls Yukon Goverment Campground, **C,** A im Takhanne River.

☆ **(160/98)** Zufahrt zum Takhanne River unterhalb der Fälle, nur für Allradfahrzeuge! **A** auf King-, Coho- und Pink Salmon, Rainbow, Grayling und Dolly Varden.

Achtung! Zwischen hier und Haines Junction ist **Grizzly-Gebiet!**

☆ **(193/120)** Dezadeash Lake, **C, M, T,** Bootsverleih, A auf Lake Trout, Grayling und Pike.

☆(216/134) Nebenstrecke zum **Kathleen Lake.** Der See, am Fuß der St. Elias Mountains, ist einer der schönsten im Yukon Territorium! **C,** einziger Campingplatz im Kluane National Park. A auf Lake Trout, Kokanee, Rainbow und Grayling. **Nationalparklizenz** erforderlich!

☆ (217/135) Kathleen River, A auf Lake Trout, Rainbow und Grayling; hervorragende Kokanee-Gewässer.

☆(243/151) **Haines Junction, S, M, I,** Kluane National Park.

Weiter nach Zentralalaska oder nach Whitehorse.

Das Ortszentrum von Juneau

Kanutouren

Mit dem Kanu wurde der Nordwesten des amerikanischen Kontinents erschlossen, und es ist auch heute noch das Fortbewegungsmittel für alle Abenteuerlustigen, die ein Stück Wildnis für sich entdecken wollen. Eine Fahrt auf Flüssen und Seen, fernab jeglicher Zivilisation, wird für alle ein unvergleichliches Erlebnis sein.

Im folgenden werde ich nur **Routen** beschreiben, die Sie relativ **einfach und gefahrlos** bewältigen können, so daß sie auch für Leute ohne große Kanu- und Wildniserfahrung geeignet sind.

Bei Beachtung einiger grundsätzlicher Vorsichtsmaßnahmen und mit ein wenig gesundem Menschenverstand lassen sich unliebsame Überraschungen vermeiden!

Für die Planung eines solchen Unternehmens ist die **richtige Selbsteinschätzung wichtig.** Sie müssen kein Athlet sein, um eine Kanutour bewältigen zu können, sollten sich aber der körperlichen Belastung bewußt sein. 6 oder 8 Stunden paddeln pro Tag werden Ihnen zu Anfang einen ordentlichen Muskelkater und steife Glieder bereiten, doch die richtige Kondition entwickelt sich nach kurzer Zeit von selbst.

Wichtiger noch als die Fitness ist die **mentale Einstellung.** Alles was man tut, sollte mit Bedacht geschehen. Heldentaten und Überheblichkeiten zahlen sich mit Sicherheit nicht aus. Was ich damit meine, soll folgendes Erlebnis verdeutlichen:

Im Sommer 1985 war ich mit meinem Freund Wolf zu einer Kanu-Tour im Yukon-Territorium verabredet. Als Ausgangspunkt hatten wir Whitehorse gewählt und dort den Robert Service Campground, ein Treffpunkt für viele Kanuten, Waldläufer und Goldsucher aus aller Herren Länder.

Auf dem Campingplatz (der nur Zeltern zur Verfügung steht) werden Ausrüstungsgegenstände und Boote gehandelt, und am abendlichen Lagerfeuer erfährt man mehr über den Yukon als es der beste Reiseführer mitzuteilen vermag. Weil ich schon einige Tage vor dem verabredeten Termin angekommen war, half ich einer Gruppe junger Deutscher und Schweizer bei der Organisation ihrer Kanutour.

Den ganzen Tag schleppten wir Ausrüstung und Lebensmittel auf den Campground. Dabei fielen mir auf dem Platz neben meinen Bekannten zwei Pärchen auf, die den Kontakt zu anderen Zeltplatzbewohnern mieden und sich am allgemeinen Informationsaustausch nicht beteiligten. Sie wechselten mit niemandem ein Wort, nicht einmal ein Gruß kam über ihre Lippen.

Die beiden jungen Männer stellten betontes Selbstbewußtsein zur Schau und würdigten das rege Treiben anderer Gruppen mit keinem Blick. Die Frauen beschränkten sich aufs Beobachten des Lagers. Auch am zweiten Abend nahmen die "Schweigsamen" nicht an der obligatorischen Lagerfeuersitzung teil.

Wen nimmt es da Wunder, daß die Vier allgemeines Interesse erweckten, als Sie am nächsten Morgen ihre Boote bestiegen. Wie üblich war ein Teil der Campgroundbewohner zur Verabschiedung ans Yukonufer gekommen.

Wortlos wurden die Boote abgestoßen und in die Strömung gelenkt. Nach den ersten Schlägen war nicht zu übersehen, daß die Besatzung der beiden Kanus keine Erfahrung im Umfang mit dem Paddel hatte. Die gehässigen Kommentare der Oldtimer erstarben jedoch, als Sie sahen, was sich etwa fünfhundert Meter flußabwärts anbahnte!

Dort liegt ein großer Wirbel von etwa vierzig Metern Durchmesser. Man kann ihn leicht auf der linken Seite umfahren und selbst, wenn der Wirbel das Kanu packt, ist es keine Schwierigkeit wieder herauszukommen. Wer sich jedoch gegen den Wirbel stellt, statt seine Geschwindigkeit auszunutzen, kann leicht kentern. Genau das passierte nun beiden Booten! Sie kamen in den Wirbel, wurden gedreht und kippten.

Wir schnappten uns die nächstbesten Kanus und zogen zwei der Schwimmschüler aus den eiskalten Fluten des Yukon, zwei hatten schon aus eigener Kraft das gegenüberliegende Ufer erreicht. Nach kurzer Zeit lagen auch die leeren Kanus am Ufer. Nichts war gesichert und auch eine stundenlange Suche brachte nur einen Teil der verlorenen Ausrüstung zu Tage. Es stellte sich auch heraus, daß die vier fast alles Geld und ihre Papiere in einem Rucksack verstaut hatten, der nun nicht mehr zu finden war.

Diese Begebenheit ist noch glimpflich abgelaufen. Aus einem unbegreiflichen Stolz heraus wollten sie anderen und wahrscheinlich auch sich selbst vormachen, sie könnten ohne fremde Hilfe auskommen - schließlich hatten sie doch alle erdenkliche Literatur über den Norden und Kanufahrten gelesen. Auch sie hätten ihre Fahrt auf dem Yukon bewältigen können, wie viele vor ihnen. Was das Unternehmen zum Scheitern verurteilte, war einzig und allein die **Einstellung** dieser Leute!

Ein Wildnistrip ist kein Spiel für gelangweilte Möchtegernaussteiger und andere Spinner, und jeder, der unerfahren ist, sollte es langsam angehen. Manche böse Überraschung läßt sich vermeiden, wenn man sich eingehend informiert. Überall im Norden trifft man Leute, die schon viele tausend Kilometer im Kanu zurückgelegt haben und gern bereit sind, ihr Wissen weiterzugeben. Wer ein Leihboot nimmt, kann in den meisten Fällen von den Erfahrungen des Vermieters profitieren. Sie müssen nur fragen!

Erscheint Ihnen eine ausgedehnte Wildnisfahrt zu riskant, sollten Sie erst einmal **kleine Tagestouren** auf einem ruhigen See unternehmen. Das bringt Übung und Sicherheit im Umgang mit dem Kanu. Auch in Deutschland findet man Gewässer in allen Schwierigkeitsstufen, die ein intensives Training ermöglichen.

Unternimmt man eine **Gruppenfahrt,** so ist die Zusammenstellung des Teams für das Gelingen ganz entscheidend. Ein zusammengewürfelter Haufen, der sich kaum kennt, wird sich mit ziemlicher Sicherheit nach dem ersten kleinen Zwischenfall, handele es sich um ein verlorenes Ausrüstungsteil oder ein gekentertes Kanu, in die Wolle bekommen.

Ein solches Unternehmen geht nur dann gut, wenn eine Person die Leitung übernimmt und die anderen bereit sind, sich unterzuordnen. Jeder erfahrene Führer macht vor Beginn der Reise alle Teilnehmer darauf aufmerksam, daß er bestimmt, was getan wird. Wer nicht in der Lage ist, diese Tatsache zu akzeptieren, sollte auf die Tour verzichten. Zwei Boote und vier Leute, die sich wirklich gut kennen, ergeben eine Kombination, die Anfängern Sicherheit und viel Spaß bringen werden.

Die **Zwei-Personen-Tour** ist das Nonplusultra für erfahrene Kanuten, die sich hundertprozentig aufeinander verlassen können und es auch einmal fertigbringen, stundenlang wortlos am Feuer zu sitzen und nichts zu tun, als die Natur zu genießen.

Solofahrten werden von den meisten Autoren verdammt. Mir ist schleierhaft weshalb. Es ist durchaus richtig, daß ein Greenhorn, das nie in einem Kanu saß und noch nie einige Zeit fern der Zivilisation zugebracht hat, sich auf ein solches Abenteuer nicht einlassen sollte. Wer aber mit einem Boot umzugehen weiß, mit dem Zeltleben vertraut ist und sicher ist, nach ein paar Tagen Einsamkeit nicht gleich einen Wildniskoller zu bekommen, der wird eine Erfahrung machen, die sein Leben prägt.

Ausrüstung / Tips

Ein wesentlicher Punkt bei einem Wildnistrip ist die passende Ausrüstung:

Ein **Kanu** für 2 Personen sollte etwa 5-5,50 m lang sein. Ob aus glasfaserverstärktem Kunststoff (GFK), Aluminium oder anderen Materialien ist Geschmacksache. Jede Bauart hat ihre Vor- und Nachteile.

Aluminiumboote sind sehr robust und auch relativ leicht. Selbst brutale Zusammenstöße mit Felsbrocken hinterlassen nur kleine

Dellen, die mit einem Gummihammer leicht auszubeulen sind. Nachteile sind erstens die Temperaturleitfähigkeit des Materials, das heißt man bekommt unter Umständen eiskalte Füße oder Brandblasen, je nach Wetterlage, und zweitens der Lärm, den diese Boote verursachen. Besonders wenn das Kanu zum Angeln benutzt wird, muß man höllisch darauf achten, daß einem ja nichts aus den Fingern fällt. Das Gescheppere verursacht jedem der geschuppten Burschen im Umkreis von hundert Metern Kopfschmerzen.

Dieses Problem ist bei **GFK** nicht gegeben. Dafür reagieren sie auf Kollisionen mit harten Gegenständen unter Umständen weniger erfreulich. Bei schlecht verarbeiteten Booten gibt es relativ schnell Risse oder Löcher. Gute Boote halten dagegen schon einiges aus. Gut bedeutet hier, daß zur Herstellung mehrere Schichten Glasfasermatten verwendet wurden und nicht, wie bei billigen Kanus, nur Schnipsel, die in Verbindung mit dem Kunststoff, per Spritzpistole in die Form eingebracht werden.

Das stabilste Material im heutigen Bootsbau ist eine **Kombination** aus **Kohlefaser** und dem Kunststoff **Kevlar.** Es ist extrem leicht und nahezu völlig bruchfest. Der Nachteil liegt im Preis, der weit höher zu Buche schlägt als bei anderen Kanus.

An dieser Stelle sei noch auf ein Boot hingewiesen, mit dem ich auf vielen Touren im Yukon gute Erfahrungen machen konnte: Der **Metzeler Indio Spezial** ist ein Schlauchboot in Kanuform, das eine Menge Vorteile zu bieten hat. Sein geringes Gewicht und kleines Packmaß erleichtern den Transport. In kürzester Zeit ist es einsatzbereit oder wieder verpackt.

Der größte Vorteil jedoch ist die **Sicherheit,** die das Boot bietet. Selbst bei schwierigen Wildwasserfahrten über scharfkantige Felsen wurde das Material kaum aufgerauht, geschweige denn ernsthaft beschädigt. Es gibt naturgemäß auch einige Nachteile. So ist der Indio noch windanfälliger als es bei Kanus ohnehin der Fall ist, und für zwei Personen mit Ausrüstung und Proviant für einige Wochen wird es sehr eng.

Wichtig bei GKF- und Alu-Kanus sind noch die **Luftkästen,** damit das Boot im Falle einer Kenterung nicht wie ein Stein absäuft.

Die **Paddeltechnik** wird kaum jemandem ernste Schwierigkeiten bereiten, und nach kurzer Zeit hat auch der absolute Neuling den Bogen raus. Um Rückenschmerzen zu vermeiden ist es günstiger, im Kanu zu knien und das Hinterteil nur an die Sitzbank anzulehnen. Außerdem liegt dann der Schwerpunkt niedriger, und der Anfänger fühlt sich sicherer. Nach zwei Tagen haben Sie sich an diese Haltung gewöhnt, und wenn die Knie etwas ausgepolstert werden, entstehen auch keine Schmerzen.

An Bug und Heck sollte je ein **Seil** von 10 - 15 m Länge befestigt sein. Damit wird das Boot immer gesichert, sobald man an Land geht. Außerdem hilft es unter Umständen bei einer Kenterung das Kanu festzuhalten. Alles Gepäck wird mit Riemen oder Schnüren fest angebunden, ebenso die **Reservepaddel.**

Eine **Spritzdecke** verhindert bei Wildwasserstrecken, daß allzuviel Wasser ins Boot schlägt, ansonsten ist sie eher hinderlich.

Zur Entfernung der Pfütze, die immer im Boot steht, ist nichts geeigneter als ein **Schwamm.**

Wer ein neues Kanu in Kanada oder Alaska kaufen will, wird fast an jeder Straßenecke einen Laden finden. Doch auch hier lohnen sich Preisvergleiche, und es gilt: Je weiter im Norden, desto teurer wird das Gefährt.

Boote aus zweiter Hand sind oft über Zeitungsanzeigen, Pinwände und auf Campingplätzen zu ergattern. Es besteht natürlich auch die Möglichkeit, ein Kanu zu **leihen.** Verleihfirmen finden sich überall an bekannten Gewässern.

Noch ein Wort zu **Kajak** und **Faltboot**
Diese Bootstypen sind natürlich ebenso geeignet wie der klassische Kanadier. Der größte Nachteil ist die geringe Zuladung, so daß für eine längere Fahrt nur das Allernotwendigste mitgenommen werden kann. Außerdem setzen sie ein **höheres Fahrkönnen** voraus, besonders in Stromschnellen, wo sich Kanadier gutmütiger verhalten. Dafür sind sie bedeutend wendiger, und das Kajak bewältigt auch Wildwasser, für das ein Kanu nicht mehr geeignet ist.

Das Faltboot ist nur für Gewässer ohne Hindernisse und Stromschnellen zu empfehlen, denn die verhältnismäßig empfindliche Bootshaut kann von einem scharfkantigen Felsen oder einem spitzen Ast leicht aufgeschlitzt werden.

Einige wichtige Tips

☆ Vor Beginn einer Kanutour durch die Wildnis ist es angebracht, sein Vorhaben bei der RCMP anzumelden, sonst ist bei einem etwaigen Unfall keine Hilfe zu erwarten. Am Ende der Fahrt meldet man sich dann bei dem nächsten RCMP Posten. Ist man mehrere Tage überfällig, kann anhand der Angaben eine Suchaktion gestartet werden.

☆ Ebenfalls bei den "Mounties" erhält man die **Firepermit,** die Erlaubnis zum Feuermachen.

☆ **Vor Stromschnellen ans Ufer fahren** und erst die beste Durchfahrt erkunden!

☆Eine **Schwimmweste** ist nicht nur nötig, sie zu tragen ist in manchen Gegenden sogar Pflicht (Yukon). Den Sinn eines Livejackets sieht man spätestens dann ein, wenn eine unfreundliche Stromschnelle für ein nicht ganz freiwilliges Bad sorgt.

☆**Brustbeutel** oder Gürteltasche dienen der Aufbewahrung von Geld und Papieren.
☆Um auch auf den schlimmsten Fall vorbereitet zu sein, d.h. wenn Boot, Ausrüstung und Proviant verloren gehen, sollte eine **Notfallausrüstung am Körper** getragen werden. Die wenigen Utensilien sind in einer Anglerweste oder Gürteltasche leicht unterzubringen.

Dies sollte der Inhalt sein:
wasserdicht verpackte Streichhölzer
Kompaß
einige Spinner und Angelhaken sowie Angelschnur
etwas Salz
Insektenrepellent
Pflaster, Binde und Antibiotikatabletten
einige Meter dünnes Seil
ein Stück Draht (für Schlingen)
ein Stück Alufolie
Taschenmesser
ein starkes Messer trägt man ohnehin am Gürtel.

Mit diesen Dingen kann man auch bei Verlust des Bootes einige Zeit gut zurechtkommen. Das wichtigste sind dabei die **Streichhölzer** und die Utensilien zur Nahrungsbeschaffung.

☆Bei einem Unfall, der das Weiterfahren verhindert, sollte eine deutlich **sichtbare Markierung** für die Suchmannschaft erstellt werden. Am leichtesten sind aus der Luft orangerote oder gelbe Gegenstände zu erkennen. Ebenso ein SOS aus dunkler Erde auf hellem Kies.
☆Für das **sinnvolle Packen** der Gegenstände sollten Sie sich einen Plan machen, denn nichts ist lästiger, als wenn man bei einer Teepause das ganze Boot umkrempeln muß, um an den Kessel zu kommen.

☆Als **Transportbehälter** eignen sich See- und Rucksäcke sowie Aluminiumkisten, die sich mit Silikonkautschuk sogar wasserdicht machen lassen. Die **Fotoausrüstung** und alle anderen Dinge, die nicht naß werden dürfen, gehören in einen wasserdichten Packsack (in Kanada gibt es solche mit einer Art aufblasbarem Schwimmring).

☆ Eine **Proviantliste** für 2 Personen und 14 Tage könnte etwa folgendermaßen aussehen:

5 kg Mehl
2 kg Pfannkuchenmix
2 kg Reis
1 kg Zucker
2 kg Speck
1 kg Nüsse
1 kg Milchpulver
1 kg Kaffee
1 l Whisky
250 g Honig
250 g Kakao
500 g Rosinen
500 g Schokolade
500 g Tomatenmark
10 Puddingpulver
Frischgemüse
einige Dosen Bier

5 kg Kartoffeln
2 kg Haferflocken
2 kg Margarine
1 kg Dörrobst
2 kg Nudeln
1 kg Zwiebeln
1 kg Salami
1 l Öl
300 g Backpulver
250 g Ahornsirup
500 g Eipulver
500 g Salz
500 g Tee
10 Fertigsuppen
Gewürze
3 Dosen Corned Beef

Auf den ersten Blick erscheint das recht viel, zumal auch noch die selbstgefangenen **Fische** auf den Speisezettel gehören, doch der Kalorienbedarf auf einer Kanutour ist beträchtlich, und eine gewisse Reserve sollte vorhanden sein, um allen Eventualitäten vorzubeugen.

Trinkwasser sollte von empfindlicheren Naturen sicherheitshalber abgekocht werden!

Ausführliche Informationen über Kanurouten und kostenloses Kartenmaterial für Alaska erhält man über: Alaska Pioneer Canoers Association Box 931, Soldotna, AK 99669, USA.

Der deutsche Kanuverband e.V., Berta-Allee 8, 4100 Duisburg, kann ebenfalls hilfreiche Informationen liefern.

Für die im folgenden beschriebenen Touren sollte man sich mit guten **topographischen Karten** ausrüsten. Da keine größeren Schwierigkeiten zu erwarten sind, genügen solche vom Maßstab 1:250.000, wer es genauer sehen möchte, bekommt sie aber auch in 1:50.000. Sowohl für Kanda als auch für Alaska gibt es Indexkarten, aus denen sich ersehen läßt, welche Detailkarten die gesuchten Gebiete abbilden.

Karten erhalten Sie z.B. im ReiseShop, Walkerdamm 18a, 23 Kiel 1, ☎ 0431/95661. Buchhändler können Karten im GeoCenter/ILH, Schockenriedstr. 40a, 7 Stuttgart, ☎ 0711/7889345 bestellen.

Route 1: Yukon River

Der Yukon, einer der größten Flüsse Nordamerikas, entspringt nicht weit vom Pazifik entfernt. Er wendet sich aber nach Norden und erreicht den großen Ozean erst nach einer Strecke von mehr als 3.200 km, nachdem er eines der letzten großen Wildnisgebiete der Erde durchflossen hat.

Seit Urzeiten war der Strom ein wichtiger **Verkehrsweg der Indianer,** und erst im letzten Jahrhundert wurde er von den Weißen entdeckt und befahren. Den Unterlauf erforschten als erste die Russen, während es am Oberlauf Robert Campbell war, der 1843 auch Fort Selkirk an der Mündung des Pelly River gründete.

Zu dieser Zeit interessierte man sich hauptsächlich für den **Pelzhandel,** und nur wenige waren auf der Suche nach Gold und Silber. Man vermutete, daß das Gebiet des Yukons reich an Edelmetallen wäre, doch das extreme Klima, sowie die unendliche Weite und Einsamkeit machten die Erschließung schwierig.

Alle diese Hindernisse erschienen jedoch unwesentlich, als **1896** drei Männer an einem kleinen Nebenfluß des Yukon den **Goldfund** des Jahrhunderts machten: George Washington Carmacks, sein indianischer Schwager Skookum Jim und dessen Freund Tagish Charly waren am **Rabbit Creek,** den man später in Bonanza Creek umtaufte, buchstäblich über das begehrte Edelmetall gestolpert. Die Nuggets hingen an den Graswurzeln. Wie ein Lauffeuer breitete sich die Nachricht aus und löste das gewaltigste Wettrennen aller Zeiten aus.

In den Jahren 1897 und 1898 zog es Hunderttausende in den Yukon. Die meisten reisten über den Chilkoot-Trail zum Lake Bennet, dann über die anderen Quellseen und schließlich den Yukon hinunter. Viele gingen an den Strapazen der Fahrt zugrunde. Sie verhungerten oder erfroren und nur wenige machten das große Glück.

Nach gut einem Jahrzehnt waren die bedeutendsten Goldvorkommen ausgebeutet, und der größte Teil der Glücksritter zog zu anderen Fundstellen. Das Yukon-Territorium war wieder nahezu menschenleer. Erst durch den **Bau des Alaska Highways,** während des Zweiten Weltkriegs, wurde es für den Straßenverkehr erschlossen und ab den 60er Jahren interessierten sich auch Touristen für den einsamen Nordwesten Kanadas.

Wollte man den Yukon bis zu seiner Mündung in der Bering See befahren, müßte man gut 3 Monate Fahrzeit veranschlagen! Als Teilstrecke bietet sich daher der Oberlauf zwischen **Whitehorse**

und Dawson City an. Für die Bewältigung der **740 km** sollte mit mindestens **2 Wochen Reisedauer** gerechnet werden. Wer mehr Zeit zur Verfügung hat, kann noch weiter oben einsetzen und die Quellseen als Ausgangspunkt wählen (⇨ Route 4).

Die Mehrzahl der Yukonfahrer startet von **Whitehorse** (⇨ Alaska Highway). Hier finden sich jede Menge Möglichkeiten, ein Kanu zu leihen oder zu kaufen und letzte Ratschläge für diesen viel befahrenen Strom zu erhalten.

Was die **Anreise** anbelangt, so geht es kaum einfacher. In weniger als dreizehn Flugstunden gelangt man aus Europa täglich nach Whitehorse. Die beeindruckende Fahrt mit der Fähre von Vancouver über Prince Rupert nach Skagway ist eine weitere gute Möglichkeit, an den Yukon zu kommen. Die Küstenlandschaft Kanadas und Südost-Alaskas mit ihren Bergen, Fjorden und unzähligen Inseln ist so überwältigend, daß man sie nie vergißt. Der Preis beträgt etwa 260 DM pro Person, die Fahrzeit 66 Stunden. Die restlichen 157 km von Skagway nach Whitehorse sind per Bus, Mietwagen oder Anhalter nur noch ein kurzes Stück.

Leider stellte 1982 die White Pass & Yukon Route-Eisenbahn ihren Betrieb ein, die bis dahin eine wichtige Verkehrsverbindung darstellte und ihren Passagieren eine gemächliche und beeindruckende Fahrt über den White Pass am Lake Bennet entlang und hinunter zum Yukon bot.

Wenn Sie gut zu Fuß sind, sollten Sie sich den **Chilkoot Trail** nicht entgehen lassen und es den Goldsuchern vergangener Tage gleichtun, die sich allerdings schwer beladen ihren Weg zum Yukon erkämpften. Mit dem Rucksack ist diese Wanderung in etwa drei Tagen zu bewältigen.

In **Whitehorse** kann man in Ruhe einkaufen und weitere Vorbereitungen für die große Fahrt treffen. Unterkünfte finden sich in Form von Hotels, Motels und Campingplätzen. Bei letzteren empfiehlt sich der **Robert Service Campground,** da er direkt am Fluß liegt und gute Einsetzmöglichkeiten bietet. Allerdings müssen einige Abstriche gemacht werden, was die sanitären Einrichtungen angeht. Nach dem Großeinkauf von Lebensmitteln und anderen Utensilien ist es sicher eine sehr kräfteschonende Idee, den ganzen Kram per Taxi zum Campground zu schaffen.

Ein weiterer guter **Startpunkt** ist der **Rotary Park** an der Yukon Brücke. Hier gibt es ein Kehrwasser mit einem flachen Kiesstrand, wo in Ruhe das Boot beladen werden kann.

Der Fluß bereitet auch Anfängern kaum Schwierigkeiten, da es nur wenige kritische Stellen gibt. Ende Juni, Anfang Juli hat er den höchsten Wasserstand und ermöglicht so ein zügiges Vorwärtskommen. Das Niedrigwasser im September ist zwar nicht problematisch, doch erschwert es die Paddelei. Mit mäßiger Strömung führen die ersten 50 km zum **Lake Laberge,** der bequem in einem Tag erreicht werden kann.

Schon auf diesem Abschnitt begegnet man einer typischen Landschaft mit hohen **Cutbanks,** den steilen Hängen, die durch das Abrutschen von mehr oder weniger großen Uferabschnitten entstehen und deren Fotos in keinem Bildband über die Flüsse des Nordens fehlen. Mit dem Boot sollte man sich tunlichst davon fernhalten, um nicht Gefahr zu laufen, von einem Erdrutsch verschüttet zu werden.

Nach etwa 23 km mündet der **Takhini River** in den Yukon und beschleunigt die bisher recht träge Strömung. Einige Kilometer dahinter erstreckt sich ein großes Gebiet, in dem 1954 ein Buschfeuer fürchterlich gewütet hat. Der Fluß ist hier ziemlich breit, verengt sich aber einige Kilometer vor dem Lake Laberge wieder. An der Mündung des Yukons in den See befinden sich ausgedehnte Sandbänke. Am besten hält man sich am rechten Ufer, wo sich am **Scow Point** eine schöne Lagermöglichkeit findet.

Die Fahrt sollte nicht entlang des Ostufers fortgesetzt werden; der See ist hier am Südende zu überqueren! Am Lake Laberge treten sehr oft heftige Unwetter und Stürme auf, die innerhalb weniger Minuten entstehen und mit mehr als zwei Meter hohen Wellen jedes Kanu zum kentern bringen.

Das Westufer des Sees ist, im Gegensatz zum gegenüberliegenden, leicht zugänglich, so daß man im Falle des Falles auf festem Boden Schutz suchen kann.

Bei der Überquerung orientieren Sie sich am einfachsten an den Häuschen von **Upper Laberge,** einer Indianersiedlung. Etwa 15 km weiter liegt der **Lake Laberge Campground** und die vorgelagerte **Richthofen Island** mit guten Lagerplätzen auf der Ostseite. Auf der fünf Kilometer langen Insel gibt es kein Quellwasser, man muß sich mit abgekochtem Seewasser begnügen.

Der See ist einer der wenigen sehr guten Angelplätze entlang des Yukon Rivers. In den flachen Buchten des Ostufers stehen viele kapitale Hechte, im tiefen Wasser bekommt man mit etwas Glück eine kapitale Lake Trout an den Haken. Die Zuflüsse beherbergen schöne Rainbow und Grayling.

Am Ende des Sees wird das Wasser so kristallklar, daß die Sicht mehr als 10 m in die Tiefe reicht. Der Abfluß ist sehr flach und von Sandbänken durchsetzt, die für ein Kanu allerdings kein Hindernis sind. Auf der rechten Seite erkennt man die Überreste der Siedlung **Lower Laberge** und das Wrack des Steamboats "Casca".

Nach 50 km Seepaddelei beginnt der schönste Abschnitt des Yukons, der sogenannte **Thirtymile River.** Der Fluß wird schmaler, und die Strömung befördert das Boot mit angenehmer Geschwindigkeit voran. In dieser unberührten Wildnis können Sie besonders in den Morgenstunden Elche, Bären und mit viel Glück auch Wölfe beobachten.

In den tiefen Canyons tauchen die ersten **Hoodoos** auf, eigentümliche Steinpfeiler, die zum Teil einen Hut tragen; eine durch Erosion entstandene Laune der Natur. Lagerplätze sind auf diesem Abschnitt leicht zu finden.

Bei km 145 mündet der Teslin River in den Yukon. Am linken Ufer liegt **Hootalingqua,** eine verlassene Indianersiedlung, die auch als RCMP-Posten diente. Heute sind allerdings nur noch die Überreste von zwei oder drei Hütten zu sehen. Überhaupt findet man entlang des Stroms viele verlassene Hütten und Geräte aus der Zeit des Goldrauschs. So können Sie das Wrack des Steamers "Evelyn" besichtigen, das auf der Shipyard Island, direkt hinter Hootalinqua liegt.

Übrigens ist der Zusammenfluß von Yukon und Teslin eine hervorragende Angelstelle auf Pike und Grayling. Das Flußtal wird weiter und das Wasser dort etwas rauher, wo sich durch Unterwasserfelsen kleine Wirbel bilden. Es besteht aber keine Gefahr.

Bei km 200 liegt die Mündung des **Big Salmon Rivers** mit dem gleichnamigen verlassenen Handelsposten und Indianerdorf. Nicht ganz 60 km weiter, in dem verlassenen **Little Salmon,** stehen einige der seltsamen **"Geisterhäuser",** Begräbnisstätten in Form kleiner Hütten, deren Besichtigung Sie sich nicht gehen lassen sollten.

Carmacks, bei km 325, ist die einzige Ortschaft zwischen Whitehorse und Dawson; die letzte Möglichkeit für Einkauf und eine warme Dusche im "Roadhouse".

30 km hinter Carmacks kommt man zu der einzigen schwierigen Stelle dieser Fahrt, den **Five Finger Rapids.** Doch keine Angst, diese Stromschnellen sind wirklich nicht schlimm! Alles Gepäck wird festgezurrt und ab durch die Mitte des äußerst **rechten Kanals.** Ein wenig Geschüttele, ein bißchen schäumendes Wasser, und Sie haben es geschafft. 10 km weiter kommen die **Rink Rapids,** die ganz rechts umfahren werden können.

Der Yukon wird nun merklich breiter und die Strömung gemächlich. Die einzige Schwierigkeit bis Dawson City ist das Auffinden eines vernünftigen Lagerplatzes zum Übernachten, da die flachen Ufer oftmals sumpfig sind. Am besten lagert man auf einer der unzähligen Inseln.

Wenig unterhalb der Rink Rapids liegt auf der linken Seite das Wrack der "Casca", Schwesterschiff des Steamers, der oben am Lake Laberg verrottet.

Ein Wirrwar aus Hunderten von Inseln sind die **Minto Flats,** die etwa bei Kilomter 400 beginnen. Versuchen Sie sich in der Hauptströmung zu halten, wenn Sie nicht dauernd das Boot über Sand- oder Kiesbänke schieben wollen. Der Ort **Minto** ist nur während der Zeit des Lachsaufstieges bewohnt, er dient als Sommerlager der Indianer. Es gibt dort eine kurze Landebahn, die recht häufig von Buschpiloten zum Nachfüllen des Sprits angeflogen wird. Im Notfall kann man von hier aus auch den Highway nach Dawson erreichen, zu dem eine kurze Schotterstraße hinaufführt.

Die Flats bieten ganz excellente Fangaussichten auf Sheefish! Der Yukon fließt nun bis zur Mündung des Pelly Rivers sehr langsam und erfordert viel Paddelarbeit. **Fort Selkirk** am linken Ufer (km 153) ist eine der am besten erhaltenen Ortschaften aus den alten Tagen. Dies ist nicht zuletzt darauf zurückzuführen, daß Danny Roberts, der dort mit Frau und Tochter lebt, immer ein Auge auf die Siedlung hat. Gäste sind aber willkommen und dürfen in den Gebäuden übernachten.

Bei km 610 ergießen sich die sedimenthaltigen Fluten des **White Rivers** in den Strom und färben das Wasser schmutzig grau. Nur 16 km weiter liegt die Mündung des **Steward Rivers** und kurz dahinter am rechten Ufer **Steward Island.** Hier gibt es einen kleinen Laden, der von Rudi und Ivonne Burian betrieben wird und in dem man seine Vorräte für die letzte Etappe noch einmal auffrischen kann. Die beiden haben auch einige **Cabins** (Blockhütten) errichtet, die sie vermieten und in ihrem Privatmuseum sind Fundstücke aus der Geschichte des Yukon zu bewundern.

Auf den letzten 115 km bis Dawson City ändert sich am Erscheinungsbild des Stroms nicht mehr viel. Breit und mit vielen Inseln besetzt, fließt er gemächlich dahin. Schließlich taucht nach einer letzten Flußbiegung rechterHand' Dawson an der Mündung des **Klondike Rivers** auf.

740 km, etwa ein Fünftel der Gesamtlänge eines der letzten ungezähmten Ströme Nordamerikas, sind bewältigt! Ein Grund zur Feier in einem der verrücktesten Städtchen des Nordens: Das Flair des Goldrausches ist nach **Dawson City** zurückgekehrt, seit die Stadt in den 60er Jahren ihr altes Erscheinungsbild zurückbekam. Davor war sie vom Verfall bedroht, zumal 1953 die Provinzregierung nach Whitehorse umzog. Man erkannte jedoch noch rechtzeitig den historischen Wert dieses Zentrums des Goldrausches und

restaurierte die noch erhaltenen Gebäude. Dies zahlte sich nicht zuletzt durch den zu dieser Zeit beginnenden Tourismus aus. Auch die steigenden Goldpreise lockten wieder Menschen an den Klondike, die immer noch vorhandenes Edelmetall ausbeuten.

Heute leben wieder mehr als 1.400 Menschen ständig in Dawson und nochmals soviele in der Umgebung.

Der überwiegende Teil aller Kanuten beendet hier die Yukon-Fahrt. Sicher nicht, weil die restliche Strecke uninteressant oder besonders schwierig wäre, sondern weil sie so ungeheuer lang ist. 2.330 km, d.h. noch etwa 50 Tagesreisen sind es bis Alakanuk an der Mündung des Stroms.

Bis kurz hinter **Eagle** verändert sich das Bild um den Yukon kaum. Der kleine Ort ist der **Grenzposten;** kurz vorher haben Sie den Boden bzw. das Wasser **Alaskas** betreten. Die Grenze ist durch eine Schneise zu beiden Seiten des Stroms gekennzeichnet. Der Besitzer des Ladens nahe des Ufers ist gleichzeitig Zollbeamter und erledigt die nötigen Formalitäten. Rechts vom Fluß weichen die Ogilvie Mountains langsam zurück, im Süden bleibt es noch gebirgig, aber das Land wird flacher und sumpfiger.

Auf den nächsten 600 km wird es schwierig, geeignete Lagerplätze zu finden. Die besten liegen auf kleinen Inseln, die auch weniger mückenverseucht sind als die Uferregion. Geeignetes Trinkwasser bieten nur noch die Zuflüsse. Der Yukon wird nun viele Kilometer breit, und die Strömungsgeschwindigkeit beträgt höchstens noch 5 km/Std.

In **Circle,** 440 km unterhalb von Dawson, gibt es wieder Gelegenheit, die Vorräte aufzufrischen. Hier beginnen die **Yukon Flats,** ein Sumpfgebiet, das den Fluß auf den nächsten 400 km umgibt. Der Strom teilt sich in viele Seitenarme, in denen man sich verfahren kann. Für diesen Abschnitt sind beste **topographische Karten** wichtig!

Eine weitere Erschwernis macht sich nun immer öfter bemerkbar. Oft bläst tagelang starker Nordwind durch das Yukonbecken und macht die Paddelei anstrengend, manchmal sogar unmöglich.

Kurz nach der **Überquerung des nördlichen Polarkreises** bei Toussaint Island taucht **Fort Yukon** auf, ein dreckiges Nest, das man am besten schnell hinter sich läßt. Bis hierher fahren die riesigen Lastkähne den Strom herauf. Vor diesen Schubschiffen muß man sich gehörig in acht nehmen, denn die kurzen Wellen, die von ihnen erzeugt werden, haben schon manches Kanu zum Kentern gebracht. Wenn also so ein Koloß am Horizont auftaucht, heißt es möglichst weit wegpaddeln!

Der Yukon hat seinen nördlichsten Punkt erreicht und fließt nun in südwestlicher Richtung zur Bering-See. Im Bereich der Ray Mountains verengt sich der Fluß noch einmal. Hier sieht man ab Juli häufig Fischräder zum Lachsfang und Fischfangcamps der Indianer. Der **Tanana River** führt dem Strom eine große Wassermenge zu, und er verbreitert sich wieder. Bis zur Mündung sind es noch fast 1.300 km.

Bei **Koyukuk** an der Mündung des gleichnamigen Stromes, wendet sich der Yukon nach Süden. Vom Norton Sound weht fast ständig ein starker Wind herüber, und die umgebende Tundra und die Sümpfe sind von dem rauhen Klima geprägt. Auf den letzten 300 km vor dem Yukon-Delta leben keine Indianer mehr am Fluß. Hier ist **Eskimogebiet.**

Als Endpunkt der Fahrt kann man zwischen **Emmonak oder Alaknuk** wählen. Beide Orte liegen am westlichen Hauptstrom des Deltas und verfügen über eine Landebahn und regelmäßige Verbindungen nach Nome und Bethel.

Karten von Whitehorse bis Dawson im Maßstab 1:250.000:
NTS 105 D - Whitehorse, NTS 105 F - Laberge, NTS 105 L - Glenlyon, NTS 105 I - Carmacks, NTS 115 J & 115 K - Snag, NTS 115 O & 115 N - Steward River, NTS 116 B & 116 C - Dawson (NTS - National Topographic System of Canada).

Route 2: Nisutlin River

Der Nisutlin im Süden des Yukon Territoriums gehört zu den einfachsten und zugleich schönsten Kanustrecken überhaupt.

Der Ausgangspunkt dieser Fahrt ist der Campground bei Meile 47 der Canol Road, die Sie über Whitehorse und den Alaska Hwy erreichen können. (Beginn der Straße bei Johnson's Crossing). Ein Problem ist der Transport von Boot und Ausrüstung zum Einsatzpunkt. Kanuverleiher in Whitehorse können das organisieren, doch die Kosten sind ziemlich hoch.

Günstiger ist es, auf eigene Faust einen Wagen und Fahrer für die 160 km zu finden. Sind Sie mit dem Camper oder Auto unterwegs, so findet sich in Teslin oder Johnson's Crossing immer jemand, der für ein paar Dollar das Fahrzeug hin und her fährt.

Nisutlin ist ein Tlinkit-Wort und bedeutet **"stilles Wasser".** Der Name hält, was er verspricht, zieht der Fluß doch ruhig und ohne große Schwierigkeiten für den Kanuten dahin. Die 130 km lange Strecke führt durch eine unberührte und wildreiche Gegend mit herrlichem Blick auf die **schneebedeckte Big Salmon Range.** Bären, Wölfe, Weißkopfseeadler und sehr viele Elche sind hier zu Hause. Im August können einem die **Grizzlys** allerdings zuviel werden. Da steigen nämlich King Salmon, Pink Salmon und Keta Salmon im Nisutlin und besonders in dessen Nebenfluß, dem Wolf Creek auf und laden die pelzigen Feinschmecker zum Schmausen ein.

In einem sehr warmen Frühling ist der Nisutlin ab Anfang Juni eisfrei, dagegen ist die Nisutlin Bay an der Mündung mit Sicherheit nicht vor Ende Juni befahrbar. Die **günstigste Zeit** für einen Kanutrip liegt **zwischen Juli und Ende August,** danach wird der Wasserstand so niedrig, daß die Stromschnellen am Unterlauf nicht mehr so einfach zu befahren sind.

Das Einsetzen am steinigen Strand unterhalb des Campgrounds ist einfach. Je nach Wasserstand beträgt die Breite des Nisutlins hier 30 bis 50 Meter. Auf den ersten 30 km ist die Landschaft sehr abwechslungsreich. Der Fluß führt an zahlreichen Inseln und Kiesbänken vorbei, dicht bewaldeten Ufern und lehmigen Cutbanks. Hier sind überall vernünftige Zeltplätze zu finden, und auf den Angler warten in den tiefen Rinnen kapitale Äschen.

Bei km 20, an der Mündung des Sydney Creeks, stehen die verfallenen Reste einer Trapperhütte. Ab hier treten die Berghänge zurück, und das Tal weitet sich auf ungefähr 10 km. Auch der Fluß wird breiter, und die Strömung verlangsamt sich. In großen Schleifen zieht der Nisutlin dahin.

Das bisher kristallklare Wasser wird etwas trüber, und zu beiden Seiten tauchen die ersten Sumpfgebiete auf, in denen sehr oft **Elche** zu beobachten sind. Neben den Riesenhirschen tritt auch eine andere, weniger geliebte Tierart auf - die **Moskitos.** Aus diesem Grund empfiehlt es sich fortan auf kahlen Sandbänken und Inseln, möglichst weit von sumpfigem Gelände entfernt, zu campieren. Am **Thirty Mile Creek,** bei km 48, sind einige gute Stellen zu finden, und direkt bei der Mündung bieten Hinterwasser hervorragende Angelmöglichkeiten.

Einige Kilometer weiter verengt sich das Tal, öffnet sich aber bald zu alter Breite. Die sumpfigen Abschnitte werden häufiger, und an beiden Seiten des Flusses liegen eine Reihe kleiner Seen. Es wird zunehmend schwieriger, geeignete Lagerplätze zu finden, zumal die Ufer oft schlammig sind.

Bei Kilometer 110, kurz vor der Mündung des **Wolf Creeks,** finden Sie auf einer bewaldeten Insel noch einen guten Platz zum Campieren, bevor es zum letzten Abschnitt aufgeht.

Nun sind nur noch die Stromschnellen und die Nisutlin Bay zu bewältigen. Die **Rapids** liegen etwa 2 km hinter der Mündung des

Wolf Creeks und machen sich schon in einiger Entfernung durch ihr starkes Rauschen bemerkbar. Dafür sind einige große Felsplatten auf der rechten Seite der Insel verantwortlich, über die das Wasser der Rapids mit hoher Geschwindigkeit fließt. Bei hohem Wasserstand ist es möglich, sowohl links als auch rechts von der Insel die Rapids zu durchfahren. In der Zeit des Niedrigwassers stellen die großen Blöcke eine Gefahr dar, und es bedarf einigen Geschicks, diesen Steingarten ohne Schrammen zu durchfahren.

Der linke Kanal ist in diesem Fall der einfachere Weg. Das Wasser ist ziemlich schnell, aber ohne Hindernisse, und Sie müssen sich nur dicht an die Insel halten, um die nachfolgende Passage gut zu durchfahren. Auf die erste Insel folgt, etwas nach links versetzt, eine zweite, und durch den Kanal zwischen beiden geht es in Schußfahrt hindurch.

Diese Stelle ist auch von weniger geübten Kanuten ohne Probleme zu meistern und bedeutet eher eine willkommene Abwechslung nach der bisher ruhigen Flußfahrt.

Oberhalb und unterhalb der Stromschnellen gibt es einige gute **Pools,** die dem Angler eine gute Chance bieten, im August und September einen King an den Haken zu bekommen. In den tiefen Rinnen stehen auch jede Menge kapitaler Graylings.

Bis zur **Nisutlin-Bay** sind es nun noch drei bis vier Kilometer. Die Ufer sind an beiden Seiten total versumpft, und die Mündung des Flusses bildet viele, sich dauernd verändernde Arme, durch die man sich den besten Weg suchen muß.

Um nach **Teslin** zu gelangen, sind etwa 14 km auf der Bay zurückzulegen. Die Ufer sind steil und felsig, und es gibt kaum eine Möglichkeit irgendwo vernünftig anzulegen. Dies ist insofern unangenehm, als der Teslin Lake und besonders die Nisutlin Bay häufig von **starken Winden** heimgesucht werden, die nicht selten Sturmstärke erreichen und meterhohe Wellen erzeugen - das kann Ihnen im Kanu ernstliche Schwierigkeiten bereiten. Sollte schlechtes Wetter im Anzug sein, ist das Durchqueren der Bay nicht anzuraten!

Bald kommt die **Highway-Brücke** in Sicht und signalisiert das Ende der Fahrt. Am westlichen Ende liegt ein Picknick-Platz mit einer guten Anlegestelle. In **Teslin,** einem Ort mit 350 Einwohnern, können Sie die Reise beenden oder aber ihre Vorräte auffrischen und den See hinunterfahren bis **Johnson's Crossing.**

Die **Angelmöglichkeiten** im Teslin Lake sind ausgezeichnet. Laketrout, Rainbow, Grayling, Pike, Burbot und Whitefisch sind hier zu fangen.

Achtung vor den bereits erwähnten, plötzlich hereinbrechenden **Unwettern!**

Für die oben beschriebene Strecke bis Teslin sollte man drei bis fünf Tage Reisedauer einplanen. Für die Weiterfahrt nach Johnson's Crossing sind weitere zwei Tage das Minimum. Natürlich ist es möglich, die Fahrt fortzusetzen und den Teslin River und anschließend den Yukon hinunterzufahren. Bis Dawson wäre das eine Strecke von 1.000 km, die in drei bis vier Wochen leicht zu bewältigen ist.

Eine andere Sache, die sich nur für geübte Kanuten und trainierte Waldläufer eignet, ist der **Oberlauf des Nisutlins.** Ausgangspunkt ist der **Nisutlin Lake,** zu dem Sie sich einfliegen lassen müssen. Der Fluß ist auf den ersten 30 bis 40 Kilometern unterhalb des Sees sehr schmal. Bei Niedrigwasser ist man mehr mit Treideln und Tragen beschäftigt als mit Paddeln.

Bei Hochwasser dagegen ist die Strömung oft so reißend, daß der Fluß streckenweise nicht zu befahren ist. Nach dem Einmünden des **Connell Rivers** verdoppelt sich die Wassermenge des Nisutlins, und er rauscht durch einen Canyon der südlichen Pelly Mountains. Erst danach verdient er den Namen "stilles Wasser".

Karten 1:250.000
NTS 105 F Quiet Lake
NTS 105 C Teslin

Route 3: Teslin River

Der Teslin River war in den 90er Jahren des letzten Jahrhunderts Teil der "All Canadian" Route zu den Goldfeldern am Klondike. Sie führte den Stikine River hinauf nach Telegraph Creek in BC, dann zum Teslin Lake und den Fluß hinunter zum Yukon.

In den Jahren 1898 bis etwa 1915 waren auf dem Teslin River und -Lake einige Steamer unterwegs. Das erste Schiff war der Raddampfer "Anglian", der 1931 in Whitehorse abgewrackt wurde. Viele Spuren der Goldzeit finden Sie noch heute an den Ufern des Teslins.

Die Anfahrt zu diesem Fluß ist die gleiche wie für den Nisutlin. Bei **Johnson's Crossing** befindet sich ein kleiner Campingplatz, der sich als Einsetzstelle gut eignet. Der Teslin River ist ein Nebenfluß des Yukon (⇨ Route 1). Zum Ausbooten muß man den Yukon bis Carmacks hinunterfahren; eine andere Möglichkeit gibt es nicht. Bis dorthin beträgt die Fahrstrecke etwa 420 km, was in etwa 10 Tagen leicht zu bewältigen ist.

Der Teslin River ist ein recht leicht zu befahrener Fluß, weist aber einige Stellen auf, denen man Beachtung schenken muß. Die **Gefährlichkeit** dieser Stellen ist vom jeweiligen Wasserstand abhängig. Am günstigsten ist ein möglichst niedriger Pegel, wie er ab Mitte Juli bis Mitte September herrscht. Von Ende Mai bis in den Juli hinein führt der Fluß etwa die vierfache Wassermenge wie im August, später im Jahr wird das Wasser zu flach und macht viel Paddelarbeit erforderlich.

Landschaft und Natur am Teslin River sind fast unberührt, die Eindrücke bei der Flußfahrt sehr abwechslungsreich. Sie können hier Wildtiere beobachten, der Fluß ist außerdem ein **exzellentes Angelrevier,** eines der besten im ganzen Territorium. Im Oberlauf leben viele Laketrout, Rainbow, Dolly Varden, Grayling, Whitefish, Pike und Burbot, und ab Anfang August gehen im Teslin River King, Red und Coho Salmon an den Haken.

Wenn man vor dem Einbooten auf dem Campingplatz bei Johnson's Crossing übernachtet, sollte der Reiseproviant auf jeden Fall hoch in die Bäume gehängt werden, denn die **Schwarzbären** sind hier an den Menschen gewöhnt und ganz besonders frech.

Während es draußen in der menschenleeren Wildnis genügt, Lärm zu machen, um einen ungebetenen Gast zu verjagen, kann es durchaus passieren, daß so ein "halbzivilisierter" Schwarzbär aggressiv wird. Unterschätzen Sie die Gefahr nicht, die von den als harmlos eingestuften Tieren ausgeht.

Der Teslin ist bei Johnson's Crossing etwa 400 m breit, doch schon wenige Kilometer weiter verengt sich das Flußbett und macht einen scharfen Rechtsknick. Das Wasser wird schneller und ist von vielen Felsblöcken durchsetzt, so daß Sie vor diesem Abschnitt ans Ufer fahren sollten, um erst einmal die beste Durchfahrt zu begutachten. Kurz nach den Blöcken ist ein Stück aufgewühltes Wasser über einer Untiefe zu bewältigen.

Danach verbreitert sich der Fluß und führt vorbei an hohen und beeindruckenden **Cutbanks,** die teilweise alt und schon wieder bewachsen sind. Trotzdem empfiehlt es sich, besonders bei starken Regenfällen, in gebührendem Abstand vorbeizupaddeln, da es immer wieder vorkommt, daß plötzlich ein halber Berg abrutscht und ins Wasser donnert.

Rechts hat man den Blick auf die **Big Salmon Range,** links auf den **Streak Mountain.** Nach etwa 20 km kommt man an einer Insel vorbei, auf der einige alte Hütten stehen.

Ab km 55 kann man am rechten Ufer einige bizarre **Hoodoos** bewundern. Das Tal wird enger und der Fluß schmaler. Auf den nächsten Kilometern ist die Strömung deutlich schneller als bisher. Bei km 52 taucht eine Insel auf, die rechts umfahren werden muß, da der linke Kanal zu flach ist. Eine weitere flache Stelle liegt bei der nächsten Kurve mitten im Fluß.

Auf den nächsten 70 km treten häufig Kiesbänke auf, die meistens an die Innenseiten von Flußkurven oder Inseln gelagert sind. Das Tal des Teslins wird nun wieder weiter, und der Fluß fließt unverändert ruhig dahin. Hier macht die Big Salmon Range einen leichten Bogen nach Norden. Auf der linken Seite liegt der **Teslin Mountain,** mit seinen fast 2.000 m der letzte hohe Berg im Westen, den man auf dieser Fahrt zu Gesicht bekommt.

Die rundlichen Buckel der **Semionof Hills** prägen nun das Landschaftsbild bis zur Mündung in den Yukon. Der Teslin ist im folgenden Abschnitt bis zu 800 m breit und verästelt sich an manchen Stellen in ausgedehnte Seitenarme. Auch die Zahl der bisher eher seltenen Inseln nimmt zu.

Eine der wenigen alten **Cabins,** die noch einigermaßen erhalten sind und auch Schutz bieten, liegt etwa bei km 86 an der Einmündung eines Baches am linken Ufer. Die nächsten Hütten stehen knapp 20 km weiter an der Mündung des **Boswell Rivers.** Eine davon gehört einem Trapper, der hier im Winter seine Trappline versorgt.

Die Fließgeschwindigkeit des Teslins erhöht sich auf den folgenden Kilometern auf etwa 12 km/Std, und bei km 110 tauchen die **Roaring Bull Rapids** auf. Die Stromschnellen machen zwar einen gehörigen Lärm, sind aber harmlos. Sie beginnen unterhalb einer niedrigen Cutbank am rechten Ufer. In der Flußmitte liegt eine winzige Insel mit einer ausgedehnten Kiesbank, etwas dahinter am linken Ufer eine sehr hohe Cutbank, die man schon einige Kilometer vorher, etwa an der Mündung des Indian Rivers, sehen kann.

Die **beste Durchfahrt** durch die Rapids erwischen Sie, indem Sie sich **rechts von der Insel,** ziemlich nahe an der niedrigen Cutbank, halten. Ist die Insel passiert, schwingen Sie in die Flußmitte, und nach wenigen Augenblicken ist die Wellenreiterei (leider) schon wieder vorbei. Direkt nach den Rapids sind die Fangaussichten auf große Graylings sehr gut.

Bei km 145 liegt am linken Ufer eine Hütte. Die Stelle wird **Tesling Crossing** genannt und liegt am alten Wintertrail von Whitehorse nach Livingstone, einer heute verlassenen Goldgräbersiedlung am Big Salmon River.

Das letzte Stück bis zur Mündung in den Yukon führt vorbei an einigen sehr hohen Cutbanks, die sehr instabil sind und von denen mit schöner Regelmäßigkeit mehr oder minder große Brocken in den Teslin River donnern. Rechts vom Fluß taucht noch einmal ein höherer Berg auf.

An der Stelle, an welcher der Fluß bis auf 5 km an den **Mt. Peters** herankommt, liegt **Manson Landing,** eine ehemalige Anlegestelle der Steamer und Ausgangspunkt eines Weges zum South Big Salmon River. Die Entfernung zum Big Salmon bzw. zum Livingstone Creek, einer 1898 gegründeten Goldgräbersiedlung, beträgt ungefähr 25 km. In Manson Landing selbst stehen noch einige gut erhaltene Hütten, in denen man zur Not auch einmal übernachten kann.

An dieser Stelle noch eine **Bitte:** Verändern Sie an den Cabins, Überresten von Steamern und anderen Fundstücken nichts. Begnügen Sie sich mit dem Betrachten und Fotografieren, damit auch nachfolgende Reisende noch etwas vorfinden. Gerade in den letzten Jahren wurden durch Touristen viele Überbleibsel aus der Zeit des Goldrausches zerstört.

Das Ende der Fahrt auf dem Teslin River kündigt sich nun an. Noch etwa 30 km sind bis zur Mündung zurückzulegen, bevor der Yukon bei **Hootalinqua** erreicht ist (Strecke bis Carmacks oder Dawson City ⇨ Route 1).

Karten 1:250.000
NTS 105 C - Teslin
NTS 105 E - Laberge
NTS 105 L - Glenlyon
NTS 115 I - Carmacks

Route 4: Die Quellseen des Yukon

Um die Jahrhundertwende gehörten sie wohl zu den meistbefahrenen Gewässern Kanadas. Heute werden **Lake Bennet, Tagish Lake und Marsh Lake** nur von wenigen Kanuten aufgesucht. Inmitten einer faszinierenden Landschaft, eingerahmt von den **schneebedeckten** Bergen der **Coast Mountains** und dichten Wäldern gehören sie zu den schönsten Kanurevieren, die ich kenne. Für die lange Fahrt den Yukon hinunter sind sie ein geeigneter Ausgangspunkt.

Die Angelmöglichkeiten sind in allen Seen ausgezeichnet. Lake Trout, Rainbow, Grayling, Dolly Varden und Pike kommen in beachtlicher Anzahl und kapitalen Größen vor.

Lake Bennet
Der schmale, mehr als 40 km lange See ist eines der schönsten Gewässer des Nordens. Die Landschaft ist wunderbar und bei gutem Wetter hat man vom westlichen Arm einen herrlichen Blick auf die schneebedeckten Gipfel des Küstengebirges. Das kristallklare Wasser des Sees erlaubt Sichttiefen von über 10 m!

Ein guter Ausgangspunkt für Kanufahrten auf dem Lake Bennet oder Tagish Lake ist **Carcross,** das über den Klondike Hwy von Whitehorse (70 km) oder Skagway (106 km) leicht zu erreichen ist.

Zwei Dinge fallen dem Besucher des kleinen Ortes (200 Einwohner) sofort ins Auge: **der Stern-Wheeler** "Tutshi", einer der letzten drei Schaufelraddampfer am Yukon und die kleine **Dampflok** "Duchess", Relikte aus der goldenen Zeit des Territoriums. Die Gleise verlaufen übrigens am gesamten Ostufer des Lake Bennetts entlang. Ansonsten gibt es noch ein Hotel, eine RCMP-Station, eine Tankstelle, einen Laden und herrliche Landschaft.

Für **Kanuneulinge** ist der Lake Bennett ein ideales Gewässer. Seine Breite beträgt durchschnittlich nur 1-2 km, so daß bei einem der häufigen, aber nur kurz anhaltenden Unwetter schnell das schützende Ufer erreicht werden kann. Der südliche Ausläufer des Sees hat Fjordcharakter mit vielen Wasserfällen, die sich über die steilen Hänge ergießen. Die schmalste Stelle, von nur wenigen hundert Metern Breite, befindet sich auf der Höhe des verlassenen Ortes **Bennett,** der schon von weitem an den Überresten seiner Kirche zu erkennen ist.

Der südliche Abschnitt gehört übrigens zu BC, zum Angeln ist hier eine **BC-Lizenz** erforderlich.

Der fünf Kilometer lange **Nares Lake** ist die Verbindung zum Tagish Lake; er gleicht mehr einem kurzen Flußabschnitt als einem See.

Tagish Lake
An diesem großen, weitverzweigten Gewässer haben viele Bewohner von Whitehorse ihre Sommerhäuschen stehen (besonders am Taku Arm). Berüchtigt ist der **Windy Arm,** der schon vielen Bootsfahrern das Leben gekostet hat. Bei den häufig auftretenden starken Winden bilden sich hier meterhohe Kreuzseen, die einem kleinen Boot zum Verhängnis werden können.

Die Überquerung des Windy Arms darf nur bei gutem Wetter in Angriff genommen werden! Bei dem geringsten Anzeichen von aufkommendem Wind ist es unumgänglich, auf der Stelle das Ufer aufzusuchen und das Unwetter abzuwarten. So schnell die Unwetter aufziehen, so rasch sind sie auch wieder vorbei.

Atlin Lake
Bei dem gleichnamigen Ort beträgt die Breite des über 100 km langen Sees etwa 4 km. Direkt gegenüber verbindet der Atlin River den See mit dem Takuarm des Tagish Lakes. Diese kurze Verbindung ist für Kanus sehr schwierig und nicht ungefährlich. Möchten Sie es trotzdem wagen, sollten Sie sich im Ort einen Führer nehmen, der Boot und Mannschaft sicher durch die 4 km turbulenten Wasser lotst.

Eine Fahrt entlang der **Westseite** des Sees ist sehr schön; hier findet man auch die besten Angelgründe. Das gilt in besonderem Maße für den schmalen Kanal zwischen dem Ufer und der Teresa Insel oder rund um die vielen kleineren Inseln. **Lake Trout** um 30 Pfund sind keine Seltenheit! Rund um den See sind eine ganze Anzahl Plätze mit Feuerstellen, Teichen und Bänken angelegt, an denen man gut sein Zelt aufstellen kann.

Marsh Lake
Dieser flache See wird im Sommer so warm, daß man darin baden kann. Durch den Alaska Hwy, der am Ostufer vorbeiführt, herrscht hier mehr Betrieb als an den anderen Seen. In den verkrauteten Buchten des Marsh Lakes stehen massenhaft **Hechte,** wobei die Größten bis zu 40 Pfund auf die Waage bringen!

Am **Nordende** fließt der Yukon in Richtung Whitehorse; eine 40 km lange Strecke, die leicht zu bewältigen ist. Seitdem der Damm errichtet wurde, ist auch der früher gefürchtete **Miles Canyon,** wenige Kilometer vor Whitehorse, nichts weiter als ein Stück schnelles Wasser. Oberhalb des Dammes befindet sich eine Anlegestelle für Boote und Wasserflugzeuge. Hier finden Sie immer jemanden, der für ein paar Dollar den Transport zum nur 2 km entfernten Robert Service Campground oder in die Stadt übernimmt (andernfalls können Sie auch ein Taxi bestellen).

Karten 1:250.000
NTS 104 m - Skagway
NTS 104 N - Atlin
NTS 105 D - Whitehorse

Route 5: Die Bowron Lakes

Diese ringförmig angeordneten Seen bieten eine schöne Rundtour von etwa einer Woche. Außer ein paar kurzen Portagen gibt es keinerlei Hindernisse oder Gefahren.

Man erreicht die Seen über Quesnel am Hwy 97 und dann nach Osten über den Hwy 26. Direkt am Ende der Straße liegt ein

Campingplatz mit Bootsverleih. Hier erhält man auch eine Karte und nützliche Tips für die Tour. In der Hochsaison, also im Juli und besonders im August, ist es durchaus möglich, daß alle Boote verliehen sind, denn die Bowron Lakes Tour ist sehr beliebt und dementsprechend stark besucht.

Auch als Angler wird man zufriedengestellt, denn die Seen beherbergen **Lake Trout, Rainbow, Pike und Grayling.**

Karte 1:250.000
NTS 93 H - McBride

Route 6: Swan Lake - Moose River

Diese **Kurztour** auf der **Kenai Halbinsel** in Alaska ist für jedermann geeignet und birgt keinerlei Schwierigkeiten außer einigen kurzen, gut markierten Portagen.

Leihkanus und Karte bekommt man in **Sterlin.** Wenn Sie mit dem eigenen Boot reisen, müssen Sie den Transport zur Einsetzstelle organisieren. Diese ist über die Swanson Lake Road nahe Sterlin zu erreichen und markiert. Es sind zwei, etwa 10 km auseinanderliegende Ausgangspunkte möglich (East Entrance und West Entrance). Über eine Reihe von mehr oder weniger zusammenhängenden Seen mit wenigen Portagen führen zwei Routen zum Moose River, den man bis zur Highwaybrücke nahe Sterlin hinunterfährt. Für die Fahrt sollten Sie **2-4 Tage** ansetzen.

Die Seen und der Moose River bieten ganz hervorragende **Angelmöglichkeiten** auf Red-, Pink-, Coho- und Keta Salmon, Rainbow, Dolly Varden, Grayling und Pike.

Literatur

Kanadische Nationalparks, Stephenson, alle 33 Nationalparks, Conrad Stein Verlag, 271 S., 1986 39,80
Kanada-Alaska-Highways, Logbuch für den Autotouristen (oft als "deutsche Milepost" bezeichnet), Richter, 298 S. 24,80
Kanadas Westen, Conrad Stein Verlag, Stein/Richter 315 S., 1989 24,80
Leben in der Wildnis, Berglund, Conrad Stein Verlag, 232 S. 19,80
Rocky Mountains Nationalparks, Patton, Routen der Rocky-Mountains, Tiere, Pflanzen, Geschichte; 207 S., viele Abb. 39,80
Wandern in den kanadischen Rockies, Bd. 1 Tagestouren 19,80
Wandern in den kanadischen Rockies, Bd. 2 Fernwanderungen 24,80
(beide Bände von Patton/Robinson beschreiben detailliert die Banff-, Jasper-, Kootenay-, Robson-, Yoho-Nationalparks)
Canadian Rockies Trailguide, engl. Original zu vorst. Titel, 363 S., 1986 26,80
Rockies, Bildband mit 65 Farbfotos, Conrad Stein Verlag, 80 S., 1989 39,80
Canadian Rockies Panorama, Bildband mit 75 Farbfotos, Conrad Stein Verlag, 72 S., 1989 29,80
Canada - A land & its songs, 22 Original Hits, Musicassette, Conrad Stein Verlag 19,80

Nationalparks Banff und Jasper, Bildband, Leinen, 159 S., 39,80
Kanada - Zwischen Rockies u. Arktis, LN Reisen und Erleben, 240 S., 1984 36,00
Kanada Express - Auf der Schiene vom Pazifik zum Atlantik, Pietsch, Text-/Bildband, 167 S., 1988 49,00
Kanadischer Abenteuer Almanach, Knaur TB, 224 S., 1979 8,80
Abenteuer-Almanach Yukon/Alaska, Umschau, 206 S., 1983 24,00

Abenteuer Arktis - Polarexpeditionen, A. Fuchs, Pietsch, Text-/Bildband, 190 S., 1982 36,00
Alaska-Yukon, Umschau, Bildband, 160 S., 1983 68,00
Yukon, Busse Seewald Abenteuer u. Legenden, 153 S., 1988 9,80
Rocky Mountains, Busse Seewald Abenteuer u. Legenden, 153 S., 1988 9,80
Kanada - wirklich erlebt, M. Hinsche, Vlg. Neumann Neudamm, 236 S., 1988 32,00
Road Atlas Canada, USA, Großformat, Heft, engl. 19,80
Einsames Blockhaus, Pinkerton, 312 S., Müller Verlag 29,80
Blockhüttentagebuch, Höh, Travelreport, 330 S. 19,80
Blockhaus-Leben, Frederking & Thaler, 221 S., 1989 15,80
Nordwärts - 7 Jahre an den Küsten Kanadas und Alaskas, Pinkerton, 256 S., Müller Verlag 29,80

6mal Kanada, Woller, 394 S., Piper 39,80
Kanadas Westen, Merian-Heft 12,80
95 Hikes in the Canadian Rockies,
Banff/Kootenay/Assiniboine, engl., 224 S., 1982 29,80
Kanada - Ausstieg in die Wildnis, Badenia, Text-/Bildband,
142 S., 1986 49,00
Kanada - Handbuch für Auswanderer, 183 S., Pietsch 26,00

Kanu-Ratgeber Kanada, Diekmann/Thieme, 1987, 271 S. 24,00
Kanuatlas Kanada Bd. 1, West- u. Nordwestkanada,
Diekmann/Thieme, 299 S., 1987 39,80
Kanuatlas Kanada Bd. 2, Zentral- u. Ostkanada,
Diekmann/Thieme, 302 S., 1987 39,80
Mit dem Kanu durch Kanada, Frederking & Thaler,
187 S., 1989 15,80
Kanada Extrem - Kanu-Abenteuer am Liard River,
Pietsch, 221 S., 1985 29,00
South Nahanni - Kanu-Abenteuer im Norden Kanadas,
A. Fuchs, Pietsch, 139 S., 1986 42,00
Abenteuer am Polarkreis - Mit dem Kanu durch den Yukon und Alaska, Allofs, Syro Vlg., 231 S. 24,80

Karten
Rolph-McNally Straßenkarten: **Canada, Alberta/BC,**
(versch. Maßstäbe) je 8,80
Bartholomew Canada 1:5.800000 12,80
1:4 Mill. Northwest Territories & Yukon Territory;
1:2 Mill. BC, Prairie Provinces 12,80

Stadtpläne: Calgary, Vancouver/Victoria/Fraser Valley, Québec, Toronto, Winnipeg je 8,80

Der Reiseshop, Walkerdamm 18a, 23 Kiel, ist Verkaufsagentur des Canada Map Office (Kan. Vermessungsamt). In den Index Karten 1 (Ost-Kanada), 2 (West-Kanada) und 3 (Nord-Kanada) sind alle lieferbaren topographischen Karten verzeichnet. Die Indexe werden Ihnen gegen eine Schutzgebühr von DM 5 pro Index (Vorauskasse oder Briefmarken) gerne zugeschickt. Die Schutzgebühr wird bei einem Kartenkauf voll angerechnet. Verzeichnet sind Nationalparkkarten, Länderkarten und topographische Karten in den Maßstäben 1:50.000, 1:250.000 und 1:1.000.000.

Topographische Karten
auf Bestellung, Lieferzeit 2-3 Monate 12,80

Meist vorrätige **Länderkarten**
Britsh Columbia, 1:2.000.000
Northwest Territories & Yukon Territory, 1:4.000.000 je 12,80

Nationalpark-Karten
Banff, Kootenay, Yoho, 1:200.000; Elk Island, 1:50.000;
Jasper, 1:200.000; Mt. Revelstoke & Glacier, 1:70.000;
Riding Mountain, 1:125.000; Waterton Lakes, 1:50.000 je 12,80
Kluane, 3 Blätter à 1:250.000 38,40
Nahanni, 4 Blätter à 1:250.000 51,20
Pacific Rim, 7 Blätter à 1:50.000 89,60

Videofilme
Kanada West, 45 Min., DM 79,00; British Columbia, 22 Min., DM 59,00; Alberta, 50 Min., DM 79,00; Alaska, 45 Min., DM 79,00. Touristik-Video-Wiendl, Hattersheim.

Index

TRAVEL
OVERLAND
Billigflüge weltweit
(...warum woanders mehr zahlen?)
Billigflüge sind Vertrauenssache
TRAVEL OVERLAND
Barerstraße 73 · 8000 München 40
Tel. 089/272760